DER GARTEN VON CHATSWORTH

Lageplan

1 Floras Tempel
2 Die Orangerie
3 Die blau-weißen Rabatten
4 Die orangeroten Rabatten
5 Die Promenade
6 Die Löwentreppe
7 Statue des Endymion*
8 Der Seepferde-Brunnen*
9 Die Hänge-Esche
10 Die Tulpenbaumallee
11 Der Grundriß von Chiswick House*
12 Königliche Bäume*
13 Das Turbinenhaus*
14 Die Elisabethanische Balustrade*
15 Die Zaren-Fontäne
16 Der Kanal
17 Dr. Johnsons Weg
18 Das Eishaus
19 Das Streitross
20 Büste von Elisabeth Frink
21 Blanches Vase
22 Das Azaleen-Tal
23 Die Schlucht
24 Der Bambusweg
25 Der Trog-Wasserfall
26 Das Prachtexemplar *Pinus peuce*
27 Der Grotten-Teich
28 Die Grotte
29 Der Morton-Teich
30 Der Griechische Altar
31 Die Hundert Stufen
32 Die Brillen-Teiche
33 Der Forellenbach
34 Der Weiden-Teich
35 Der Kaskaden-Teich
36 Der Kaskaden-Tempel
37 Die Kaskade
38 Der Goldene Hain
39 Der Gartenpavillon des 6. Herzogs
40 Brunneninstallation *»Revelation«*
41 Gartenschuppen von 1960
42 Der Cottage-Garten
43 Die Gewächshauswand
44 Das Schau-Gewächshaus
45 Das Gewächshaus des 1. Herzogs
46 Die Schlangenterrasse
47 Der Rosengarten
48 Der Ring-Teich
49 Die Schlangenhecke
50 Die Büste des 6. Herzogs
51 Alter Gewächshaus-Garten und Irrgarten
52 Die Klamm
53 Die wassersprühende-Weide
54 Der Wellington-Felsen

* Privat

Edition Delius

*Dieses Buch ist Bert Link und
seinem Sohn Jim gewidmet
sowie allen Chatsworth-Gärtnern
in Vergangenheit und Zukunft.*

FOTOS: GARY ROGERS

THE DUCHESS OF DEVONSHIRE

DER GARTEN VON CHATSWORTH

DELIUS KLASING VERLAG

Die englische Originalausgabe mit dem Titel »The Garden at Chatsworth« erschien 1999 bei Frances Lincoln Limited, London.

Die Deutsche Bibliothek – CIP-Einheitsaufnahme

Der Garten von Chatsworth / The Duchess of Devonshire. [Fotos: Gary Rogers. Aus dem Engl. von Christine und Markus Mössel]. – 1. Aufl. – Bielefeld: Delius Klasing, 2001 (Edition Delius)
Einheitssacht.: The Garden at Chatsworth <dt.>
ISBN 3-7688-1319-3

1. Auflage
ISBN 3-7688-1319-3
Die Rechte für die deutsche Ausgabe liegen beim Verlag Delius, Klasing & Co. KG, Bielefeld

Aus dem Englischen von Christine und Markus Mössel
Schutzumschlaggestaltung: Ekkehard Schonart
Printed in Hong Kong 2001

Delius Klasing Verlag, Siekerwall 21, D-33602 Bielefeld
Tel.: 0521/559-0, Fax: 0521/559-113
e-mail: info@delius-klasing.de
www.delius-klasing.de

Inhalt

Seite 1: Der neu angelegte Irrgarten
Seiten 2–3: Eine Rabatte im Westgarten
Diese Seite: Eine der Marmor-Statuen an der Promenade

Stammbaum der Familie Cavendish

1505–1557 Sir William Cavendish ∞ ca. 1527–1608 Bess of Hardwick
Sohn v. Thomas Cavendish of Suffolk — *spätere Countess of Shrewsbury*

1552–1625 William Cavendish ∞ Anne Keighley *gest. 1625*
1. Earl of Devonshire (1618) — *Tochter von Henry Keighley*

1590–1628 William Cavendish ∞ 1595–1675 Honorable Christian Bruce
2. Earl of Devonshire — Tochter des 1. Lord Kinloss

1617–1684 William Cavendish ∞ 1619–1689 Lady Elizabeth Cecil
3. Earl of Devonshire — *Tochter des 2. Earl of Salisbury*

1640–1707 William Cavendish ∞ 1646–1710 Lady Mary Butler
4. Earl of Devonshire
1. Duke of Devonshire (1694) — *Tochter des 1. Duke of Ormonde*

1673–1729 William Cavendish ∞ 1674–1725 Honorable Rachel Russell
2. Duke of Devonshire — *Tochter v. William Lord Russell*

1698–1755 William Cavendish ∞ *gest.* 1777 Catherine Hoskins
3. Duke of Devonshire — *Tochter von John Hoskins*

gest. 1783 Lord Charles Cavendish ∞ gest. 1733 Lady Anne Grey
Tochter des Duke of Kent

1731–1810 Henry Cavendish – *Der Wissenschaftler*

1720–1764 William Cavendish ∞ 1731–1754 Lady Charlotte Boyle
4. Duke of Devonshire — *Tochter des 4. Earl of Cork u. 3. Earl of Burlington; mit Besitzungen in Yorkshire und Irland, Chiswick House, Burlington House*

1757–1806 (1) Lady Georgiana Spencer ∞ 1748–1811 William Cavendish ∞ 1757–1824 (2) Lady Elizabeth Foster (geb. Hervey)
Tochter des 1. Earl Spencer — 5. Duke of Devonshire — *Tochter des 4. Earl of Bristol*

1754–1834 Lord George Cavendish ∞ 1760–1835 Lady Elizabeth Compton
1. Earl of Burlington — Erbin des *7. Earl of Northampton mit Besitzungen in Sussex*

1790–1858 William Spencer Cavendish
6. Duke of Devonshire

1783–1858 Lady Georgiana Cavendish ∞ George Howard 1773–1848
6. Earl of Carlisle

1783–1812 William Cavendish ∞ *gest.* 1863 Hon. Louisa O'Callaghan
bei einem Unfall mit der Kutsche ums Leben gekommen — *Tochter des 1. Lord Lismore*

1803–1881 Lady Caroline Howard ∞ 1798–1851 Right Honorable William Lascelles
Sohn des 2. Lord of Harewood

1812–1840 Lady Blanche Howard ∞ 1808–1891 William Cavendish
2. Earl of Burlington
7. Duke of Devonshire

1838–1920 Emma Lascelles ∞ 1838–1891 Lord Edward Cavendish

1833–1908 Spencer Compton Cavendish ∞ 1832–1911 Gräfin Louise von Alten
8. Duke of Devonshire — *»Die doppelte Herzogin«, ehemalige Duchess of Manchester*

1868–1938 Victor Cavendish ∞ 1870–1960 Lady Evelyn Fitzmaurice
9. Duke of Devonshire — *Tochter des 5. Marquess of Lansdowne*

1895–1950 Edward Cavendish ∞ 1895–1988 Lady Mary Cecil
10. Duke of Devonshire — *Tochter des 4. Marquess of Salisbury*

geb. 1920 Andrew Cavendish ∞ geb. 1920 Honorable Deborah Mitford
11. Duke of Devonshire — *Tochter des 2. Lord Redesdale*

1917–1944 William Cavendish ∞ 1920–1948 Kathleen Kennedy
Marquess of Hartington, im Krieg gefallen — *Schwester von Präsident Kennedy*

geb. 1944 Peregrine Cavendish ∞ geb. 1944 Amanda Heywood-Lonsdale
Marquess of Hartington

geb. 1943 Lady Emma Cavendish ∞ Honorable Tobias Tennant
Sohn des 2. Lord Glenconner

geb. 1957 Lady Sophia Cavendish ∞ (1) Anthony Murphy
(2) Alastair Morrison

geb. 1969 William Cavendish
Earl of Burlington

geb. 1971 Lady Celina Cavendish ∞ Alexander Carter

geb. 1973 Lady Jasmine Cavendish

geb. 1964 Isabel Tennant ∞ Piers Hill

geb. 1967 Edward Tennant

geb. 1970 Stella Tennant

geb. 1993 Declan Morrison

geb. 1995 Nancy Morrison

Vorwort

Es ist gar nicht lange her, dass ich gebeten wurde, einen Artikel für die erste Ausgabe eines neuen Gartenmagazins zum Thema »Mein liebstes Gartenbuch« zu verfassen. Das Magazin ist sang-, klang- und spurlos vom Markt verschwunden, doch bis ich dies merkte, hatte ich bereits all das verinnerlicht, worüber ich schreiben sollte. Ich war auf eine Fülle an Gartenbüchern gestoßen, die mich schlicht überwältigte. Die Bände schienen mit jedem Monat bunter, dicker und schwerer zu werden, und ihre Zahl reichte aus, jedes Gärtnerschuppen-Regal von hier bis in die Ewigkeit zu füllen.

Man möge mir daher verzeihen, dass ich sogar noch ein Exemplar hinzufüge. Meine einzige Entschuldigung hierfür ist, dass der Garten, den ich seit 50 Jahren tagaus, tagein kenne, seine Existenz wahren Meistern und Männern von ungewöhnlichen Begabungen verdient. Sie schufen das »Paradies des Herzogs von Devonshire«, um all jenen Freude zu bereiten, die sich die Mühe machten, herzukommen, und es mag für zukünftige Generationen vielleicht nützlich sein, die Geschichte ihrer Werke und Schöpfungen in einem einzigen Band vereint zu finden.

Denn nicht eine Person allein hat den Garten von Chatsworth geschaffen. Er hat sich im Einklang mit den Wünschen und dem Geschmack der Herzöge von Devonshire entwickelt, unberührt durch staatliche Reglementierungen. Jeder Gartenstil ist hier erprobt worden. Einige Stilrichtungen haben überlebt, andere sind untergegangen. Die Mode hat ihre Rolle gespielt, wie sie das unvermeidbarerweise noch immer tut. Allerdings fiel Chatsworth vorwiegend eine führende, von sich aus innovative und nicht die Rolle des Epigonen zu. Mehrfach wurde das Landschaftsbild umgeformt und verändert wie ein Tonmodell, und derjenige, der den Wandel initiierte, hatte stets den Weitblick, vorauszusehen, wie sich die Veränderungen einmal ausnehmen würden, wenn sie erst in die Jahre kamen.

Tempel wurden gebaut und Gewächshäuser, Wege zugeschüttet und neue erschlossen. Ein Kanal wurde gegraben. Statuen, Mauern, Felsblöcke, Brunnen und die Kaskade haben über 400 Jahre ihren Platz behauptet, als seien sie gleich den Blumen und Bäumen ihrer Umgebung aus dem Boden gewachsen. Licht und Bewegung brachten Wasserspiele, denen vielleicht kein anderer englischer Garten das Wasser reichen kann. Waldbäume, zu Zeiten von Lancelot Brown und Sir Joseph Paxton gepflanzt, haben nun ihre Reife erlangt. Und jedes Jahr werden mehr gesetzt: Im Verbund mit kurzlebigeren Sträuchern und Blumen sind sie die Wahl derer, die jetzt das Sagen haben.

Lange Jahre der Ruhe, als die Familie nur selten nach Chatsworth kam und nichts Neues geschah, wechselten sich mit Jahren hektischer Betriebsamkeit ab. Einige ehrgeizige Pläne, sorgsam in die Wirklichkeit umgesetzt, wurden später zerstört – darunter besonders die Parterres und Terrassen von London und Wise von 1690 und den folgenden Jahren, der dreieinhalb Hektar große Küchengarten, etwas mehr als einen Kilometer vom Park entfernt, Paxtons Großes Gewächshaus und sein Seerosenhaus –, und neue haben ihre Plätze eingenommen.

Die Natur des Gartens ist die Veränderung. Ich habe versucht, zu beschreiben und zu veranschaulichen, wie sich das Gartenbild geformt hat, das sich uns heute, zu Beginn eines neuen Jahrtausends, bietet.

Chatsworth, 1999

Unser Garten ist nur Hindernis, will man ihm mit dem Gartenschäufelchen zu Leibe rücken. Er überdeckt eine Fläche von 50 Hektar und wird von einer Mauer von fast zweieinhalb Kilometern Länge umgeben, die wiederum ihrerseits von fünf Hektar Parkland gesäumt wird, welches ein 15 Kilometer langer Wildzaun umgibt.

Die Konturen des Gartens werden häufig von Bäumen und Sträuchern verwischt, die ihre Wuchsform in geradezu undisziplinierter Manier verändern, gelegentlich mit der Park-Vegetation zu einem »Aha« verschmelzen oder als schroffe, gut zwei Meter hohe Trockensteinmauer auftauchen. Innerhalb dieser Einfassung finden sich Überbleibsel des ursprünglich Elisabethanischen Gartens sowie andere, leicht erkennbare, charakteristische Merkmale der vergangenen vier Jahrhunderte.

Wie das Haus, ist der Garten ein Konglomerat von zahllosen Sedimenten der Geschichte und hat sich über 450 Jahre unablässig verändert. Mittlerweile sind die unterschiedlichen Stilrichtungen fast unmerklich miteinander verschmolzen.

Die erste Gartenanlage um Bess Hardwicks Haus um 1650, mit einem Parterre und Teichen im Süden *(gegenüberliegende Seite oben,* von einem verlorenen gegangenen Gemälde von Richard Wilson). Das neue Haus mit Garten des ersten Herzogs ca. 1707 mit sorgfältig angelegten Terrassen und der Kaskade *(gegenüberliegende Seite unten,* auf dem Gemälde eines unbekannten Künstlers aus privater Sammlung).
Dann der Garten des vierten Herzogs, um 1760, mit den neuen Stallungen und der Brücke, wobei die meisten Terrassen entfernt sind *(rechts,* aus einem Gemälde von William Marlow). Heute ist die Gartenanlage im Großen und Ganzen so, wie der sechste Herzog sie gegen 1850 hinterlassen hat *(unten).*

»Erstrahlt im Glanz des Schmucks«

Bess of Hardwick,
die ersten Earls
und der erste Herzog
1549–1707

Porträt der Bess of Hardwick, das Rowland Lockey zugeschrieben wird.

Die Südfassade. Ein genialer Kopf hat den Kanal höher gelegt als das Rasenstück, sodass das Haus aus dem Wasser aufzuragen scheint *(vorhergehende Doppelseite)*.

Die Geschichte des Gartens ist untrennbar mit der Geschichte der Familie verbunden. Letztere beginnt mit dem Jahr 1555, als Elizabeth Hardwick (ca. 1527–1608), allseits als »Bess of Hardwick« bekannt, und ihr zweiter Ehemann, Sir William Cavendish (1505–1557), der Urvater der Cavendish-Dynastie in Derbyshire, begannen, ihr Haus auf dem Besitz Chatsworth zu bauen, den sie 1549 erworben hatten.

Der dazugehörige Garten war wesentlich kleiner als der gegenwärtige und in seiner Anordnung um das Haus mit letzterem nicht zu vergleichen. Es existierte ein streng formal geordneter Bereich im Süden mit Teichen und Springbrunnen – nicht unbedingt an ihrem jetzigen Standort. Der steil ansteigende Hang im Osten war terrassiert, und eine hohe Mauer umgab einen Hirschpark, in dem Wild für die Küche gemästet wurde. Fischweiher wurden zwischen Haus und dem Fluss Derwent angelegt. In einem stand, und steht noch heute, ein viereckiger Steinturm, der sich schmuck über einer uralten Erdschanze erhebt, von der aus eine Furt durch den Fluss bewacht wurde.

Dieser Turm heißt »Königin Marys Idylle«. Seinen Namen erhielt er zu Zeiten von Bess, als deren vierter und letzter Ehemann, der Earl of Shrewsbury, von Königin Elizabeth als »Hüter und Verwahrer« von Mary »Queen of Scots« (Maria Stuart; Anm. d. Übers.) eingesetzt wurde. Es heißt, dass es der königlichen Gefangenen erlaubt wurde, in Begleitung von Lord Shrewsbury dort »Luft zu schnappen«. Der Turm befand sich damals innerhalb der Gartenmauern und war an drei Seiten von Wasser umgeben. Man nahm daher an, dass sie dort vor eventuellen Befreiern sicher sei. Beweise für diese Geschichte gibt es nicht, doch »Marys idyllisches Plätzchen« war stets Gegenstand romantischer Legenden und ist ein beliebter Teil der Szenerie um Chatsworth.

1590 ordnete Bess an *»dass man alle mögliche Kräuter und Blumen pflanze, und auf einem Stück Malven aussäe«.* Rosen wurden gesetzt, sowie Geißblatt, Schwertlilien, Nelken und Stiefmütterchen, alle heute vertraut und viel bewundert in den Schmuckbeeten von Bess'« anderem Herrenhaus, Hardwick Hall, das nur knapp 30 Kilometer von Chatsworth entfernt liegt. Obstgärten, nach strengem Muster angelegt, solide Aussichtsterrassen aus Stein, Lauben und Pavillons machten den Garten der Tudorzeit komplett.

Die massive Einfassungsmauer, die von der Südseite des Hauses aus mit einer Balustrade verlief, damals Trennlinie zwischen Garten und Park, Königin Marys Idylle (von Wyatville ungefähr 1830 restauriert) und der Jagdturm (oder Stand Tower von 1587) mit einer Höhe von fast 100 Metern drüben über dem Steilhang im Osten sind die einzigen sichtbaren Überbleibsel aus der Zeit von Sir William und Bess, ihrem Haus und Garten.

Königin Marys Idylle. Die Laube stand bereits zu Bess' Zeiten, wurde jedoch 1823/24 grundlegend im romantischen Stil restauriert. Der Jagdturm ist auf dem Hügel darüber sichtbar.

Bess starb 1608. Sie konnte ihren ältesten Sohn und Tunichtgut Henry auf den Tod nicht ausstehen und hinterließ soviel sie konnte ihrem Zweitgeborenen, dem Lieblingssohn William Cavendish (1552–1625), dem 1605 der Titel Baron Cavendish und 1618 der des Earl of Devonshire zugesprochen wurde.

Sein unschätzbar wertvoller Beitrag zu Chatsworth war, William Senior dazu anzuregen, eine Übersicht über seinen Besitz anzufertigen. 65 gezeichnete und farbenfroh kolorierte Karten auf Pergament aus dem Jahr 1617 befinden sich heute in der Bibliothek des Hauses. Die Ansichten des Seniors von der unmittelbaren Umgebung des Hauses sind verzweifelnd ungenau, und doch zeigen sie immerhin Umfang und Anlage von Garten und Park im Verhältnis zum Haus, wie sie Williams Eltern geschaffen hatten.

William, zweiter Earl (1590–1628), blieb nur drei Jahre Herr auf Chatsworth. Ihm folgte sein Sohn, ein weiterer William (1617–1684). Dieser Lord Cavendish war ein Intellektueller, dessen Interessen der Wissenschaft und Literatur galten. Er ist Gründungsmitglied der Royal Society von 1663. Obwohl Monarchist aus Neigung, folgte er dem Familienmotto »Vorsicht ist die Mutter der Weisheit« und ging während des Bürgerkriegs ins Ausland. Sein jüngerer Bruder Charles Cavendish allerdings fiel im Kampf für den König. Chatsworth wurde abwechselnd von Monarchisten und Anhängern Cromwells besetzt gehalten.

Lord Cavendish kehrte mit dem Frieden und der Wiedereinsetzung der Monarchie nach England zurück und machte sich daran, das Haus nach dem Zufallsprinzip auszubauen. Die Fundamente waren für die Höhe des Gebäudes zu schwach, sodass es instabil wurde. Es blieb seinem Sohn überlassen, diese Aufgabe zu Ende zu führen. Mittlerweile begann er allen Ernstes, seinen Garten zu modernisieren. 1659 wird zum ersten Mal ein Parterre erwähnt. John Walter, Chronist, schreibt 1677 von *»einer Art hängendem Garten von Wegen durchteilt, dazwischen Felsen mit Bassins, Wassersäulen und Fontänen, jedoch sämtlich noch unfertig.«*[1]

Von 1675 bis 1687 existieren Eintragungen in den Haushaltsbüchern über die Pflanzung von Linden, das Abtragen von Erdwällen und deren Verteilung im Park, *»das Ausbringen von Kiesbruch für Wege in der Wildnis«*, das Graben von Löchern für Bäume und ihre Pflanzung, die Anlage von Einfassungen und die Aussaat von Grassamen, und, sehr bezeichnend, *»das Graben von Brunnen und Gräben für Wasserohre«* im Jahr 1675/76 kurz vor Walkers Besuch. Vier Männer wurden mit 11 Pound, 15 Shilling und 4 Pence entlohnt, damit sie *»die besten Gartenstücke den ganzen Sommer über mähten«* und *»einige Weiber«* erhielten für 1282 Tage 4 Pence pro Tag damit sie *»Unkraut jäteten, Blumen pflanzten und dergleichen Arbeiten verrichteten.«*

Charles Cotton[2] liefert eine romantische Beschreibung des Gartens in der zweiten Hälfte der Siebzigerjahre des 17. Jahrhunderts. Damals gab es ein Parterre mit Springbrunnen und Fontäne von 6,5 Metern Höhe, einen Kirschgarten, Springbrunnen und Kaskaden, Terrassen, Treppenaufgänge, Statuen, zu denen Wege führten, Rasenstücke und ein Wäldchen.

Charles Cotton bestätigt in seinem Lob dem Garten und Park abschließend paradiesische Eigenschaften.

Für die nachfolgende Generationen ist es ein Jammer, dass es keinerlei Bilddokumente aus dieser Zeit gibt.

Porträt von William Cavendish, dem ersten Herzog, nach Sir Godfrey Kneller.

Der vierte Earl of Devonshire (1640–1707) trat die Nachfolge 1684 an. Für seine Mitwirkung bei den Bemühungen, die Wilhelm von Oranien schließlich auf den englischen Thron brachten, machte man ihn 1694 zum »Marques of Hartington« und »Duke of Devonshire«. 1685 hatte er London und den Hof von König James II. einigermaßen überhastet verlassen. Allerdings war sein Rückzug nach Chatsworth nicht unbedingt freiwillig, wenn auch für Haus und Garten über die Maßen fruchtbar. Er war einem gewissen Colonel Colepeper *»bei einer Audienz des Königs begegnet und nachdem er von diesem einen beleidigenden Blick empfing, fasste er denselben bei der Nase, führte ihn aus dem Saal und verpasste ihm dort einen üblen Schlag mit dem Knauf seines Stockes auf den Schädel.«*[3] Für diese Verfehlung wurde Devonshire eine Geldstrafe von 30 000 Pfund auferlegt. Statt die Strafe zu bezahlen, entschwand er nach Derbyshire und nahm dort die großartige Arbeit in Angriff, für die die heutigen Betrachter dem Colonel Colepeper und seinem »beleidigenden« Blick nur dankbar sein können.

Damals schrieben wir das Goldene Zeitalter der Architektur in England, und Devonshire hatte das Faible seiner Urgroßmutter für die Baukunst geerbt. Über mehrere Jahre hinweg restaurierte er das Haus aus dem Elisabethanischen Zeitalter im klassischen Stil und schuf einen Garten, der das Gebäude ergänzte und alles zusammen in Harmonie setzte. Der streitbare William Talman (1650–1719) war von 1687 bis 1696 sein Architekt, bis sie sich schließlich endgültig überwarfen. (Talman fungierte einige Zeit auch als stellvertretender Superintendent der Königlichen Gärten mit einem Gehalt von 100 Pfund pro Jahr.). Es wird angenommen, dass Devonshire persönlich für die Westfront verantwortlich zeichnete. Von 1704–05 entwarf und baute Thomas Archer (1668–1743) die Nordseite.

Der Herzog war einer der ersten Engländer, der seine Begeisterung für die extravagante Schöpfung formal geordneter Gärten entdeckte, die bereits in Frankreich, Italien und Holland in Mode gekommen waren. Die besten Gartenbauer, Gestalter und Bildhauer der Zeit wurden engagiert. George London entwarf das West-Parterre, welches 1690 fertiggestellt wurde. London (er starb 1714) hatte auf Reisen durch Frankreich die Arbeiten von Le Nôtre für Louis XIV. in Versailles studiert und wurde Gartenmeister von William III. Stephen Switzer erinnert sich an London so: *»diese eine Person allein besuchte tatsächlich ein- oder zweimal im Jahr die meisten herrschaftlichen Gärten Englands und gab seine Anweisungen.«*[4] Sein Vertrag zur Gestaltung des Geländes *»westlich des großen Parterre«* bestätigt jedenfalls die Existenz eines solchen – möglicherweise handelte es sich um jenes Gelände, das 1659 in den Büchern auftaucht. Vier Jahre später kam auch Londons Partner Henry Wise (1653–1738) dazu, um

Floras Tempel. 1695 vom ersten Herzog erbaut, versetzte man ihn 1760 an seinen gegenwärtigen Standort. Damals wurde er zum ersten Mal Floras Behausung. 1993 erfolgte die Restaurierung, als man auch die Säulen erneuerte.

Die Statue der Flora wird dem Bildhauer Cibber zugeschrieben. Anfänglich hatte sie ihren Platz in einem der Parterres des ersten Herzogs. 1760 verbrachte man sie in den Tempel, der jetzt ihren Namen trägt. Der sechste Herzog »beförderte« sie 1813 in den Französischen (jetzt Rosen-) Garten. Wir stellten sie wieder in ihren Tempel, nachdem sie 180 Jahre im Freien gestanden hatte.

Der Seepferde-Brunnen auf dem Südrasen. Triton und die vier Seepferde aus Stein sind von Cibber *(rechte Seite)*.

das südliche Parterre zu entwerfen. Beide erhielten 500 Pfund für ihre Arbeit. Wise wurde später Königlicher Gärtner bei Königin Anne und George I. Er diente viele Jahre in Hampton Court, und es besteht eine starke Ähnlichkeit zwischen dem »Privy Garden« dort, den er für William und Mary (1996 restauriert) geschaffen hatte, und dem Parterre von Chatsworth.

Das als Geschäftspartner agierende Paar betätigte sich nicht nur als Gartengestalter, sondern auch als Pflanzenlieferant. In den Neunzigerjahren des 17. Jahrhunderts enthielt ihre Gärtnerei und Baumschule in Brampton Park, Kensington »*ein Pflanzenangebot, so umfassend, dass die Ware, setzt man einen Penny pro Stück an, den Wert von 40 000 Pfund übersteigt.*«[5]

Mittlerweile drängen sich auf diesem Areal zahlreiche Museen. In den Neunzigerjahren des 17. Jahrhunderts verkauften sie große Mengen von Bäumen nach Chatsworth – Linden, Stechpalmen, Wacholder, Buchsbaum, Orangenbäume und Myrten, zusammen mit 12 000 Hainbuchen. Ihre Rechnungen liegen hier bei uns im Archiv.

Devonshires Garten, mit dem praktisch die klassische Architektur des Hauses auf die unmittelbare Umgebung übertragen wurde, führte jene formale Ordnung und Symmetrie, die man auf dem Kontinent so liebte, zum ersten Mal in Derbyshire ein.[6] Sich rechtwinkelig und diagonal kreuzende, mit gelbem und weißem Kies aufgeschüttete Wege wurden angelegt, einige mit falscher Perspektive, damit sie vom Haus aus sogar noch länger wirkten, als sie tatsächlich waren. Zusätzlich zu den großen Parterres im Westen und Süden wurden Bess' Terrassen entlang am Hang im Osten noch ausgebaut und mit Bassins, Fontänen, Statuen und bemalten und vergoldeten Palisaden geschmückt. Vogelvolieren wurden gebaut und ein Gewächshaus. Letzteres Kleinod transferierte der sechste Herzog später zu seinem heutigen Standort.

Das Dach dieses Gewächshauses zieren ungewöhnlicherweise Zwölf Büsten des 17. Jahrhunderts, die der sechste Herzog und sein Architekt Wyatville ca. 1824 aus dem Hof des Hauses dorthin verfrachteten. Ein »Bowlinggreen« wurde im Westgarten angelegt, mit einem dazugehörigen grandiosen Pavillon in Form eines klassischen Tempels (später versetzt und jetzt bekannt als »Floras Tempel«). Geländenivellierungen, Gestaltung und Pflanzungen nahmen die folgenden zehn Jahre von 1687 an in Anspruch.

Ein Franzose, Monsieur Huet (seine Name wurde bald in Hewett anglisiert, in den Haushaltsbüchern als »der französische Diener« ausgewiesen) überwachte das umfangreiche Unternehmen. Er zeichnete für die Verwirklichung von Londons und Wises Plänen bis 1696 verantwortlich, bis ein anderer Franzose, Monsieur Audias, diese Aufgabe übernahm. Sie folgten der englischen Auslegung des streng formalen Stils, den Le Nôtre ca. 1650 in Versailles vorgegeben hatte. Diese Art von Gärten brauchte Ausschmückungen, um das Bild vollkommen zu machen. Die Künstler dieser fürs Freie gedachten Werke aus Stein, Bronze und Eisen wurden unter den besten dieser Zeit ausgewählt, und ihre Arbeiten erfahren auch drei Jahrhunderte später noch größte Wertschätzung.

Der dänische Bildhauer Caius Gabriel Cibber (1670–1700) hat von 1688–1691 in Chatsworth gewirkt. Cibber arbeitete für Talman auch in Nottinghamshire und für Sir Christopher Wren bei der Erbauung der St. Paul's Cathedral und Hampton Court.« 1693 sicherte ihm sein Talent den Posten des »Sculptor in Ordinary«, also des königlichen Hof-Bildhauers bei William III. Einige seiner Meisterwerke sind auch heute noch in Chatsworth zu bewundern. Die Statue der »Flora« hat im Lauf der Jahre häufig mal in, mal außerhalb ihres Tempels gestanden und Kunsthistoriker zu sehr unterschiedlichen Stellungnahmen beflügelt. Die Pferde aus Stein im Seepferde-Brunnen an der Südfassade waren seit über 300 Jahren der Gischt der Springstrahlen ausgesetzt und haben daher einige Teile ihrer Gliedmaßen eingebüßt, sind jedoch noch immer voll lebendiger Kraft. Gelbe Flechten haben ihre Köpfe überzogen, und ihre dicken, schuppigen Fischschwänze winden sich über ihren Rücken, während sie sich, auf ewig in ihrem Bassin gefangen, in tänzerischer Anmut aufbäumen. In ihrer Mitte erhebt sich Triton aus dem Wasser, bläst auf seiner Muschel, ganz in der Manier eines modernen Fußballhelden, der die Trophäe nach einer errungenen Meisterschaft seiner Mannschaft küsst.

Um den Herzog und seine Freunde zu entzücken, musste die Natur erst noch aufpoliert werden. 1695 wurde ein »*künstlicher Baum aus Bronze*«, der Urahn unserer gegenwärtigen wassersprühenden Weide, von einem gewissen Ibeck geschaffen. Celia Fiennes beschrieb diesen so: »*Ungefähr in der*

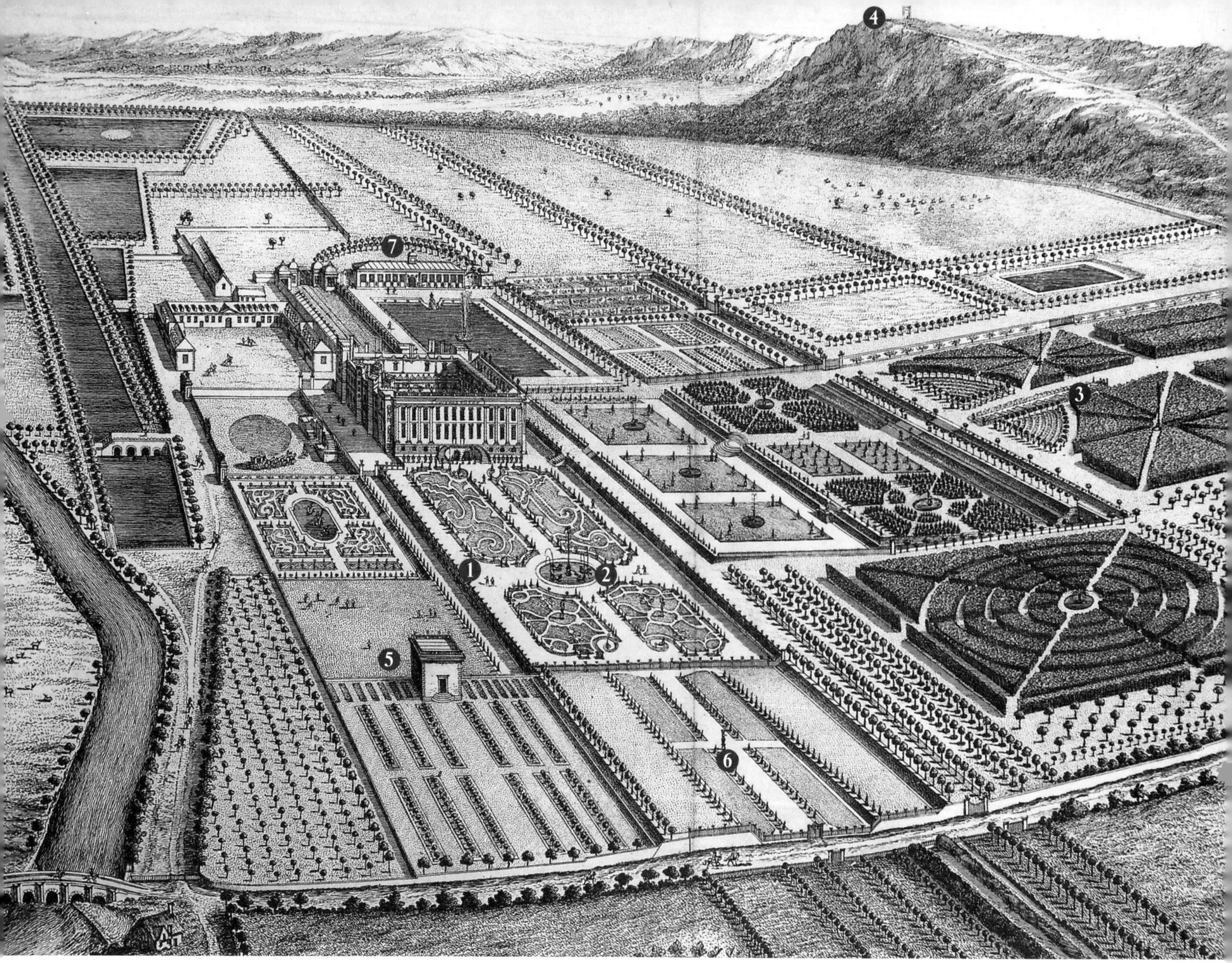

Der Garten von 1699 auf einem Stich von Knyff und Kip. Heute würden die Künstler von damals folgendes wiedererkennen:
1. die Elisabethanische Balustrade
2. den Seepferde-Brunnen
3. die Kaskade
4. den Jagdturm;
und, obwohl mittlerweile an anderen Standorten:
5. Floras Tempel
6. Flora
7. das Gewächshaus des ersten Herzogs.
Der Kanal *(rechte Seite)* wurde erst Jahre nach Anfertigung des Stichs angelegt.

Mitte (des Gartens) *beim Hain steht eine schöne Weide, Blätter, Rinde und alles wirken vollkommen natürlich, die Wurzeln sind allem Anschein nach voller Schutt oder großer Steine, und ganz plötzlich, als öffne sich eine Schleuse, sprüht Wasser aus jedem Blatt, wo doch jeder annehmen müsste, es mit einer ganz normalen Weide zu tun zu haben.«*[7]

Aus Celia sprudeln die Worte nur so wie die nach ihrer Beschreibung *»rauschenden Fluten der Pyramiden«*. Überwältigt von alledem, plaudert sie munter weiter über Kiesavenuen, Stein- und Bronze-Skulpturen, Bassins, Rasenstücke, eine Wildnis und schattige Wege, mehrere hübsche Gartenstücke, eines um das andere, dichte Lauben und Wasser, das sich aus Rohren ergießt, wobei *»bei manchen der Druck so groß ist, dass es schäumt wie Schnee.«*

Wir besitzen einen Stich von Knyff und Kip aus dem Jahr 1699, der all diese Veränderungen festhält (Leendert Knyff war der Zeichner, Jan Kip der Stecher), und dessen Fertigstellung so lange dauerte. Das berühmte Paar, deren Namen nach einer Slapstick-Nummer von einst klingen, zeichnete und stach viele herrschaftliche Häuser und Gärten in England und ließ jedes Anwesen wie ein Versailles unterschiedlicher Ausmaße aussehen. Alle diese Objekte sind aus der Vogelperspektive erfasst, sodass unwillkürlich die Frage aufkommt, wo die Herren wohl ihren Hubschrauber versteckt haben mochten. Ihr Stich von Chatsworth jedenfalls zeigt Muster und Formen der einzelnen Gartenstücke und ihre Verbindungen miteinander. Die Einzelbäume sind wie frisch ausgestochene Plätzchen aufgereiht, so, als habe man sie für immer auf eine Größe eingefroren, damit sie

niemals wachsen und mit ihren ausufernden Silhouetten möglicherweise die Perspektiven verderben könnten. Es fällt schwer, an ihr umfassendes, weitreichendes Bild von Chatsworth zu glauben, doch ein Vergrößerungsglas zeigt uns sogar Details an der Statue der Flora und weckt damit das Vertrauen in uns, vieles davon als eine treue Wiedergabe dessen zu nehmen, was die beiden Künstler vor 300 Jahren tatsächlich wahrgenommen haben. (Auf Knyff und Kip trifft man mittlerweile überall in der Welt. Stellen Sie sich meine Begeisterung vor, als ich aus einem Hotel-Aufzug in Los Angeles trete und mich unvermittelt Londesborough[8] in seiner ganzen Pracht gegenüber sehe).

Die steile Hangneigung des Steilabbruchs östlich des Hauses war seit Bess' Zeiten dazu benutzt worden, Bäche umzulenken und damit die Springbrunnen und Teiche zu speisen. Nun sollte das Wasser zu noch spektakuläreren Effekten benutzt werden.

Eine Luftansicht des Gartens von heute, aus demselben Winkel aufgenommen wie Knyff und Kips Stich, die die grundlegenden Veränderungen in Garten und Park während der vergangenen drei Jahrhunderte deutlich macht.

Blick nach Osten zur Kaskade. Über dem Kaskaden-Tempel ist der Wasserfall vom Aquädukt in Stand Wood zu sehen.

Restaurierungsarbeiten an der Kaskade während der Winter der Jahre 1995–1997. Carl Wragg war der Steinmetz *(rechts)*.

Die Kaskade

Die Kaskade war das Glanzstück des ersten Herzogs. Entworfen von Monsieur Grillet, einem französischen Wasserbauingenieur, der bereits mit Louis XIV. und Le Nôtre Erfahrungen mit dekorativen Wasserspielen gesammelt hatte, wurde die Wassertreppe in zwei Jahren gebaut und 1696 vollendet. Das Wasserreservoir, das sie speist, wurde hoch über dem Haus unter dem Moor angelegt, weiterhin eine Reihe von 24 in Stein gehauener Stufen und Schrägen, wobei jeder Neigungswinkel und jede Fläche unterschiedlich beschaffen ist, sodass das Geräusch des sich darüber ergießenden Wassers ständig variiert. Der Herzog allerdings war selten zufrieden zu stellen, sodass nur sechs Jahre später diese ungewöhnliche Konstruktion abgerissen und neu erstellt wurde, diesmal länger und steiler als zuvor. Über die Hälfte wurde 1826 vom sechsten Herzog erneut abgetragen. Er beschreibt, wie er beim Bau des breiten Kieswegs, der zur Kaskade hinaufführen sollte, herausfand, dass *»wo die beiden Linien zusammentreffen sollten, sich dem Auge eine Krümmung, ja eine Abweichung bot.«* Man stelle sich seinen Kummer vor. Unbeirrt ersetzte er sie *»in Entsprechung zur Ausrichtung der Südfassade, und, folgerichtig, zu jener des Kieswegs«*. Welcher Mühe man sich doch unterzog, nur, um alles richtig zu machen! Und es sollte nicht das letzte Mal sein, dass die Kaskade neu gebaut wurde.

Während der Winter 1995–97 wurden 35 Tonnen Steine aus dem nahegelegenen Steinbruch von Stanton Moor verwendet, um die alten Stufen zu ersetzen, die das Wasser in den vergangenen 170 Jahren glatt geschliffen hatte. Alle 24 Schrägen wurden ausgewechselt, wobei ja jede Oberfläche anders beschafften gewesen war. Und die Steine mussten in Handarbeit behauen werden. Carl Wragg, der Steinmetz, schlug mit Hammer und Meißel Rillen in den Stein ... horizontal, vertikal oder im rechten Winkel. Ein schlichter Schuppen ohne jeden Komfort wurde für ihn errichtet, wo er monatelang bei der Arbeit war. Es war eine Freude, ihm zuzusehen. Korrekturen sind nicht mehr möglich, wenn man einmal zum Schlag angesetzt hat, und jeder vollendete Stein war ein Kunstwerk.

Thomas Archer, der Architekt der Nordfront des Hauses, entwarf den perfekten kleinen Wassertempel über der Kaskade. 1711 war er schließlich mit all seinem Schmuck fertiggestellt. Es ist ein Theaterbau, wie noch andere im Garten, bei denen die Natur längst der Kunst in Form von Architektur unterworfen worden war. Und es sieht so aus, als würde die Kaskade aus diesem Tempel entspringen. Steht man in seinem Mauern, wenn das Wasser angestellt wird, um über das Dach zu fließen, kommt man sich selbst wie ein Wasserwesen vor – bereit, mit dem silbernen Strom über die Steinstufen hinunterzugleiten.

Der Wassertempel wurde von Henri Nadauld (1653–1723) üppig mit aus dem Stein gehauenen eisblumenartigen Halbreliefen und anderem Schmuck verziert. Auf dem Dach liegt ein Flussgott, in tiefen Schlaf versunken. Zwei Nymphen halten Kelche und verschütten achtlos Wasser in die Bassins, die in den Teich überfließen und die Kaskade speisen. Zwei geflügelte Figuren mystischer Herkunft, Greifvögel mit vorstehenden Wirbeln und Rippen, speien Wasser. Nadauld war hugenottischer Flüchtling, der während der Jahre religiöser Verfolgung auf dem Kontinent, als einige der begabtesten Handwerker des späten 17. und frühen 18. Jahrhunderts nach England kamen, weitere Flüchtlinge der kreativen Mannschaft zuführte, die so viel dazu beitrug, Chatsworth immer schöner zu machen. Samuel Watson (1662–1715) schuf die Girlanden, Schnörkel und Muscheln und fügte die vier Löwenköpfe unter der Kuppel darüber hinzu. Als ein Mann aus der Umgebung verstand es Watson, Stein, Holz und Alabaster gleichermaßen geschickt zu bearbeiten. Seine Holzschnitzereien werden oft mit denen von Grinling Gibbons verwechselt.

Die Restaurierung um 1990 verschlang bis zu ihrem Abschluss 10 000 Arbeitsstunden. Es wurde soviel des ursprünglichen Steinmaterials verwendet wie möglich *(unten)*.

Eine von 24 Treppenfolgen, die die Kaskade bilden. Jede Stufenserie variiert in Form, Zahl oder Stufenhöhe – um das Geräusch des abwärts fließenden Wassers abwechslungsreich zu gestalten.

Wasser schäumt über das Dach des Kaskaden-Tempels und wird durch 13 Wasserspeier geleitet, einschließlich der Mäuler zweier dicker Delfine, die in abenteuerlicher Pose zwischen den Pilastern hängen. Außerdem sprüht Wasser auch aus zwei kleinen Wasserdüsen im Bassin vor dem Tempelchen auf, bevor es die Wasserstufen hinunterplätschert.

Der Kanal

Die wagemutigste Veränderung von allen war die Nivellierung des »*weithin ansteigenden Geländes*« am Ende des Süd-Parterres, damit »*ein weitschweifender Blick auf die blauen Hügel geschaffen werde und auf der Ebene von Haus und Garten ein Kanal entstehe.*«[9] Während seiner Reise durch Derbyshire in den Zwanzigerjahren des 17. Jahrhunderts schrieb Daniel Defoe: »*um ungehinderte Sicht oder Ausblick über das flache Land in Richtung Hardwick zu erlangen, ein weiterer Besitz desselben Eigentümers, hat der Herzog, für den es offenbar nicht nur praktikabel, sondern sogar ein Leichtes war, was andere für unmöglich gehalten hatten, schlicht einen ganzen Berg versetzt und abgetragen, der ihm im Wege stand und die Aussicht verstellte.*«[10] Die Aussicht reichte zwar nicht bis Hardwick, das knapp 30 Kilometer entfernt und auch noch in einer anderen Richtung liegt, aber sie öffnete immerhin den Blick über den Alten Park nach Süden, um dem Ganzen eine neue Weite und Perspektive zu verleihen.

Der Kanal, gesehen vom Dach des Hauses an einem Sommermorgen. Am rückwärtigen Ende steht das »War Horse« von Frink, das in südliche Richtung über den alten Park blickt. Am vorderen, nördlichen Ende, befinden sich die Flussgötter und das von Felsbrocken gesäumte Fundament der Zaren-Fontäne. Die Reihe der dreihundertjährigen Linden steht im Westen.

Der Kanal, fast 314 Meter lang und gut 60 Zentimeter tief, mit einer Einfassung aus Stein und einem riesigen »Stöpsel« am Südende, welcher als eine Art Überlauf dient, war seither ein nicht wegzudenkendes Charakteristikum des Gartens. An derselben Stelle wie heute stieg auch damals eine Fontäne in die Höhe – zweifellos eine Folge der 1675 verlegten Rohre. Zwei Flussgötter, die Nadauld zugeschrieben werden, sitzen rechts und links der Wassersäule auf ihren Steinsockeln.

Jetzt, 300 Jahre später, macht der Kanal noch immer wenig Arbeit und viel Freude. Das Wasserbecken muss zwar von Zweigen und Blättern freigehalten und die Ränder gesäubert werden, damit sie in ihrer geraden, scharfen Linienführung zu erkennen bleiben, aber im Großen und Ganzen ist er pflegeleicht. Einer meiner Schwiegersöhne hatte einmal aus seinem moorigen Grund eine Unmenge Flusskrebse mit Heringen als Köder gefangen. Anschließend hat er sie mitsamt dem modrigen Wasser lebend in die Badewanne neben dem besten Gästeschlafzimmer gegeben, was in unserem Haushalt beinahe eine Revolte auslöste.

Die Kosten für die Instandhaltungsarbeiten im Garten waren im Vergleich zu denen der Renovierung des Hauses gering, für die die bekanntesten Künstler und Handwerker der Zeit verpflichtet worden waren. Trotzdem strapazierte das ganze Unterfangen das Portefeuille des Herzogs bis an die Grenze und sogar darüber hinaus, und er war, wie andere vor ihm, eine Spielernatur. Pferderennen waren seine Passion, und der Verlockung, mit einer erfolgreichen Wette auf einen Schlag alle Probleme zu lösen, war er stets erlegen. Der Herzog mag einen untrüglichen Geschmack gehabt haben, aber ein guter Arbeitgeber war er nicht. Häufig verschwand er nach Newmarket, für ihn ein schicksalhafter Ort – oft dicht gefolgt von seinem Verwalter Aaron Kinton –, sobald die Entlohnung einer ganzen Armee von Arbeitern vom Zieleinlauf eines Rennens oder einem Blatt am Kartentisch abhing.

Am 20. April 1704 schrieb Kinton an Wildon (Buchhalter und Zwangsverwalter) dass »*Ihro Gnaden letzte Woche eine erkleckliche Summe in Newmarket verlustig gegangen ist und er sich in 10 Tagen wieder dorthin begeben werde, doch zuerst 2500 Pfund auftreiben muss, um setzen zu können, ich jedoch nicht erkennen kann, wie ihm das gelingen sollte. Seine Gnaden redet davon, die an Maria Verkündigung fälligen Pachtzahlungen zu verpfänden.*« In seiner Verzweiflung, die Löhne bezahlen zu müssen, schrieb er schließlich am 5. Oktober: »*... und jetzt habe ich alles geschickt, was ich habe und mehr, und es ist kein Penny geblieben und Lord Hartington* (der Sohn des Herzogs) *ist wütend, und täglich läuft eine Flut alter Schulden auf, und nur Gott weiß, wie das enden soll, denn Seine Gnaden haben das großes Spiel am Montag verloren, und wie wir hören, stand es auch gestern nicht gut, Gott möge mehr Glück schicken.*« Der liebe Gott allerdings weigerte sich offenbar, zu Diensten zu sein, und der arme Kinton stürzte in ein noch tieferes Loch. Aber die Arbeiten gingen weiter.

Reisende, die nach Chatsworth kamen, waren einhellig begeistert von den Errungenschaften

des Herzogs, der eine Insel der Zivilisation im »wilden und tristen« Peak-Distrikt geschaffen hatte. Ihre Schilderungen über Haus und Garten sind geradezu Poesie: »*Was könnte erquicklicher sein, als all die schattigen Wege zu beiden Seiten, wo sich wie aus dem Paradies die fernen Schrecken einer ländlichen Hölle betrachten lassen*«, schrieb Joseph Taylor. »*Ein erhabener Palast erstrahlt im Glanz seines Schmucks von erlesenster Handwerkskunst; filigrane Gartenstücke, gefüllt mit allen Einzigartigkeiten, die menschlicher Geist zu ersinnen vermag, inmitten der Barbarei.*«[11]

Daniel Defoe schlug in dieselbe Kerbe: »*Nichts könnte überraschender sein … für einen Fremden, der aus Norden kommend … und zu Fuß wandernd, mühselig dieses schwierige, gottverlassene Land quert, und kein Ende ist abzusehen … und er fast entmutigt und niedergeschlagen durch die Anstrengungen des Marsches (was in unserem Fall exakt zutraf) ist, als ihn der Führer plötzlich an eine Hangkante geleitet, wo er aus schwindelnder Höhe und aus trostloser Wüste, und, wie er annahm, endlosen Mooren in das entzückendste Tal hinabsieht, mit dem herrlichsten Garten und schönsten Palast der Welt: Wenn Gegensätze sich deutlicher machen, und der Ort kann jede Verdeutlichung ertragen, so muss Not den Glanz der Situation verstärken, und die Schönheit des Gebäudes, und ich muss sagen (womit ich meine kurze Betrachtung beende), falls es ein Wunder in Chatsworth gibt, dann das, dass jener Geist, der einer so herrlichen Anlage fähig ist, ja den Plan für ein solches Haus entwerfen konnte, und auch noch die Ressourcen hatte, das alles zu finanzieren, alles an einem Ort verwirklicht hat, wo die Berge die Wolken bedrängen, die Sonne verdunkeln, und drohten, wären Erdbeben hier häufig, die Städte und noch mehr das Haus unter sich zu begraben.*«[12]

Soviel zum bemerkenswerten Haus und Garten, zum Peak-Distrikt und seinem Klima. Es sollte noch Jahre dauern, bis Natur und Landschaft um ihrer selbst willen bewundert wurden.

Einer der beiden Flussgötter, die auf Steinbetten im Kanal lagern. Sie werden dem Bildhauer Nadauld zugeschrieben. Ihre Sockel bedürfen dringend der Restaurierung; in nächster Zukunft werden die Bleirohre ausgewechselt, und das Wasser wird erneut aus ihnen sprühen, wie vom ersten Herzog geplant.

»Alle Natur ist ein Garten«

Der zweite, dritte, vierte und fünfte Herzog

1707–1811

Blick nach Westen über den Fluss Derwent und Paines Brücke zum Park. Diese Landschaftsszene wurde um 1760 von Lancelot »Capability« Brown entworfen und angepflanzt; die fünf jungen Eichen auf der mittleren Distanz sollten entfernt werden, da sie den ursprünglich von Brown geplanten offenen Blick zum Horizont verstellen *(vorhergehende Doppelseite).*

Die Interessen des zweiten Herzogs galten den schönen Künsten, nicht dem Garten. Er war derjenige, der eine Sammlung von Zeichnungen und Gemälden alter Meister, Münzen und antiker Gemmen zum Schmuck seines Londoner Hauses erwarb. Die in seinem Besitz befindlichen Kunstwerke, wie zu jener Zeit allgemein üblich, waren Wissenschaftlern zu Studienzwecken jederzeit zugänglich. Was Chatsworth betrifft, so sorgte er dafür, dass das Anwesen instand gehalten wurde, doch abgesehen von den Tausenden von Bäumen, die er am Steilhang pflanzen ließ (wobei er es allerdings versäumte, die jungen Kulturen einzuzäunen, sodass sie nicht überlebten) und der Tatsache, dass er 1713 am Süd-Parterre herumpfuschte, als 7000 Buchsbaumpflanzen geordert wurden, ließ er den wunderbaren Garten seines Vaters unangetastet.

Im Jahr vor seinem Tod, 1728, geschah ein erster kleiner Bewusstseinswandel gegenüber der alles auf symmetrische Muster reduzierenden vorausgegangenen Generation. Die Bücher verraten uns, dass »John Sale und Partner« dafür bezahlt wurden, dass sie *»planierten, Erde aufbrachten und einen Rasen vor der Süd-Fassade anlegten«*, und dass 135 Eiben als Hecken- und Ballenware für das Süd-Parterre bestellt wurden. Die neue Modewelle, die Lichtungen und Rasenflächen bevorzugte, sollte das ganze Land erfassen und die Umgebung der meisten Herrensitze in das verwandeln, was wir heute als den »Englischen Park« kennen. So stark war der Wunsch nach einer Veränderung, dass den meisten Gärten dasselbe Schicksal wiederfuhr, und Chatsworth war keine Ausnahme.

Der dritte Herzog (1698–1755), Ritter des Hosenbandordens, zeitweilig Abgeordneter für Derbyshire und 1743/1744 Vizekönig von Irland, war trotz seiner erwähnten bedeutenden Ämter ein Mann *»von einfachen Manieren und nachlässiger Kleidung«*[13]. Er war derjenige, der von 1730 an auf eine Reihe von Aktivitäten und Änderungen drängte, als man sich ernsthaft an die Auflösung der alten Gartenanlage machte. Es existiert eine Rechnung über *»die Rodung sämtlicher Nadelbäume«*, und es wurden tatsächlich 2200 Bäume gefällt.

Erdbewegungen zur Einebnung von Terrassen, schon zu Lebzeiten des Vaters begonnen, wurde nun beschleunigt. Er fügte neue hinzu und versetzte bereits vorhandene Gartengebäude. 1738 wurde ein Ananas-Haus gebaut und Ananaspflanzen, die es füllen sollten, wurden 1740 aus London geliefert. Das Haus am »Bowling Green« (mittlerweile »Floras Tempel« genannt) und das Gewächshaus des ersten Herzogs wurden abgetragen und an ihren gegenwärtigen Standorten wieder aufgebaut. *»Das Gewächshaus ist gefallen«*, schrieb er seinem Sohn Lord Hartington 1749, und im darauffolgenden Jahr: *»sie sind bei der Arbeit ... und sollten diese bald vollbracht haben.«* Die Mauer mit dem einfachen Eisengeländer, die den Westgarten einfasste, wurde 1752 eingerissen, wobei die behauenen Steinsockel, auf denen Cibbers Sphinxe standen, isoliert zurückblieben. Das Gebiet zwischen Haus und Fluss wurde bis zum Ufer eine einzige Rasenfläche.

Wie wir gesehen haben, hatte der Herzog in Fragen des Geschmacks eine sicherer Hand, sobald ein wichtiger Schritt getan werden musste. Das Devonshire House am Piccadilly brannte 1733 nieder, und es war William Kent (?1685–1748), der den Auftrag erhielt, es wieder aufzubauen, das Mobiliar zu entwerfen und die Haupträume auszugestalten. Dieser vielseitige Geist war dem Herzog demnach bereits bekannt, als er 1743 Entwürfe für mögliche Änderungen an der Kaskade und den Bau von Fantasiegebäuden auf dem Hügel darüber anfertigte. Keiner dieser Entwürfe wurde ausgeführt. Trotzdem besteht kein Zweifel, dass Kent einen starken Einfluss auf Chatsworth hatte. War er doch einer der Protagonisten des neuen Stils in der Gartenkunst, und wir werden oft daran erinnert, dass es Kent war, der *»den Blick über den Zaun wagte und begriff, dass alle Natur ein Garten sei.«*[14]

Eine noch engere Verbindung zu Kent entstand durch Richard, den dritten Earl of Burlington (1694–1753), Schwiegervater des vierten Herzogs, selbst Architekt, Anhänger von Palladio und in Fragen des Geschmacks der einflussreichste Mann seiner Zeit. Er war Freund und Förderer Kents. Gemeinsam zeichneten sie für viele der künstlerischen Errungenschaften der ersten Hälfte des 18. Jahrhunderts verantwortlich, einschließlich der »Renaturalisierung« der Gärten. An Burlington richtete Alexander Pope, Dichter, Literat und Satiriker, seinen Brief über den Geschmack: *»müde des Anblicks der Parterre- und Fontänen-Welt, findet er zuletzt, dass lieber ihm ist,*

William Kents nie ausgeführter Entwurf für die Kaskade mit Grotten und großen Tempeln am Hang von Chatsworth, um 1743. Mit diesem Projekt sollte die erste Kaskade im formalen Stil des ersten Herzogs zum »ländlichen Stil« überführt werden. Dies hatte Kent, in kleinerem Rahmen, mit der Grotte im Chiswick House bereits verwirklicht. Kent stellt sich selbst mit dar, wie er seinen Plan der Familie auseinandersetzt.

ein Wiesenfeld.«[15] Lord Burlingtons einzige überlebende Tochter, Lady Charlotte Boyle (1731/1754), heiratete den Sohn des dritten Herzogs, Lord Hartington, 1748. Charlotte, reichste Erbin Englands, starb 1754, mit erst 23 Jahren an Masern, noch bevor ihr Mann den Titel erbte. Sie hinterließ vier Kinder. Ihr ältester Sohn wurde der fünfte Herzog und erbte durch seine Mutter alle Ländereien und Anwesen Lord Burlingtons und seine Kunstsammlung, einschließlich einer unschätzbar wertvollen der Architektur-Bibliothek.

Der dritte Herzog starb 1755, und im folgenden Jahr wurden nur Routinearbeiten wie der Kampf gegen Maulwürfe und die Anlage von Gräben im Garten ausgeführt. Es war die Stille vor dem Sturm. Die Ansichten über Gärten im Land waren einem grundlegenden Wandel unterworfen.

Mode ist wie ein Wind, der als laues Lüftchen beginnt, dann fast unmerklich an Heftigkeit gewinnt und zum Sturm ausartet, sobald sich die, die Einfluss haben, dem Neuen zuwenden – egal ob es sich um Kleidung, Kindernamen, Malerei, Architektur oder Gartengestaltung handelt. Also verbreitete sich das Wort, und die alte Ordnung wurde abgeschüttelt. Obwohl Kents Vorschläge bezüglich Chatsworth nie ausgeführt worden waren, wiesen sie jedoch bereits in die Richtung, aus der der Wind blies, und ein paar Jahre später fiel es dem vierten Herzog zu, das zu zerstören, was von den gestalterischen Maßnahmen seines Urgroßvaters noch übrig war.

William Cavendish, der vierte Herzog, Porträt von Thomas Hudson.

Dem vierten Herzog – Mitglied des Unterhauses für Derbyshire,[16] Lord Treasurer (Lord High Treasurer of England, ehemals in etwa der Finanzminister; Anm. d. Übers.) und anschließend Vizekönig und Generalgouverneur von Irland, von 1756/1757 Premierminister, Ritter des Hosenbandordens und Haushofmeister bis 1762 – blieben nur neun Jahre, um weitere Verbesserungen im Stil der neuen Gartenkunst in Chatsworth in Angriff zu nehmen.

Ungefähr 1760 engagierte er den weitgereisten Landschaftsarchitekten Lancelot »Capability« Brown (1716/1783), um die »romantische« Bewegung nach Chatsworth zu bringen. So destruktiv er im Garten wütete, blieb Brown doch als Gestalter von Parks unerreicht. Allerdings war er viel zu sehr damit beschäftigt, hektisch im Land herum zu reisen, um jeden Großgrundbesitzer zu bedienen, der sein Geld wert war, um die Umgebung all der großen bekannten Herrensitze neu zu gestalten, als dass er länger in Chatsworth hätte verweilen können, sodass er seine Arbeit letztendlich an seinen Assistenten Milliken delegierte.

Die Männer des Herzogs führten die Arbeiten unter Hochdruck aus. Mit der neuen Begeisterung für das »Natürliche«, das gerade Linien verdammte, war es ein Wunder, dass die Kaskade und der Kanal verschont blieben. Wäre es nach den Ultra-Modernen gegangen, hätten auch diese weichen müssen. Aber es war eben die Stärke von Chatsworth, dass hier in Haus und Garten Raum für Besonderheiten aller Zeiten und Stilrichtungen war. Knyff und Kip, die Spezialisten der Vogelperspektive, hätten sicher zwar überrascht festgestellt, dass das Bowlinggreen und das Gewächshaus versetzt worden waren, jedoch kaum etwas von dem wiedergefunden, was sie noch 65 Jahre zuvor detailliert im Bild festgehalten hatten.

Horace Walpole untermauert diesen Wandel des Geschmacks noch, wenn er von der Landschaft schwärmt und fast alles andere kritisch abtut. Was die Reisenden der vorletzten Generation noch an der verhassten Landschaft in Grund und Boden verdammt hatten, wurde jetzt, nach dieser Kehrtwendung um 180 Grad in Geschmacksfragen, gnadenlos idealisiert. 1760 schrieb Walpole in einem Brief an George Montagu: »*Nie war ich enttäuschter als in Chatsworth, welches ich verdammte, seit ich denken kann. Die Gegebenheiten sind himmlisch: das Tal reich an Getreide und Gemüse, endlose Wälder an den Hängen, grün bis in die Spitzen, und die riesigen Felsblöcke, die der Szenerie Würde verleihen. Der Fluss schlängelt sich praktisch vor der Haustür vorbei und mäandert in unvorstellbarer Weise weiter durch das Tal. Der Herzog ist dabei, es zu verbreitern und wird es zum Mittelpunkt seines Parks machen. Aber ihre Vorstellung einer schönen Brücke mit Statuen unter einem ehrwürdigen Felshang findet meine Zustimmung nicht. Wenn sie eine Brücke bauen (was in dieser Umgebung übrigens des Guten zuviel wäre), sollte sie aus unbearbeiteten, natürlichen Blöcken bestehen, von der Art, wie sie der Riese vom Peak benutzen würde, um sich die Füße nicht nass zu machen. Die Ausgaben für die auszuführenden Arbeiten werden sich auf vierzigtausend Pfund belaufen … Die große ›jet d'eau‹ allerdings mag ich, und ich würde sie nicht entfernen. Denn was immer in der Zeit, in der es entstand, als schön empfunden wurde, würde ich behalten, sonst gleichen sich ja alle Gärten und Häuser in wahrhaft stumpfsinniger Manier. Diese Absurdität von einer Kaskade nehme ich aus, bei der Wasser über Marmorstufen plätschert, was die Stufen an sich schon vollkommen sinnlos macht.«*[17]

Zurück zur Natur

Acht Jahre nach dem revolutionären Wandel in der Landschaftsgestaltung kehrte Walpole zurück und änderte seine Meinung. *»Vom letzten Herzog wurde vieles verbessert. Etliche dümmliche Wasserspiele sind entfernt, Eichen und Felsen in den Garten eingebracht, und eine prachtvolle Brücke ist gebaut.«*[18]. Und prachtvoll ist die Brücke wirklich. James Paine (ca. 1716–89) war der verantwortliche Architekt in den Sechzigerjahren des 18. Jahrhunderts. Auch die gleichermaßen schönen Stallungen oben am Hang im Osten tragen seine Handschrift. Die Proportionen der Brücke fügen sich harmonisch in die Umgebung ein, und der Winkel, in dem sie verläuft, ist geradezu genial gewählt. Sie steht da, wenn wir im Licht des Morgens aus unseren Fenstern sehen, und bei Sonnenuntergang können von der Brücke aus die vergoldeten Fensterbänke an der Westfront des Hauses bestaunt werden. Beim wechselhaftesten Winterwetter und in der heißesten Sommernacht sehe ich Menschen dort über der Brüstung lehnen, gefangen von der einmaligen Schönheit des Ausblicks.

Blumen waren aus dem Bild verbannt worden, als man Damwild und Schafe in dem Bereich grasen ließ, der einst der sorgfältig gepflegte Garten aus musterartig zusammengesetzten Beeten gewesen war, und den Horace Walpole als *»den schablonenhaften Geschmack der Holländer«* beschrieb. Um die »Verbesserungen« zu vervollständigen, wurde 1759 ein Kontingent an Bäumen, Sträuchern und einigen winterharten Pflanzen aus Philadelphia/USA eingeführt, einschließlich Kiefern, Zedern, Catalpa oder Trompetenbaum, Sassafras oder Fenchelholzbaum, Hickorynussbaum, Euonymus oder Pfaffenhütchen, Haselnuss und Ahorn.

Die Westfront des Hauses mit Paines Brücke im Vordergrund. Täglich und bei jedem Wetter sehe ich Menschen auf der Brücke stehen und diesen unvergleichlichen Blick auf das Haus genießen, den der vierte Herzog und sein Architekt James Paine geplant haben. Die Bäume am steilen Hang hinter dem Haus ergeben mittlerweile den perfekten Hintergrund.

Ein umfassendes Aufforstungsprogramm sollte weiter im Außenbereich in Angriff genommen werden. Große Mengen Eichen wurden zusammen mit anderen heimischen Laubbäumen gepflanzt. Mitten unter solch großen Ausgabeposten bringt uns ein Eintrag vom 27. August 1760 in den Haushaltsbüchern auf den Boden der Tatsachen zurück: *»Töpfe mit Zuckermelasse, die Wespen zu locken, wenn sie sich über die Früchte hermachen.«*

Alle Springbrunnen, bis auf drei (Rund-Teich, im Kanal und der Seepferde-Brunnen), wurden entfernt und ihre Bassins verfüllt. Kunstvoll beschnittene Bäume, Sträucher, Hecken und Avenuen verschwanden, die eingeebneten Terrassen verkamen zu einem Rasenteppich zwischen Bäumen, ein »Aha« wurde konstruiert, um das Auge so zu täuschen, Garten und Park für ein und dasselbe zu halten, Bäume pflanzte man in scheinbar natürlichen Gruppen in Park und Garten, um jede sichtbare Trennung zwischen beiden aufzulösen.

Wie müssen sie geschwelgt haben in ihren idyllischen Landschaftsbildern, an denen sie arbeiteten, mit dem felsigen Steilabbruch im Osten als dramatisches Element, einer Theaterkulisse gleich – *»so bedeckt mit einem Wald herrlicher Bäume, dass kein Hang zu sehen ist, nur sich steil erhebender Forst, als wachse eben nur eine Baumreihe höher als die andere und bilde eine Mauer aus Bäumen, deren Spitzen sich so dicht ineinander fügen, dass nichts und niemand durch sie hindurch sehen kann.«*[19] Der Fluss im Tal darunter und die fließende Hügellandschaft im Westen sollte ebenfalls miteinbezogen und bepflanzt werden, in der Manier eines sich endlos erstreckenden Pleasure Ground.

In ganz England hätten die Bewunderer pittoresker Landschaftsbilder keine geeignetere Bühne für ihre Arbeit finden können als in Chatsworth. Die wesentlichen Zutaten standen ihnen im Überfluss zur Verfügung – Hügel, Felsen, Bäche, Wasserfälle, Teiche, uralte Eichen, ein Fluss und sogar ein Steilabbruch. In anderen Parks wurden kleine Bäche aufgestaut, um den Anschein eines Flusses zu erwecken, der wiederum als Vorwand diente, eine Brücke zu bauen, die das Landschaftsbild vervollständigen sollte. Hier bei uns war eine Brücke nicht Schmuck, sondern Notwendigkeit, überspannte sie doch einen echten Fluss. Das große Bühnenbild der Landschaft, das das herrschaftliche Haus erst richtig zur Geltung brachte, war vollkommen.

Südostansicht der Brücke. Paine schmückte die Brücke mit Statuen, vermutlich von Cibber, aus der Zeit des ersten Herzogs *(linke Seite)*.

Die weitläufigen Salisbury-Rasenstücke, die bedauerlicherweise die zahlreichen Terrassen östlich des Hauses vom ersten Herzog ersetzten. Der Nordflügel mit dem Theater und aufgesetztem Belvedere wurde um 1820 vom sechste Herzog gebaut. Seit Aufnahme dieses Fotos sind die 16 Urnen, die die vier Türmchen des Belvedere krönten und die während der Zwanzigerjahre entfernt worden waren, kopiert und wieder aufgesetzt worden.

Die Salisbury-Rasenstücke

Diese prärieartige Weite einer Rasenfläche heißt die »Salisburys«, ich nehme an, in Anlehnung an die endlose Ebene von Salisbury. Die Rasenfläche wird durch einen breiten Kiesweg in Fortsetzung der Kaskade in zwei ungleiche Teile, einen größeren und einen kleineren, gegliedert. Die größere Rasenfläche der Salisburys überdeckt knapp 1,2 Hektar, die kleinere, die bis zur Buchenhecke reicht, gerade 1 Hektar, womit sich ihr Gesamtumfang auf 2,2 Hektar beläuft.

Die Salisburys sind Standort der alten Terrassen, jede mit eigenem Springbrunnen, umgeben von Mustern aus in Form geschnittenem Buchs oder Eiben und den kleinen, ebenfalls getrimmten Bäumen, die der Stich von Knyff und Kip auf S. 16 so deutlich zeigt. Die Terrassen müssen auf geradezu ideale Weise den steilen Hang am östlichen Zugang zum Haus aufgelockert haben.

Erdbewegungen in großem Ausmaß waren schon einige Jahre im Gang gewesen, und in den Sechzigerjahren des 18. Jahrhunderts war die »Naturalisierung« (oder Zerstörung, je nach Gesichtspunkt) des alten Gartens abgeschlossen. Die Vorbereitungen für die neuen Rasenflächen nahmen vier Jahre in Anspruch. Zwischen April 1762 und Oktober 1766 verraten uns die Bücher: »*Pflugarbeiten ... zur Vorbereitung der Grasaussaat 1 Pfund 14 Shilling.*« »*Für 20 Quarter* (240 kg) *Grassamen in Sheffield, zur Ansaat der frisch planierten Flächen 8 Pfund*«, und »*Walzen und Eggen der neuen Fläche 3 Pfund.*«

Hier war die Abkehr von der Formalität am offensichtlichsten. Das Ergebnis wurde 1949 von Francis Thompson, dem langjährigen Bibliothekar des Hauses, so zusammengefasst: »*Was oft als das einziges Manko an der Lage von Chatsworth bezeichnet wurde ... die fehlende Tiefe und Weite der Landschaft im Hintergrund ... da das Hanggelände fast unmittelbar hinter dem Herrenhaus steil ansteigt, hat den Effekt, dass es so aussieht, als werde das Anwesen praktisch dem Fluss zugetrieben.*«[20]

Mehrfach bin ich von Fremden, die hier über die konturlosen Weiten gemähten Rasens wan-

dern, mit der Frage angehalten worden: »Verzeihen Sie, aber können Sie uns sagen, wo der Garten ist?« Welche Enttäuschung, und alles ist Browns Schuld.

Selbst wenn wir den Verlust der Parterres zutiefst bedauern, es gibt ja Ersatz. Der Panoramablick von den Salisburys in westliche Richtung ist ein Erlebnis, das nie an Attraktion verliert, und wir können uns der Kreationen des vierten Herzogs und Browns nur erfreuen, der durch seinen Assistenten Milliken einen der schönsten Parks Englands geschaffen hat. Ich bin stets dankbar, dass Brown seinen Auftraggeber nicht überredet hat, den Fluss vor dem Haus aufzustauen, um einen jener faden Seen zu schaffen, die sein Markenzeichen waren. Stattdessen pflanzten er und der Herzog die großangelegten Konturen in der Ferne, die Haus und Garten den Rahmen verleihen, den sie verdienen und die Vollkommenheit der Lage des Herrenhauses in seiner Landschaft betonen. Entlang der fernen Hügelkette sorgt die keilförmige Bepflanzung für eine fortlaufende Baumsilhouette – wird ein Segment niedergeschnitten, so ist das nachfolgende hoch genug, seinen Platz einzunehmen. Auch wenn die Baumreihen so eng gesetzt sind wie bei einer Plantage, weckt dieser Gehölzriegel doch die Illusion eines grenzenlosen Waldes. Eine Mühle und ein Cottage auf dem »Flachstück« am gegenüberliegenden Flussufer wurden entfernt, neue Straßen angelegt und Tore eingefügt, und schon zeigte sich der Park, wie er sich uns auch heute noch darstellt. Was das »Gras« auf den Salisburys betrifft, so trügt der schlichte Schein, denn es besteht aus einer Unzahl von Wildblumen, jener Art, die von all jenen verschmäht und gefürchtet werden, die Wert darauf legen, dass ihr Rasen auf einer einzigen, hellgrünen Rasensorte ohne jede Abweichung, Variation, Struktur oder Farbe besteht. Nach jedem Regenguss entstehen regelmäßig Partien, die schleimige Algen überziehen und sie glitschig machen. Es sind meist die besten Kleidungsstücke, die bei Stürzen an diesen Stellen ruiniert werden. 1982 fassten wir den Entschluss, dieses Ungemach auszumerzen, und wandten uns um Rat an das »Sports Turf

Blick nach Westen über den Park zum Kreis der Buchen und dem New Piece Wood dahinter. Die keilförmigen Baumgruppen entlang des Reliefs hatte Brown geplant, um den Park abzugrenzen. Sie sind seither wiederholt gefällt und ersetzt worden, um die Waldsilhouette zu erhalten, die Brown im Sinn hatte.

Blick über die Salisbury-Rasenstücke und die Promenade. Auf der einen Seite wird der breite Weg von irischen, mit Trimmhilfen in Form geschnittenen Eiben gesäumt, auf der anderen Seite von Eiben, die sich frei entfalten durften *(folgende Doppelseite)*.

Research Institute«. Ein glücklicher Zufall wollte es, dass zur selben Zeit Dr. O.L. Gilbert, Dozent für Landschaftsplanung an der Universität Sheffield, an einer Abhandlung über diese unsere Rasenflächen arbeitete und sämtliche der dort wachsenden Pflanzen bestimmte und auflistete.[21] In seiner Liste tauchen auf: Schaumkresse *(Cardaminopsis)*, Frauenmantel *(Alchemilla)*, Labkraut *(Galium)*, Hundsveilchen *(Viola canina)*, Schafgabe *(Achillea)*, Flockenblume *(Centaurea)*, Margerite *(Chrysanthemum leucanthemum)*, langhaariges Habichtskraut *(Hieracium pilosella)*, gemeines Ferkelkraut *(Hypochoeris radicata)*, Hornklee *(Lotus)*, aufrechtes Fingerkraut *(Potentilla erecta)*, rundblättrige Glockenblume *(Campanula rotundifolia)*, Kreuzblume *(Polygala)*, Feldhainsimse *(Luzula campestris)*, eine Labkrautart, die in Heiden wächst *(Galium)*, Braunelle *(Prunella)*, kleiner bzw. großer Sauerampfer *(Rumex acetosella* bzw. *acetosa)*, Ehrenpreise *(Veronika)*, Weiß-Klee *(Trifolium repens)* und sogar das gelbe Stiefmütterchen *(Viola lutea)* sowie Riedgras *(Carex)*, 15 unterschiedliche Moossorten an feuchten Stellen, große Flecken mit Heidekrautgewächsen *(Ericaceae)* und schließlich die üblichen Rasenpflanzen – Löwenzahn *(Taraxum)*, Kriechender Hahnenfuß *(Ranunculus repens)*, Wegerich *(Plantago)* und Gänseblümchen *(Bellis perennis)*.

Die erste Behandlung mit gelöschtem Kalk war bereits erfolgt, als Dr. Gilberts Artikel veröffentlicht wurde, aber die empfohlenen wiederholten Düngergaben waren noch ausgeblieben. Angesichts von Dr. Gilberts Entdeckungen wurden die geplanten, sogenannten »Verbesserungen« umgehend gestoppt, und die einmalige Anwendung von gelöschtem Kalk zeigte keinerlei bleibende Wirkung. Vor beinahe 250 Jahren angelegt, ausgesät und regelmäßig abgeweidet oder gemäht, mit Ausnahme der Kriegszeiten, ist dieser Rasen vermutlich der letzte Überlebende seiner Art.

Zwischen Rosengarten und Kaskade standen mehrere große Buchen, und mehr noch fanden sich auf der einfachen Wiese, bevor man den Rund-Teich erreicht. Sie wurden vermutlich zur selben Zeit gepflanzt, als auch der Rasen gesät wurde. Wie die meisten von Browns Buchen, hatten sie das Ende ihrer Lebensdauer erreicht, und wir fällten sie im Jahre 1993 nur widerwillig. Zwei sind verblieben, doch ich fürchte, sie zeigen bereits erste Anzeichen von Verfall, sodass ihre Tage gezählt sind.

Obwohl der vierte Herzog nur neun Jahre in Chatsworth herrschte, überlieferten uns seine tiefgreifenden Änderungen und Eingriffe Garten und Park wie sie heute sind. Nach seinem Tod 1764 folgte fast ein halbes Jahrhundert der Untätigkeit.

Der fünfte Herzog (1748–1811) zog nicht nur London dem Leben auf dem Lande vor und blieb selten länger in Chatsworth, sondern war auch dem Müßiggang außerordentlich zugetan und hatte an Änderungen kein Interesse. Im Alter von sechzehn Jahren folgte er dem Vater als *»apathischer Minderjähriger, und apathisch blieb er sein ganzes Leben.«*[22] Zumindest jedoch ließ er Arbeiten im Haus durchführen und kaufte einige »französisierte« Möbel – vermutlich auf Anraten seiner charmanten und tatkräftigeren Frau, der geborenen Lady Georgiana Spencer. Sein mangelndes Interesse am Garten spiegelt sich in der Tatsache wider, dass sich die Gesamtsumme der Gärtnerlöhne unter ihm auf 100 Pfund pro Jahr belief. Die einzige Neuerung war die Grotte, die er für Georgiana 1798 erbauen ließ.

Die Grotte, 1798 für Georgiana erbaut. Den verrückten und wenig passenden Musikpavillon fügte ihr Sohn hinzu, der sechste Herzog.

Die Grotte

Georgiana war eine begeisterte Mineraliensammlerin, und White Watson, ein Geologe aus der Umgebung (und Enkel des Bildhauers Samuel Watson), war ihr Mentor. Er erhielt rund 66 Pfund (aus einer Gesamtsumme von gut 140 Pfund) *»für die aufgewendete Zeit und Mühe beim Entwurf und der Fertigstellung der Grotte und für Fossilien.«* Die Grotte wurde mit Stalaktiten und Stalagmiten und anderen Funden ausgestattet, die in

den Kalksteinhöhlen von Derbyshire so reichlich vorkommen. Einige Jahre nach Georgianas Tod vergrößerte ihr Sohn, der sechste Herzog, die Grotte, indem er die dahinterliegende Höhle ausbauen ließ. »*Die Grotte*«, so schrieb er, »*wurde von meiner Mutter gebaut; und ich respektierte ihren Habitus einer natürlichen Höhle, geformt durch Kupfererzkristalle, die man in der Ecton Mine entdeckte, an der Grenze zu Staffordshire, und die entfernt werden mussten, weil man hoffte, auf diese Weise eine verloren geglaubte Seitenader wiederzufinden. Vergebliche Hoffnung! Die Ausbeute finanzierte die Kosten des Abbaus nicht mehr, wie es wohl in einem Jahr der Fall war, bis zu einer Summe von 300 000 Pfund – ein Vermögen, vom Himmel geschickt, mit dem der Bau von Buxton Crescent, und wie ich hoffte, noch eine Menge nebenher finanziert werden konnte. Die Kristalle sind insofern ungewöhnlich, als sie das Erz enthalten, statt wie üblich damit überkrustet zu sein.*« Kein Wunder also, dass ein Nachtwächter beauftragt wurde, die Grotte »*gegen Plünderer zu schützen*«.

Eine Ansicht von Chatsworth von 1743 von Thomas Smith aus Derby, die die Stallungen des dritten Herzogs und die Brücke zeigt. Elf der ursprünglich fünfzehn Linden, die hier zu sehen sind, gedeihen noch immer prächtig.

Könnte man einem lebendigen Bestandteil des Gartens das ewige Leben verleihen, ich würde die Reihe kleinblättriger Linden *(Tilia cordata)* wählen, die westlich des Kanals steht. Dr. Johnson »*pflegte eine angenehme Unterhaltung in ihrem Schatten*«, nachdem er im Sommer 1784 im Haus gespeist hatte, und natürlich ist jene Seite des Kanals nach diesem unverwüstlichen alten Herrn »Dr. Johnsons Weg« benannt. Georgiana Devonshire schrieb an ihre Mutter Lady Spencer am 7.–10. September 1784: »*Wir kamen erst spät herunter, und gegen ein Uhr traf Dr. Johnson ein – er sah unpässlich aus, aber sie behaupten, er habe sich wunderbar erholt. Er war in bester Stimmung und außerordentlich unterhaltend, obwohl seine erste Äußerung mehr als lakonisch war – auf die Frage des jungen Burke, ob es ihm gut gehe – »Sir, es geht mir überhaupt nicht gut, nein, ganz und gar nicht« –, doch als er sich etwas entspannt hatte, nahm ihn der Herzog mit unter die Linden, und da blühte er auf, ja wirklich. Lady Eliz*[23] *und ich verließen ihn nur sehr ungern – er speiste hier und glänzte beim Essen weit weniger als in der Konversation, denn er aß viel und ohne Manieren*«[24].

Die Lindenreihe von heute.

15 junge Bäume sind auf einem Gemälde des Jahres 1743 deutlich erkennbar, also nehmen wir an, dass sie um die Zeit gepflanzt wurden, als der Kanal (ca. 1702) ausgehoben wurde. Elf dieser 300 Jahre alten Riesen sind verblieben. Die Linden waren in einem Abstand von 7 Metern gepflanzt worden und in einer Höhe von 4 Metern gekappt worden. Jede hat vier oder fünf mächtige Äste, die an dieser Stelle aus dem Stamm wachsen und eine Höhe von fast 40 Metern erreicht haben. Da die Linden so dicht stehen, hatten die Äste keine Möglichkeit, sich in nördliche oder südliche Richtung auszubreiten, sondern mussten sich damit begnügen, ein ausladendes Dach über dem östlich und westlich von ihnen liegenden Boden zu bilden. Das Blätterdach der größten unter ihnen misst der Länge nach 35 Meter, reicht beinahe bis an den Kanal im Osten und überdeckt den »Green Drive«, die Umfahrung, im Westen. Möglicherweise hielten die Linden aufgrund dieses ungewöhnlichen Wachstums ihrer ausladenden Äste 1962 dem heftigen Sturm aus Westen stand, als Hunderte von Bäumen in Park und Garten umbrachen. In ihrer exponierten Stellung mussten sie die volle Wucht des Windes nehmen und überlebten trotzdem alle.

»Von der Lust am Gärtnern gepackt«

Die frühen Jahre des sechsten Herzogs 1811–1835

Der sechste »Junggesellen-Herzog« im Alter von 21 Jahren, Porträt von Sir Thomas Lawrence.

Beim Tod seines Vaters 1811 war William Spencer Cavendish, der sechste Herzog von Devonshire (von jeher als »Junggesellen-Herzog« bekannt), 21 Jahre alt. Seine Kindheit und Jugend im Devonshire House zusammen mit ehelichen und unehelichen Geschwistern, die Mutter in ständiger Sorge wegen ihrer Spielschulden, der Vater stets übellaunig und schweigsam, war, gelinde ausgedrückt, etwas ungewöhnlich. William hatte Georgianas Charme geerbt, eine Charaktereigenschaft, die aus all den Eintragungen in seinen Tagebüchern, seinen Briefen sowie dem *Handbook of Chatsworth and Hardwick* (privat gedruckt 1844) spricht. Seine Hingabe an Chatsworth und seine Freude am Garten begründeten die dauerhafteste Liebesbeziehung seines Lebens.

Er war ein Sammler, reich, extravagant und liberal in dem Wunsch, sein Glück und die Annehmlichkeiten seiner Besitzungen mit jedem zu teilen, der zu ihm kam, einer, der die Vorzüge seiner Angestellten zu schätzen wusste, gastfreundlich, als Gastgeber berühmt, und doch einsam. Im mittleren Mannesalter litt er über einen längeren Zeitraum an religiösem Wahn, regelmäßig wiederkehrenden Anfällen von Depression und teilweise eingebildeten Krankheiten. Trotz dieser Probleme liebten ihn seine Familie und Freunde aufgrund seines Humors und seines Sinns fürs Komische. Ohne jeden Snobismus blieb er stets derselbe, ob im Umgang mit dem König oder den Stalljungen, der Königin oder dem jüngsten Hausmädchen.

Für einen Cavendish fühlte er sich ungewöhnlich wenig von der Politik angezogen, es sei denn, es ginge darum, den sozial Schwächeren zu helfen. Sein Humor, seine Empfindsamkeit und sein Charme sind uns durch seine Aufzeichnungen überliefert, und sein Einfluss auf Chatsworth ist heute noch sicht- und spürbar. Auf Schritt und Tritt, ob im Haus oder im Garten, kann man nicht umhin, seine liebevolle Gegenwart zu spüren. Der Junggesellen-Herzog vor allem sollte den Garten erneut weltberühmt machen. Man blickte wieder auf Chatsworth, so wie das zu Zeiten seines Ur-Ur-Ur-Großvaters der Fall gewesen war.

Der sechste Herzog war der Mann, der nicht nur das traditionelle Cavendish-Erbe wie Chatsworth und Hardwick Hall in Derbyshire und das Devonshire House in London übernahm, sondern, durch seine Großmutter Charlotte Boyle, auch den gesamten Burlingtonschen Besitz – Bolton Abbey und Londesborough in Yorkshire, Lismore Castle in der Grafschaft Waterford, das Burlington House und das Chiswick House in London, wie auch Compton Place in Eastbourne, welches durch Heirat 1782 in Familienbesitz gelangt war. All das und 809 Quadratkilometer Land lagen nun in seiner Verantwortung.

Chatsworth war von jeher der bevorzugte Landsitz der Familie gewesen und ist dies auch geblieben. Der Junggesellen-Herzog erbte einen Garten, den sein Vater sträflich vernachlässigt hatte. Er war zur ungepflegten Wildnis verkommen, und keiner hatte sich je die Mühe gemacht, all die Bäume und das Buschwerk zu entfernen, die sich um das Haus herum ausgesamt hatten und das Küchenpersonal dazu verleiteten, sämtlichen Abfall einfach vors Haus zu kippen. »*Ein undurchdringliches Dickicht*« nannte es der Herzog.

Zwei der acht »Steinkörbe« im Westgarten, erbaut von Wyatville für den sechsten Herzog um 1820.
Die bereits in der ursprünglichen Planung vorhandenen »Kissen« aus goldfarbener Eibe füllen die Ecken. Wir haben den sorgfältig getrimmten Buchs und eine mittige grüne Eibe hinzugefügt. Die Rosen »New Dawn« und »Zéphirine Drouhin« ranken über die Balustrade im Vordergrund.

Die Wiedergeburt des Gartens auf ganzer Linie geschah jedoch nicht von heute auf morgen. 15 Jahre sollten vergehen, bis Joseph Paxton als Obergärtner engagiert wurde, doch ein Hinweis auf das Interesse am Garten und eine Rückbesinnung auf den formalen Stil machte sich bereits 1812 bemerkbar, als »*das Parterre vor dem Gewächshaus*« (später als der »französische Garten« bekannt, jetzt der Rosengarten) angelegt wurde. 16 Jahre später wurden die Säulen, die die Galerie um den Innenhof des Hauses gestützt hatten, dazu benutzt, das neue Parterre einzufassen. Im Jahre 1820 hatte er 1 981 065 Waldbäume auf seinem Besitz in Derbyshire pflanzen lassen, wofür er die Goldmedaille der »Society for the Encouragement of Arts Manufacturers and Commerce«, einer Gesellschaft zur Förderung von Handwerk und Handel, verliehen bekam.

Als Jeffry Wyatt, später Sir Jeffry Wyatville (1766–1840), 1818 zum Architekten des Herzogs ernannt wurde, wurden mehrere Änderungen in Angriff genommen, und in der Folge wurde das Bauen eine Leidenschaft des Herrn auf Chatsworth. Sir Jeffry war Spross jener legendären Familie der Wyatts, die innerhalb von 150 Jahren, von der Mitte des 18. Jahrhunderts angefangen, 20 Architekten und zahlreiche Maler, Bildhauer und Holzschneider hervorbrachten. Jeffrys Onkel Samuel entwarf die unvergleichlichen Hofgebäude in Holkham, um die ich die Besitzer aus tiefstem Herzen beneide. Auf Empfehlung des Junggesellen-Herzogs erhielt Jeffry den Auftrag von George IV. Windsor Castle umzubauen (1824–1840), was seinen Ruf besiegelte und ihm ein Vermögen einbrachte.

Der junge Herzog und sein Architekt machten sich an die Arbeit, rissen die alten »Büros« nieder, um sie durch den riesigen Nordflügel zu ersetzen, der während der Bauarbeiten immer größere Dimensionen annahm und in dem Theater gipfelte, dem sozusagen als letzter Schliff noch der Belvedere aufgesetzt wurde.

Die Orangerie wurde im Auftrag des Dukes 1827 erstellt, als letzterer, zum ersten Mal, wie er sagte »*von der Lust am Gärtnern gepackt wurde*«. Paxton war im Jahr davor nach Chatsworth gekommen und hatte den Bau beratend begleitet. In der Orangerie zog der Herzog Pflanzen, die dem rauen Klima von Derbyshire nicht gewachsen waren. Sie bereiteten dem Eigentümer und allen, die sie sehen konnten, große Freude. »*Unter den Orangenbäumen hier stammen vier aus der Sammlung der Kaiserin Josephine in Malmaison. Ich glaube, es sind die einzig überlebenden, denn die von Lord Ailsa und Lord Ailesbury sind eingegangen, und die von Lord Londonderrys wurden verbrannt. Das Rhododendron-Arboretum war eines von denen, die die Welt zum ersten Mal in Knight's Baumschule in der King's Road bestaunen konnte. Ich musste 50 Pfund löhnen, um ihn hier mein eigen zu nennen. Der arme Baum sieht jetzt schwindsüchtig und erschöpft aus, da man ihn über seine Kraft hinaus blühen ließ.*« (Das Rhododendron-Arboretum in Lismore hat mittlerweile die Erscheinungsform eines riesigen Hügels. Mit seiner üblichen Großzügigkeit gab der Herzog den irischen Nachbarn Stecklinge seiner aufregenden Neuerwerbung, und sie sind noch immer in den meisten Landsitzen flussaufwärts und -abwärts an den Ufern des Blackwater zu sehen). »*Der Altingia excelsa* (Rasamalabaum, ein südostasiatischer Nutzholzbaum) *war der erste, den ich bekam: es war ein seltener Baum, als ich Low in Clapton eine Summe dafür bezahlte, die fast so hoch war wie der Preis für den Rhododendron. Bei der Ankunft wurde er in die Berlin Tazza* (Schale) *aus Granit gepflanzt, die damals in der Mitte der Orangerie stand: er war ein Reisender seit seiner Jugend und irgendwie aus Petersburg zurückgekehrt und gegen andere Pflanzen bei Low eingetauscht worden. Die Bewunderung für diese Pflanzen hat seither ihre Einfuhr in großer Zahl bewirkt.*«

Die Berlin Tazza aus Granit steht jetzt vor der Orangerie. Sie und die Bartolini-Vase (noch immer in der Orangerie) sind nur zwei Beispiele für die Sammelleidenschaft des Herzogs, was Kunstwerke aus Stein betrifft, für die sich überall in Haus und Garten Beweise finden. »*Bartolini hat die Me-*

Das Haus, wie es der sechste Herzog geerbt hat, zusammen mit dem, wie er schrieb, »undurchdringlichen Gestrüpp« entlang der Ostfassade des Hauses (Aquarell von Buckler, 1812, *unten links*).

Der Blick auf Floras Tempel in nördlicher Richtung entlang der Promenade. Während der Zwanzigerjahre des 19. Jahrhunderts ließ der sechste Herzog die Ostfassade neu gestalten, baute den Nordflügel an und ließ die Promenade anlegen, die dort entlangläuft *(unten rechts)*.

dici-Vase für mich mit großer Sorgfalt kopiert. Zuerst stand sie in der Galerie, dann wurde sie auf den Pleasure Ground befohlen, wo es mir gefiel, diese Partie mit weißem Marmor auszulegen; doch, obwohl schon so weit fortgerollt, war die Wirkung unter Orangenbäumen und Araukarien derart wunderbar, dass ich sie dort innehalten ließ, und hier bleibt sie auch. Des Nachts hält sie mächtige Lampen, die ein so wunderbares Licht ins Astwerk der Altingia werfen, dass vor dieser märchenhaften Schönheit allen der Atem stockt!«

Es gibt zwei paarweise angelegte Rabatten rechts und links des Weges, der von der Orangerie in den Garten oder durch Floras Tempel in den Garten führt. Ein Paar ist mit blauen und weißen Blütenpflanzen bepflanzt, und das andere ist ganz in Gelb-, Orange- und Rottönen gehalten. Beim Anblick der letzteren Rabatten warf Cecil Beaton unwillkürlich die Arme in die Luft und rief, das sei ja »entsetzlich«, »eine Netzhautirritation«, und wie ich nur auf eine solche Abscheulichkeit verfallen sei. Dennoch bleiben die Menschen hier stehen, staunen und fotografieren ganz ernsthaft begeistert. Also wer hat wohl recht? Was ist schon Geschmack, wenn nicht die eigene Vorliebe? Vielleicht werden eines Tages sogar wieder die selbstkletternde Jungfernrebe (*Parthenocissus quinquefolia*), Gladiolen, Lobelien, Ageratum (*Ageratum houstonianum*), Ringelblumen (*Calendula*) und sogar Goldruten (*Solidago x hybrida*) und die Andentanne (*Araucaria araucana*) von den maßgeblichen Gartendesignern geordert. Im Augenblick allerdings sind sie tabu.

Die blau-weiße Rabatte vor der Orangerie. In der Bepflanzung enthalten sind die Polyantharose »Schneewittchen«, *Lilium regale* (Königslilie), *Campanula lactiflora* (Riesen-Doldenglockenblume) und *Delphinium x cultorum* »Black Knight« *(linke Seite)*.

Die Orangerie *(links)*, wie sie während der Zeit des sechsten Herzogs bestand, mit der Bartolini-Vase; eine Detailaufnahme der Vase *(rechts unten)*. Die Berlin Tazza *(rechts oben)* war ein Ankauf des sechsten Herzogs.

Von links nach rechts: Pflanzen aus den organgeroten Rabatten: *Lobelia fulgens* »Queen Victoria«, *Rosa* »Evelyn Fison«, *Crocosmia x crocosmiiflora* »Emily McKenzie« (Gartenmontbretie).

Ob man es nun mag oder nicht, die »Netzhautirritation« setzt ihre flammenden Farbtupfer von Juni bis Oktober. *Crocosmia x crocosmiiflora* »Emily McKenzie« (Gartenmontbretie), *Rudbeckia* »Goldquelle«, *Rosa* »Mountbatten« und »Evelyn Fison«, Dalien, großblumige Taglilien (Hemerocallis-Hybriden), Kapuzinerkresse (*Tropaeolum majus*) und Ringelblumen (*Calendula spec.*) leben sich hier aus. Den Hintergrund bildet eine Hecke aus Roteiche (*Quercus rubra*), einer großblättrigen Eichenart, deren Herbstfärbung an den fast zwei Meter großen Schösslingen in allen vorstellbaren Rottönen schillert, die einmal pro Jahr bis auf ihre knorrigen Stammansätze zurückgeschnitten werden.

Von den blau-weißen Rabatten fühlte sich Cecils Auge ganz und gar nicht beleidigt. Die *Anchusa azurea* »Feltham Pride« (Große Ochsenzunge) von intensivem Blau, die sanft blaue *Campanula pyramidalis* (Pyramidenglockenblume), Riesenhyazinthen (*Galtonia candicans*) für den Spätsommer, die liebe alte Jungfer-im-Grünen (*Nigella damascena*), *Nemophila* (Hainblume), der herrliche krausblättrige Baummohn (silberweiß, *Romneya coulteri*), Veilchen, natürlich Rittersporn, *Lilium regale* »Album«, um zu beeindrucken und die faszinierende Celmisia (austral. weißer Korbblütler *Celmisia spec.*), ein Geschenk von Waddesdon Manor, Buckinghamshire, sind hier miteinander vermischt.

Die Promenade

Zu der Zeit, als der Nord-Flügel entstand, ließ Wyatville die Promenade anlegen, die sich zwischen Floras Tempel bis zu Blanches Vase erstreckt, auf einer Entfernung, die auf die sportliche Distanz berechnet drei »Achtelmeilen« oder 600 Meter beträgt. Der Junggesellen-Herzog beschreibt sie so: *»Sir Jeffry Wyatvilles erster großer Wurf im Außenbereich war die Anlage eines breiten Kiesweges, der hier so nützlich als auch schmückend ist. Man betrachte nur den Saum schöner Bäume der Art ›Araucaria imbricata‹ zu seinen Seiten, die Vase aus Elvdalen Porphyr, das Meer von Blumen und eine Marmorvase aus Holland, die über der Treppe thront.«* Die Vasen aus Porphyr und Marmor gibt es noch. Verschwunden allerdings sind die Araucarien. Nicht auszudenken, welche Auseinandersetzungen es heute nicht nur innerhalb der Familie sondern auch mit den Behörden zur Folge hätte, ob diese Andentannen eine Daseinsberechtigung in Chatsworth hätten.

Mittlerweile wird die Promenade von grünen und goldfarbenen irischen Eiben gesäumt; die dem Haus zugewandte Reihe wächst an Trimmhilfen und ist in Form geschnitten, während ihre Gegenüber natürlich wachsen. Sie sind ein lebendiges Beispiel dafür, welche Auswirkungen der Wind auf den Wuchs der Pflanzen hat. Kommt man zum Südende des Hauses und tritt aus dem Schutz seiner Mauern, sind die Eiben wesentlich kleinwüchsiger als ihre Artgenossen. Charles de Noailles, dieser französische Papst des Gartengeschmacks, auf den sich alle in den Jahren unmittelbar nach dem Zweiten Weltkrieg beriefen, da man sich wieder dem Schönen im Leben zuwandte, sagte zu mir: »Die Spitzen irischer Eiben sollten nie beschnitten werden. Sonst sehen sie aus wie Flaschen.« Wir haben seinen Rat befolgt.

Rechte Seite: Die orangeroten Rabatten in früher Saison *(oben)*. Später im Jahr kommen Goldrute *(Solidago)*, Sonnenbraut *(Helenium)* und Afrikanische Ringelblume *(Calendula spec.) (unten links)*; und *Crocosima paniculata* (Montbretie) sowie die Blüten des Bronzefenchels *(Foeniculum vulgare* »Bronze«) *(unten rechts)*.

Die Promenade entlang der Ostfassade des Hause wird zu beiden Seiten von Lavendel »Hidcote«, der Polyantharose »Schneewittchen« und getrimmter Gold-Eibe begrenzt.

Die Löwentreppe von der Promenade hinunter zur Südfassade ist nach den Kopien der Medici-Löwen benannt, die der sechste Herzog um 1820 hier platzierte. *Verbascum bombyciferum* (Broussa-Königskerze) versamt sich wild an den Stufen, die eine Hecke aus Gold-Eibe säumt.

Die Rasenkante wird durch eine Bambusbogenkonstruktion geschützt. Die Stangen stammen von bei uns gezogenen Bambussträuchern, die Bogenkonstruktion kommt aus unserer Werkstatt. Dazu werden die Stangen auf eine einheitliche Länge zugeschnitten, gebogen, in die Erde gesteckt und mit geteertem Bindfaden miteinander verbunden. Zitronenbäume in Töpfen kommen im Juni als Treppenschmuck ins Freie. Allerdings ist nicht allein das Klima Grund für die armseligen Früchte, die sie ausbilden. Kaum tragen sie kleine Zitronen, werden diese ständig von Besuchern befingert und gedrückt, die sich unbedingt über ihre Echtheit vergewissern müssen.

In der Lavendelhecke, die an der dem Haus zugewandten Seite entlang der Promenade auf Blanches Vase zuläuft, steht ein unauffälliger Gedenkstein für einen Mann, der einen unauslöschlichen Eindruck in Chatsworth hinterlassen hat. Die Aufschrift lautet: »*A nôtre fils et frère Jean-Pierre Bien Aimé 10 Août 1956–13 Octobre 1996.*«[25] Jean-Pierre Béraud war der geborene Küchenchef. Während der 18 Jahre, die er in Chatsworth wirkte, entwickelte er sich zu einem einfallsreichen Manager, zuerst des Hofladens, den er vor dem Bankrott rettete, dann des Restaurants, das jährlich 400000 Besucher verpflegt. Sein Tod durch einen Autounfall im Alter von 40 Jahren wird stets von allen, die ihn gekannt haben, aus ganzem Herzen betrauert werden. Ich persönlich glaube, dass er seinen frühen Tod ahnte. Hatte er doch Diane, seiner Frau, einst lachend gesagt, er wünsche, dass seine Asche einmal vor den Fenstern unserer Küche ausgestreut werde, wo er mit solcher Brillanz und Autorität geherrscht hatte. Als dieser traurige Fall dann eintrat, haben wir seinem Wunsch entsprochen.

Die Promenade wird auf ihrer gesamten Länge von Statuen gesäumt. Der Herzog beschrieb seine Erwerbungen aus Italien folgendermaßen: »*Acht Statuen und zwei Vasen sind für mich von Francesco Bienaime in Carrara gefertigt worden. Allesamt aus dem Marmor der dortigen Steinbrüche, der selbst dem Klima des Peak Districts widerstehen kann, und immun ist gegen alle schmarotzerische Vegetation, die sich auf seiner Oberfläche anzusiedeln sucht. Ich halte sie für eine große Errungenschaft. Das Auge ruht mit Wohlgefallen auf diesen klassischen Formen.*«

Ich finde, sie wirken etwas deplatziert auf ihren heimischen Sandsteinsockeln, und der Marmor konnte der schmarotzerischen Vegetation letztendlich doch nicht trotzen. Eine graue Schicht aus unterschiedlichsten Gewächsen hat mittlerweile seine Oberfläche überzogen. Allerdings nicht unbedingt ein Nachteil, wie ich meine, denn ohne diese Patina würde sich der grell-weiße Marmor vermutlich viel weniger harmonisch in das Graugrün der nördlichen Landschaft einfügen.

Die Löwentreppe, die von der Promenade zur Südfassade führt und die Hangneigung durchschneidet, die sich nördlich und südlich davon erstreckt, ersetzte eine hohe Mauereinfassung. Der Herzog schrieb dazu: »*Von unten gesehen, war sie eher hässlich, von oben derart unscheinbar, dass bei einem verabredeten Wettrennen zwischen Charles Fox und Lord John Townshend der erstere, der Mauer unansichtig und nicht mehr in der Lage, rechtzeitig anzuhalten, stürzte und sich das Bein brach.*« Nicht auszudenken, welchen Aufruhr zwei bedeutende Politiker verursachen würden, die miteinander herumalberten, wobei sich einer auch noch das Bein bräche, weil er einen ungesicherten Hang hinunter fiele. Der allgegenwärtige Versicherungsagent hätte bereits einen Satz Formulare gezückt, und alle würden verhaftet.

Die Treppe ist nach dem »Medici«-Löwenpaar benannt, das der Herzog dort aufstellen ließ, und das mittlerweile eine neue Eibenhecke einrahmt. Über der obersten Stufe ist eine Kette mit dem Schild »PRIVAT« gespannt. In all den Jahren, die ich hier lebe, kann ich mich nur an drei oder vier Gelegenheiten erinnern, da dieses Schild missachtet worden ist.

Der Blick entlang der Promenade erinnert mich an eine Ulmen-Avenue in Hidcote Manor, Gloucestershire, die einen Hang hinaufführt und somit geradewegs im Himmel zu enden scheint. Sie fiel der Ulmenkrankheit zum Opfer, jener Heimsuchung, die das Gesicht des ländlichen Englands (und des Hyde Park) in den Siebzigerjahren unseres Jahrhunderts so nachhaltig veränderte. Zum Glück ist unsere Hauptbaumart die Buche.

Hält man am höchsten Punkt des Kiesweges auf den Horizont zu, erreicht man die riesige Vase aus heimischem Sandstein, in die nur der Name »BLANCHE« eingraviert ist. Diese Vase hat der Herzog zum Andenken an seine geliebte Nichte, der geborenen Blanche Howard[26] aufgestellt, die seinen Erben William Cavendish, den Earl of Burlington, geheiratet hatte. Ihr Tod 1840, im Alter von nur 28 Jahren, war eine Tragödie, von der sich ihr Mann nie wieder erholte. Und auch ihr Onkel hatte sie sehr verehrt. »*Es gibt vieles in Chatsworth, das zu tun ich mir nie gestattet hätte, hätte ich mich nicht in der Sicherheit gewogen, dass mir eine so liebe und von Herzen zugetane Person wie Blanche nachfolge.*«

Englische Marmorfigur aus dem frühen 19. Jahrhundert, nach der so genannten Nemesis im Vatikan. Sie ist eine der Statuen an der Promenade, die der sechste Herzog erwarb.

Der Blick auf Blanches Vase entlang der Promenade und die Buchen-Avenue hinauf *(folgende Doppelseite)*.

Blanches Vase, vom sechsten Herzog in Auftrag gegeben.

Joseph Paxton, Porträt von Henry Briggs.

Von Floras Tempel aus gesehen, beschreibt die Promenade einen harmonischen, bogengleichen Anstieg über Blanches Vase hinweg; ein Trugschluss, wie sich herausstellt, sobald die Vase erreicht ist und das armselige Ergebnis einer unklaren und unentschlossenen Wegführung deutlich wird: Einige der Buchen hier sind alt, die anderen mittelalt und etliche ganz jung – eine Zusammenstellung ohne Sinn und Verstand. Ein sauberer Schnitt wäre nötig, aber ich habe nicht den Mut – oder die Kraft –, die Säge anzusetzen und neu zu pflanzen, denn es würde endlose Kontroversen nach sich ziehen.

Joseph Paxton

Die Ankunft Joseph Paxtons war für das Erscheinungsbild der unmittelbaren Umgebung des Hauses von Chatsworth ebenso entscheidend wie die Person Wyatvilles für den Herrensitz selbst.

Paxton wurde nach Aussage des Herzogs 1803 (nach Paxtons eigener Ansicht 1801) in Milton Bryant in der Nähe von Woburn Abbey in Bedfordshire als Jüngster einer großen Familie von Bauern und Gärtnern geboren. Nach mehreren Stellungen in der Nähe seines Geburtsortes wurde er 1823 von der Royal Horticultural Society als Lehrling aufgenommen und arbeitete auf jenem Grundstück, das die Society vom Herzog von Devonshire gepachtet hatte, und das unmittelbar an den Garten von Chiswick House grenzte. Der Herzog hatte die Angewohnheit, gelegentlich den Nachbargarten durch eine Tür in der Mauer zu betreten, um dort spazieren zu gehen. Auf diese Weise kam er eines Tages mit dem jungen Mann ins Gespräch, der für die Neuzugänge an Pflanzen verantwortlich war. Jahre später schrieb er auf, wie der dreiundzwanzigjährige Paxton sein Angestellter geworden war, und stellte diesem Bericht eine Beurteilung des Gärtners voran, der sein geschätzter Freund geworden war.

»Hier, vorausgesetzt man hat das Auge, das Neue zu sehen, ist an der Gesundheit und dem Arrangement der Pflanzen Handschrift und Können zu erkennen, das beides einem Namen zugeschrieben wird, der auf ewig mit Chatsworth verbunden ist, also dem Manne, der all die Reize, die Chatsworth schon besaß, noch um ein Vielfaches gemehrt hat. Die Geradlinigkeit, Güte und Schlichtheit seines Charakters machen ihm alle Menschen zugetan. Seine grenzenlose Begeisterung für alles Schöne und Großartige in der Natur im Zusammenwirken mit einem sicheren Urteilsvermögen und einem Geschmack, der so exquisit wie überraschend und mutig ist, sind auch Ursache für die wachsende Anerkennung seitens all jener, die in seiner Haltung und Person den genehmsten, eifrigsten, und am wenigsten aufsässigen Diener sehen. So hat er sich Wohlwollen und Lob aller, vom Geringsten bis zum am höchsten Gestellten erworben, und ist doch unverdorben und unverändert geblieben, hat eine natürliche Autorität gegenüber allen erreicht, die sich an ihn wenden, und nie, nicht gegenüber mir oder anderen, ist je eine Klage gegen ihn geführt worden, weder offen noch angedeutet. Geliebt und bewundert wird er von den Armen, geschätzt und respektiert ist er von allen. Für mich ein Freund, wie ein Mann sich ihn nur wünschen kann.

Der junge Mann hatte 1822 in Sir Gregory Page Turners Besitz in der Nähe von Woburn einen See entstehen lassen. 1826 kam er nach Chatsworth. Wie, will ich mit seinen Worten erzählen: ›Ich verließ London mit der Kutsche nach Chesterfield und kam um halb fünf Uhr morgens am 9. Mai 1826 in Chatsworth an. Da zu dieser frühen Stunde dort kein Mensch zu sehen war, stieg ich über das Tor am Gewächshaus beim alten Kiesweg, erkundete den Pleasure Ground und sah mich in der Umgebung des Hauses um. Dann ging ich hinunter zum Küchengarten, bestieg die Außenmauer, sah das Ausmaß des Besitzes und schickte die Männer dort um sechs an die Arbeit; anschließend kehrte ich nach Chatsworth zurück und veranlasste Thomas Weldon, mir die Wasserspiele vorzuführen. Danach frühstückte ich mit der armen, lieben Mrs. Gregory und deren Nichte: letztere verliebte sich in mich, und ich mich in sie, was meinen ersten Arbeitsvormittag in Chatsworth schon vor neun Uhr vollkommen machte‹.«

Paxton heiratete tatsächlich diese Nichte, Sarah Bown, nur Monate später, im Jahr 1827. Sarah war selbst eine großartige Person, und während der langen Auslandsreisen ihres Mannes, auf denen dieser den Herzog begleitete, sorgte sie dafür, dass die Arbeiten, wie von ihm geplant, weitergingen und hielt ihn in endlosen Briefen über die Ereignisse zu Hause ständig auf dem Laufenden.

Der Herzog und jeder in Chatsworth hatte umgehend das Talent des neuen Gärtners und seine Fähigkeit erkannt, seine Mitarbeiter wie kein anderer zuvor zu motivieren.

»In sehr kurzer Zeit wurde ein tiefgreifender Wandel in Pleasure Ground und Garten sichtbar: Gemüse, bislang nicht vorhanden, vollkommene Früchte und Blumen. Zwölf Männer mit Laubrechen begannen tatsächlich den Rasen zu säubern, die Arbeiter echten Einsatz zu zeigen. Der Küchengarten (hier ist der alte bei Barbrook gemeint) *lag tief und war Überschwemmungen so sehr ausgesetzt, dass ich annehmen musste, es sei der Wunsch des neuen Gärtners, diesen umgehend an einen anderen Standort zu verlegen – er jedoch fand selbst eine Lösung. 1829 wurde ihm auch die Verwaltung des Waldes übertragen, den er Schritt um Schritt aus seinem desolaten Zustand führte. Erst 1832 begann ich, mich ernsthaft um meine Pflanzen zu kümmern. Das alte Gewächshaus wurde in ein Treibhaus umgewandelt, das Gewächshaus im Garten gebaut, das Arboretum geplant und angepflanzt. Dann fingen wir mit Orchideen an, und drei Häuser wurden nebeneinander erstellt, um ihre wachsende Zahl aufzunehmen. 1835 schickten wir den intelligenten Gärtner John Gibson nach Indien, um für uns ein Exemplar der Amherstia nobilis* (Tohabaum) *und andere Schätze des Fernen Ostens zu sichern. Das riesige neue Gewächshaus wurde entworfen, und die Arbeiten daran begannen 1836. Im darauffolgenden Jahr war Baron Ludwig von diesem Entwurf solcherart begeistert, dass er seinen Garten am Kap der seltensten Pflanze Afrikas beraubte. Paxton bekam nun den Auftrag, meine Reisen zu organisieren und zu leiten. Er hatte eine Tour mit mir in den Westen Englands gemacht, und 1838 begleitete er mich für ein ganzes Jahr ins Ausland, wobei wir nach der Schweiz und Italien auch noch Griechenland, die Türkei, Kleinasien, Malta, Spanien und Portugal einschoben. Während seiner Abwesenheit stellte er sicher, dass die Arbeiten zu Hause nicht stagnierten. Ein großes Unglück verdarb uns die Expedition, die er nach Kalifornien in Marsch gesetzt hatte; die Unglücksraben Wallace und Banks, zwei junge Gärtner aus Chatsworth, ertranken im Columbia River. 1840 fuhr er mit mir nach Lismore – und in diesem Jahr wurde das Gewächshaus fertiggestellt. Das Dorf Edensor wurde zwischen 1839 und 1841 neu gestaltet und wieder aufgebaut, und der krönende Abschluss waren die Springbrunnen und der Felsengarten.«*

Das Gehalt des Obergärtners betrug im Jahr 1826 70 Pfund plus Unterkunft in einem Cottage.

Es war Chatsworths großes Glück, dass in jenen Jahren, da Paxton über den Garten befand, der Herzog und Paxton persönlich all das entwickelten, was dort entstand. Franzosen wurden schon lange nicht mehr von weither geholt, um allem Gestalterischen ihren Stempel aufzudrücken, wie das in den Neunzigerjahren des 17. Jahrhunderts noch der Fall gewesen war. Es kamen keine rastlosen Lancelot Browns auf Stippvisiten, um Änderungen am Gartenbild genau nach jener Manier zu entwerfen, wie sie sie bereits in zahllosen anderen Gärten und Parks zur Anwendung gebracht hatten. Chatsworth hatte nun sein eigenes, einzigartiges Team. In den folgenden 32 Jahren verstanden es der Herzog und Paxton, Begeisterung und gärtnerisches Können mit einer hingebungsvollen Liebe zu den örtlichen Gegebenheiten in Einklang zu bringen, um ihren Garten weiter zu entwickeln, ihn immer schöner, ja um ihn im ganzen Königreich einzigartig werden zu lassen. Der Herzog beschrieb das von Paxton Erreichte stets begeistert und großmütig und überließ ihm den Ruhm für die erstaunlichen Dinge, die sie gemeinsam geplant hatten.

Der Westgarten

Beim Westgarten und anderen Projekten, die in den späten Zwanzigerjahren des 19. Jahrhunderts in Arbeit waren, müssen Paxton und Wyatville nachhaltig zusammen gearbeitet haben, und wir wissen, dass Paxton, zusammen mit dem Herzog, die treibende Kraft war, um Wyatvilles Pläne bezüglich dessen, was jetzt die Orangerie ist, zu ändern. Paxton vereinigte in sich Takt und Überredungskunst, und ohne auch nur den Anschein zu erwecken, Wyatville ins Handwerk pfuschen zu wollen, beeinflusste er Wyatville sicherlich bei der Arbeit im Westgarten, wann immer Architektur und Gartengestaltung aufeinander trafen. Ein derart wacher und empfindsamer Mann muss eine Menge nur vom Zusehen gelernt haben, während der Nordflügel allmählich Formen annahm, und bald wurde er tatsächlich selbst zum Architekten.

1826 wurde die Rekonstruktion des Westgartens in Angriff genommen, und seine architektonischen Grundzüge sind bis heute unverändert geblieben. Wir können uns glücklich schätzen, dass der Blick aus unseren Räumen über den Garten hinweg zum Fluss und bis hinüber zum Park und den Wäldern im Hintergrund reicht. An unserer Aussicht ist wahrhaftig nichts auszusetzen. Die

Blick über den Westgarten und Park aus einem der Schlafzimmer im ersten Stock.

Eine der Eibenhecken, um 1960 von Andrew als Windschutz gepflanzt, die den Westgarten in drei Sektionen teilt.

Fläche auf dieser Seite des Hauses wurde erneut nivelliert (Brown und Co. hatten ihr eine Neigung zum Fluss hin gegeben). Wyatville fasste diesen Gartenteil auf drei Seiten mit einer neuen Mauer ein, verband damit erneut Cibbers Sphinxe, führte sie auf die lange Stützmauer unterhalb der Westfront des Hauses zu und erweckte den Teich aus dem 17. Jahrhundert zu neuem Leben. Damit entstanden knapp 1,8 Hektar, die bepflanzt werden mussten. Der Junggesellen-Herzog schrieb dazu: »*Dieser Gartenteil, von den beiden großen Bollwerken flankiert, war von seiner Größe her schwierig zu gestalten und zu schmücken, aber Sir Jeffry Wyatvilles geniale architektonische Parterres haben uns schon einen großen Schritt weitergebracht, und der Tulpenspringbrunnen hat diesem Mittelpunkt wieder Leben und Bewegung verliehen. Als Ganzes genommen, ist all das hilfreiche Kulisse, die Gebäude Chatsworths zu großem Vorteil zu verbinden und in Harmonie zu setzen.*«

Wir haben hier acht »*geniale architektonische Parterres*«, die an anderer Stelle als »*erhöhte Blumenkörbe aus Stein*« bezeichnet werden, jede Einfassung 12 Meter im Durchmesser und knapp einen Meter hoch. Für Blumenkörbe also reichlich überdimensioniert. Die Ecken füllen goldgelbe Eiben wie gelbe Kissen, die über den Steinrand lappen und an trüben Tagen eine aufhellende Wirkung haben. Eine dieser Eiben wurde beim Feuerwerk anlässlich des dreihundertjährigen Bestehens der Herzogswürde 1994 von einem Feuerwerkskörper getroffen. Sie erlitt schwere Brandschäden und schlägt erst jetzt wieder ansatzweise vom Stamm aus. Bis vor ein paar Jahren waren diese steinernen »Körbe« mit Beetblumen gefüllt. Dieses Arrangement war wenig befriedigend, so dass wir diese jeweils durch geometrisch geschnittenen Buchs und eine zentrale grüne Eibe ersetzten, die die gelben Kissen vorteilhaft zur Geltung bringen sollen und insgesamt die bessere Lösung zu sein scheinen.

Im länglich schmalen, eingefassten Rechteck des Westgartens fing sich vor allem der unangenehme Nordwind fast wie in einem Windkanal. Mein Mann Andrew schlug daher in den Sechzigerjahren vor, Eibenhecken zu pflanzen, um diesen Teil in drei Abschnitte zu teilen. Im Mittelteil befindet sich der runde Tulpen-Teich mit Fontäne, die von der Kaskade gespeist werden. Mit ein und demselben Wasser wird ein gleich dreifaches Schauspiel vollführt. Zuerst plätschert es über die Kaskade, um an deren Fuß zu verschwinden. Von dort wird es unterirdisch weitergepumpt, um die Fontänen im Seepferdebrunnen zum Sprühen zu bringen, gelangt von dort erneut mit Hilfe einer Pumpe in den Tulpenbrunnen im Westgarten und fließt dann unter der Erde wieder hinaus, um erneut in den Fluss zu gelangen.

Der Westgarten ist offenbar prädestiniert für kaiserliche und königliche Bäume. »*Hier stehen zwei kaiserliche Bäume*«, schrieb der Herzog, »*gepflanzt von den Brüdern Nikolaus* (später Zar Nikolaus) *und Michail Pawlowitsch; der erste, eine Esskastanie, verspricht eine unübertreffliche Schönheit zu entfalten.*« Die Esskastanie (*Castanea sativa*) hat dieses Versprechen nicht gehalten, ist dafür jedoch von unübertrefflichem Interesse, stellt sie doch eine lebendige Erinnerung an den Besuch des zukünftigen russischen Zaren im Jahr 1816 dar, als die beiden jungen Männer ihre große Freundschaft begründeten. Der Baum des Großfürsten Michail ist die Platane (*Platanus acerifolia*), die südlich des Brunnens der Kastanie von Nikolaus gegenübersteht.

Die »Blumenkörbe« aus Stein von 1820 im Westgarten, jetzt mit grünem Buchs und Eibe bepflanzt. Die mit Trimmhilfen geschnittenen Irischen Eiben bezeichnen den Weg.

Architektonischer Grundriß des Erdgeschosses von Chiswick House, London, vom 3. Earl of Burlington 1725 erbaut; es war die Vorlage für das Muster in Buchsbaum im Westgarten. Burlington ließ sich durch Palladio inspirieren *(unten und rechte Seite oben).*

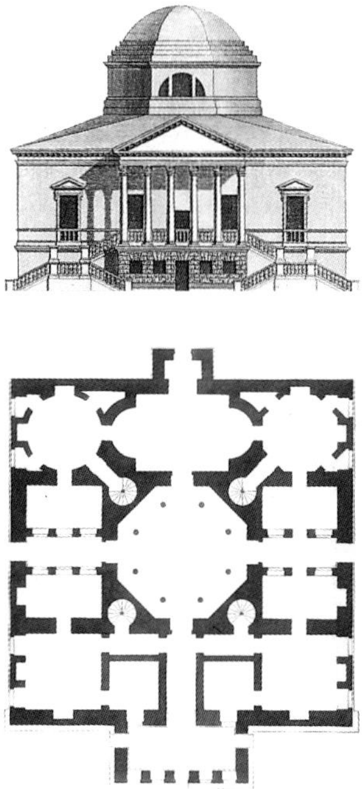

Der Treppenaufgang aus dem 17. Jahrhundert mit bemerkenswerten Frostsprengungen im Stein führt hinunter zum Westgarten. Vor dem Tulpen-Teich steht ein italienischer Marmor-Löwe aus dem 19. Jahrhundert mit Amor auf seinem Rücken. Kaukasischer Frauenmantel *(Alchemilla mollis)* und Verbascum (Königskerze) darf sich in den Ritzen der Bodenplatten versamen *(rechte Seite unten).*

Diese Tradition hält an. Ihre Majestät die Königin pflanzte 1968 hier eine englische Eiche, und die Prinzessin von Wales folgte dem Beispiel des Zaren, indem sie eine weitere Esskastanie setzte, als sie anlässlich einer Gartenparty der Stiftung des Dr. Barnardo Gast in Chatsworth war, zu der 1986 8000 Personen geladen waren.

Unweit vom heutigen Turbinenhaus entfernt stehen drei Bäume, die an einen anderen königlichen Besuch erinnern. Der Herzog schrieb am 20. Oktober 1832: »*Herzogin von Kent und Prinzessin Victoria in Chatsworth ... Bäume zum Pflanzen bereit – unterhalb* (der Südterrasse). *Beide entzückt von der Idee ... Mutter eine Kastanie und Va eine Eiche. Die Wasserspiele waren beleuchtet und nichts war je so schön, und in den Pausen wurden sie mit verschieden farbigen Bengalischen Lichtern bestückt, und nie habe ich etwas Ähnliches gesehen, es stellte sogar den Peterhof* (Sommerresidenz der Zaren vor St. Petersburg mit berühmtem Park und Wasserspielen etc.; Anm. d. Übers.) *in den Schatten.*« Prinzessin Victorias Tagebuch enthält für denselben Tag folgenden Eintrag: »*Als wir auf die Terrasse traten, bat uns der Herzog, zwei Bäume zu pflanzen, gleich unterhalb der Terrasse. Und so taten wir es. Ich pflanzte eine Eiche, und Mama eine Esskastanie.*«[27] Die dreizehn Jahre alte Prinzessin speiste bei diesem Besuch zum ersten Mal mit den Erwachsenen. Und ihr Gastgeber hatte am Abend zuvor eine Generalprobe mit sämtlichen Gängen angeordnet. Das Tagebuch der Prinzessin Victoria vermerkt am 24. Oktober 1832: »*Viertel nach neun. Wir haben Chatsworth gerade verlassen, jedoch nicht ohne großes Bedauern. Wir waren so glücklich dort ...*«[28] »Mutters« Esskastanie und »Vas« Eiche gedeihen weiterhin prächtig ... letztere maß 1999 3,30 Meter im Umfang in einer Stammhöhe von 1,50 Metern. Wir bewahren Eicheln von jedem Jahr auf und halten einen Vorrat an »Königinnen-Eichen«, um sie im Park und anderswo zu pflanzen. Elf Jahre später pflanzte Prinz Albert eine Platane neben die beiden, sodass die ganze Familie »baummäßig« in wenigen Metern Abstand voneinander vertreten ist.

Die Treppe aus dem 17. Jahrhundert und die Mauer mit ihrer exquisit herausgearbeiteten Frostsprengung im Stein unterhalb des Hauses waren bis zu ihrer Restaurierung in den Wintern 1997 und 1999 unberührt geblieben. Die beiden Köpfe aus Stein in den Mauernischen sehen meinem Vater so ähnlich, dass ich regelmäßig zusammenzucke. Die Gauklerblume *(Mimulus luteus)* wächst aus den Spalten und Ritzen der verlegten Bodenplatten, wie übrigens auch die Gelbe Binsenlilie *(Sisyrinchium)*, Enzian und der allgegenwärtige Frauenmantel *(Alchemilla mollis).* Die Pflanzen in der Rabatte entlang der Parkmauer auf der Westseite müssen sich größenmäßig der Umgebung anpassen: Artischocken, Eselsdisteln *(Onopordum acanthium)*, hohe Strauchrosen, Bauernmalven *(Althea rosea)*, Wiesenraute *(Thalictrum spec.)*, hoher Sommerphlox *(Phlox paniculata)*, Königskerze (*Verbascum spec.*), Kugeldisteln (*Echinops ritro*), Clematis »Lasurstern« und mehrere Arten jener altbewährten *Lavatera* (Baummalve), von denen die Varietät »Barnsley« die bei weitem beste ist. *Crambe cordifolia* (Riesenschleierkraut), winterharter Storchschnabel (*Geranium spec.*), Rittersporn in rauen Mengen und *Acanthus spinosus* (Bärenklau) runden den überbelegten Streifen ab, mit Pelargonien in vorderster Linie und Nelken und Thymian, die über die Steinkante wuchern.

Wir haben eine deprimierende Masse an immergrünen Sträuchern geerbt, die den runden Springbrunnen säumten, konnten uns jedoch nie entschließen, sie zu entfernen, bis mir eines Tages, als ich über der Vitrine mit dem Architektenplan des Parterres von Lord Burlingtons Chiswick House lehnte, die Idee kam, den Grundriss zu benutzen, um der Rasenfläche unter unseren Fenstern ein anderes Gesicht zu geben. In den Sechzigerjahren wurde der Plan mit Gold-Buchs ausgeführt. Die Männer in der Baumschule hatten Schwierigkeiten, die erforderlichen 3300 Stück Buchs aufzutreiben, um den Auftrag zu erfüllen, denn angeblich hatte 60 Jahre lang praktisch keine Nachfrage nach dieser Buchsart bestanden. Das Muster war seither stets dazu angetan, seine Betrachter zu verwirren, denn es ist schwierig, all den Geraden, Bögen, Kreisen und Vierecken einen Sinn abzugewinnen, solange die Vorlage dieser Schöpfung nicht erklärt wird. Hat man allerdings einmal das Original des Grundrisses gesehen, wird alles sonnenklar, und jeder erkennt, dass das runde Bassin die Kuppel darstellt, und die »Zimmer« durch »Wände« aus Buchs getrennt sind, komplett mit Korridoren und Türöffnungen. Man fühlt sich beinahe geblendet, sieht man aus den Fenstern der Westseite auf die Anlage herab, bevor die hellgoldenen Blätter im Juni geschoren werden.

Die Fernsehserie *The Antiques Roadshow* wurde hier 1996 gedreht, und zahlreiche Fachleute hatten ihre Stände im Westgarten aufgebaut. Sie nutzten die »Räume«, wie sie es getan hätten, wären sie

Der Borghese-Gladiator, eine in England nach antikem Vorbild gefertigte Figur aus dem 17. Jahrhundert vor der Rabatte im West-Garten, verteidigt sich auf ewig gegen Herkules (gegenüber). Die Ferse des Gladiators hat ein Bagger respektlos angeknabbert.

tatsächlich in Chiswick House gewesen, und die Leute standen Schlange in den Gängen und an den Türen. Hunderte kamen und waren so vorsichtig, dass nicht eine Pflanze beschädigt wurde.

Zwei Bleiguss-Statuen, englische Kopien antiker Vorbilder aus dem 17. Jahrhundert, stehen auf dem Steinrand der erhöhten Rabattenbegrenzung unter der Parkmauer. Der Borghese-Gladiator ist hier auf ewig verdammt, sich mit Schild und Dolch gegen Herkules zu verteidigen, der jahraus jahrein gleichermaßen erfolglos seine Keule schwingt. Vor wenigen Jahren wurden die beiden Streithähne mit Hilfe eines Krans in einen bereitstehenden Lastwagen gehievt und in eine Bleiguss-Klinik zur Reparatur gebracht ..., eben ganz wie gelegentlich die Menschen auch, doch leider ging diese Behandlung nicht auf Kasse.

Im Garten von Chatsworth muss nicht nur umgegraben, gepflanzt und Unkraut gejätet werden. Bei uns dreht sich ein immerwährendes Karusell erhaltender Maßnahmen und Ausbesserungen an den Garten- und Landschaftsbildern, die wir inzwischen angehäuft haben. Die Behörden haben hier ebenfalls ein Wörtchen mitzureden. Ohne vorherigen Antrag und Bewilligung ist es uns nicht erlaubt, eine Statue im Garten zu bewegen, und wir kamen fast in Teufelsküche, als 1993 Cibbers Flora nach 180 Jahren im Freien in ihren Tempel zurückkehrte, ganz öffentlich zwar, aber ohne den nötigen Passierschein der Obrigkeit. In den Tagen, als wir noch keinerlei Rücksicht auf solche Bestimmungen nehmen mussten, kamen die beiden Löwenköpfe aus Stein von einem Cottage in Buxton, und der Sitz aus Stein an der Mauer, der aus dem Gewächshausgarten stammte, wurde auf Bitten von Paddy Leigh Fermor an seinen jetzigen Platz befördert, der sich ein Plätzchen im Freien zum Schreiben wünschte. Der dazugehörige steinerne Schreibtisch stammt aus einer Meierei. Ich glaube

nicht, dass er je Sitz und Tisch benutzt hat, aber wer weiß, ob sie nicht doch irgendwann mal gebraucht werden. Natürlich haben wir die übliche Ansammlung von Tierfiguren aus Stein am Brunnen. Die Hündin und ihr Welpe sind eine Kopie des Originals aus dem Museo Pio Clementino im Vatikan. Offengestanden hätte ich auch nie gedacht, dass Päpste sich mit Hundezucht beschäftigen.

Andrew hat Tausende von Krokus- und Herbstzeitlosen-Zwiebeln im Umkreis der steinernen Blumenkörbe und unter den »russischen« Bäumen gesetzt. Viele Stunden hat er, bewaffnet mit Gartenschäufelchen und seinem Plan verbracht, was wo gepflanzt werden sollte, und was dabei herauskam, ist die reinste Wonne. *Crocus laevigatus* ist die erste Sorte, die bereits kurz nach Weihnachten auftaucht, gefolgt von *Crocus chrysanthus*, der von Januar bis Mai blüht, zusammen mit *Crocus imperati* (süd. ital. Wildkrokus, rötl. lila), *Crocus tommasinianus* (Dalmatiner Krokus, helllila), *Crocus sieberi* (Kretischer Wildkrokus, azurblau) und auch *Crocus minimus* (Zwergkrokus), die sich allesamt schnell ausbreiten. Einige der Blüten sind so unscheinbar, dass man sie auf Händen und Knien kriechend suchen muss. Die Zwiebeln der im Herbst blühenden Krokusse bekommt man im August, und sie müssen umgehend gesetzt werden. Es ist harte Arbeit, in einem trockenen Sommer diese großen Zwiebeln in den steinharten Boden einzubringen, doch was sich dann im Oktober zeigt, ist aller Mühe wert. Andrew hat oft den Wunsch geäußert, dass man sich anhand dieser Frühjahrs- und Herbstbilder der Krokusse an ihn erinnern möge.

Das Problem bei Krokussen ist die fatale Verlockung, die sie auf Fasane, Eichhörnchen und Mäuse ausüben. Die gelbe Sorte ist für alle drei unwiderstehlich. Ein Feinschmecker unter den Fasanenhähnen kann eine beträchtliche Anzahl von Krokusblüten innerhalb weniger Stunden vernichten.

Herkules, keulenschwingend in Richtung Borghese-Gladiator, gegenüber. Die Pflanzen in der Rabatte hinter den beiden Hauptfiguren schließen ein: Rose »Albertine«, Rittersporn »Black Knight« und »Blue Jay«, *Geranium psilostemon* (Armenischer Storchschnabel), und ein weiterer winterharter Storchschnabel »Ann Folkard«, *Sisyrinchium striatum* (Gelbe Binsenlilie), *Thalictrum flavum* ssp. *glaucum* (Schwefelgelbe Wiesenraute), *Crambe cordifolia* (Riesenschleierkraut), Russels Hybrid-Lupinen und Nelken »Mrs. Sinkins«.

Wisteria macrobotrys (jap. Falsche Glycine) fällt in Kaskaden über die Farne am Steinsitz an der westlichen Umfahrung *(linke Seite)*.

Paddys Tisch im Westgarten, umgeben von *Geranium* (Storchschnabel, winterhart), *Sisyrinchium* (Binsenlilie), *Thalictrum aquilegifolium* (Wiesenraute) und Thymian *(oben links)*.

Kletterrose »Climbing Abel Chatenay« an der schmiedeeisernen Balustrade über dem Westgarten *(darunter)*.

Eine Marmorziege aus Italien (19. Jahrhundert) mit Zicklein, nach antikem Vorbild, im Westgarten *(oben rechts)*.

Colchicum (Herbstzeitlose) »Waterlily«, von Andrew am Fuß eines der »Blumenkörbe« aus Stein im Westgarten gesetzt *(darunter)*.

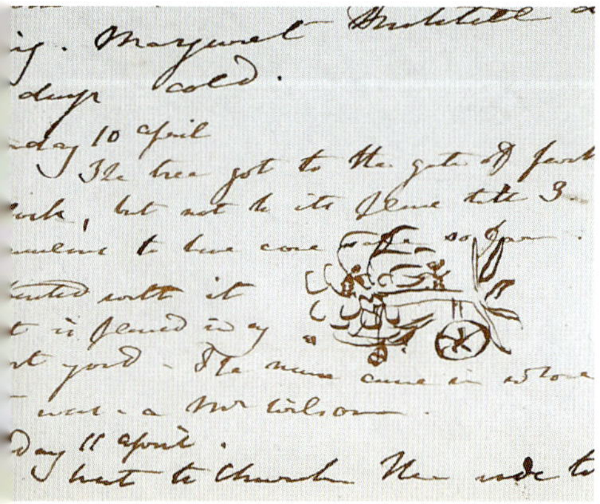

Die Hänge-Esche am nördlichen Hauseingang, die 1830 aus Derby anreiste. Der sechste Herzog hat die Skizze jener Vorrichtung in sein Tagebuch gezeichnet, auf der sie transportiert wurde. Der Grashügel am Fuß des Baumes ist von Andrew im Lauf der Jahre dicht mit seinen liebsten Zwiebelgewächsen bepflanzt worden.

Ihm folgt meist ein futterneidisches graues Eichhörnchen, das den Rest besorgt, indem es die Zwiebeln ausgräbt, hübsche Löcher und bittere Enttäuschung hinterlässt.

Die Geschwindigkeit, mit der in den 20 Jahren nach 1830 Änderung auf Änderung in Chatsworth folgte, ist Ausdruck von Paxtons phänomenalem Tatendrang und der Aufnahmebereitschaft und wachsenden Begeisterung des Herzogs für die Vorschläge seines Gärtners. Gemeinsam planten sie den Bau von Treibhäusern und den Kauf von Unmengen an Pflanzen, einschließlich der Wald- und Obstbäume, der winterharten Stauden und Zwiebeln, die damals in diesem Land zu erhalten waren. Sie erwarben ausländische Seltenheiten und beteiligten sich an dem aufregenden Gesellschaftsspiel, ihre Angestellten ans Ende der Welt zu schicken, um jene Exotika zurückzubringen, an denen ihr Herz hing.

Der Herzog hatte Paxton 1829 auch die Forstverwaltung übertragen, und prompt wurde das Pinetum angelegt, wofür man 3,2 Hektar Park am Südende des Gartens einbezog. Im Jahre 1835 wurde auch das Arboretum begonnen. 16 Hektar wurden mit 1670 Gehölzarten, nach Familien geordnet, bepflanzt.

Unter den Bäumen und Sträuchern, die zwischen 1829 und 1830 gesetzt wurden, befand sich eine besondere Kuriosität – eine Hänge-Esche (*Fraxinus excelsior* »Pendula«), die bereits 40 Jahre in einer Baumschule in Derby gestanden hatte, bis sie die 9 Kilometer nach Chatsworth auf einem »Gefährt« zurücklegte, das Paxton eigens zu diesem Zweck konstruiert hatte. Acht Tonnen Erde, ein riesiger Ballen also, umgaben die gut 8 Meter langen Wurzeln, und die Reise dauerte drei Tage. Der Baum wurde mit den Wurzeln in Fahrtrichtung transportiert, und die Menschen strömten aus ihren Häusern, um das seltsame Gefährt vorbeirumpeln zu sehen. 20 Mann waren abgestellt, den Transport zu begleiten. Diesen Männern ist es zu verdanken, dass das Gefährt ohne Zwischenfälle durch all die schmalen Durchlässe an den Schlagbäumen der Mautstraßen gelangte. Die Tore und Mauerpfosten am Parkeingang allerdings mussten für die ungehinderte Durchfahrt des Transports ausgehängt und eingerissen werden. Am 9. April 1830 schrieb der Herzog dazu: »*Karfreitag. Um 6 Uhr auf, in der Hoffnung, der Baum werde heute kommen. Aber er zeigte sich den ganzen Tag nicht.*« Der Eintrag des folgenden Tages: »*Der Baum erreichte das Parktor gegen 11 Uhr, gelangte jedoch bis 9 Uhr abends nicht zu seinem Standort. Es ist ein Wunder, dass er überhaupt soweit gekommen ist. Ich bin entzückt von dem guten Stück und seinem Platz im Hof.*« Sie wächst noch immer auf ihrem Hügel vor der Haustür an der Nordseite, 170 Jahre nach ihrem Eintreffen. Sie ist mittlerweile hohl, und ich bange bei jedem Sturm, der aus Westen bläst, um ihr Überleben. Wem auch immer die Aufgabe zufallen wird, sie in Stücke zu schneiden, falls sie eines Tages umfallen sollte, wird im Stamm auf reiche Honigernte stoßen, denn all die 50 Jahre, die ich diesen Baum kenne, hat ein wilder Bienenschwarm in ihm gehaust. Die Hänge-Esche ist der letzte Baum, der im Frühjahr austreibt – »*nur ein kahler Besen bis Juni*« wurde dieser historische Baum von unserem Kindermädchen abqualifiziert, vor deren Fenstern des Kindertrakts aus man direkt auf ihn blickte. Jetzt ist er 15 Meter hoch, und sein Stammumfang beträgt in einer Höhe von 1,5 Metern fast 2,5 Meter.

Sein Standort ist ein weiteres von Krokussen ausgefülltes Rund, in dem einige der zahlreichen Arten von Dezember bis Mai blühen, bis sie schließlich von den Kaiserkronen abgelöst werden. Andrew setzt unendlich viele und immer an dieselben Stellen, so dass sein Spaten die alten spaltet, um Platz für die neuen zu schaffen. Ganz in der Nähe verläuft die Tulpenbaum-Allee (*Liriodendron tulipifera*), die vom Pförtnerhäuschen bis zur Haustür an der Nordfront führt. Sie muss gepflanzt worden sein, als der Wyatville-Flügel, also ungefähr 1827, gebaut wurde. Ich könnte mir vorstellen, dass diese Amerikaner wohl die am nördlichsten angesiedelten Exemplare in England sind.

Seit 1828, also zwei Jahre nach seiner Einstellung in Chatsworth, hatte Paxton begonnen, mit Konstruktionen von Gewächshäusern für kälteempfindliche Pflanzen zu experimentieren, und 1832 waren im Küchengarten in Barbrook 22 Warmhäuser und Treibhäuser erstellt worden. Vier davon für Ananasgewächse, einige für Pfirsiche und Gurken. Es gab ein Gewächshaus für Weinreben und ein Champignon-Haus. (Eines der Pfirsichhäuser beherbergte einen der herrlichsten »Royal George« – Pfirsichbäume [*Prunus persica* »Royal George«] des ganzen Landes mit einem Kronendurchmesser von 23 Metern, der im Jahr 1842 tatsächlich 850 Früchte trug.) Wie viel Arbeit mit alledem verbunden war, zeigt allein die Tatsache, dass ein junger Gärtner eine Woche lang im Dezember 1848 allein damit beschäftigt war, die Blätter eines Zimtstrauches mit dem Schwamm abzuwaschen. Dieser Gärtner war Robert Aughtie, ein seltsamer Kauz insofern, als er von 1848–1850 ein Tagebuch führte, das uns tägliche Berichte über das Leben eines einfachen Gärtners auf der untersten Ebene der Hierarchie auf einem großen Anwesen vor 150 Jahren liefert. Auch seine Fehler ließ er dabei nicht unerwähnt. So heißt es am 21. November 1849: »*Mittwoch – Gurkenhaus ausgeräuchert – zuviel des Guten getan, so dass die Pflanzen einen Großteil ihrer Blätter fallen ließen.*«[29]

Paxton experimentierte mit Glas-, Eisen- und Holzkonstruktionen und verbrauchte große Mengen Kohle, um ein tropisches Klima in den Gewächshäusern zu erzeugen, was jedoch kein großer Kostenfaktor war, da die Kohlebergwerke der Nähe zum herzoglichen Besitz gehörten. Das Ergebnis seiner Leidenschaft für das Ingenieurswesen und für Pflanzenkunde wurde im ganzen Land sehr beneidet und (nicht immer erfolgreich) kopiert.[30]

Nach dem Besuch einer Gartenausstellung in London in den frühen Dreißigerjahren des 19. Jahrhunderts kehrte der Herzog inspiriert durch den Anblick einer Schmetterlingsorchidee, *Psychopsis papilio* (damals bekannt als *Oncidium papilio*), aus Südamerika nach Chatsworth zurück. Er begann sofort Orchideen zu kaufen, wofür drei weitere Gewächshäuser gebaut wurden, von denen eines heute noch existiert und unsere Weinreben beherbergt. Orchideen blieben eine Leidenschaft des Herzogs und seines Gärtners, und er besaß bald die vielfältigste und umfangreichste Sammlung in einem privaten Garten des Königreichs.

Um seine erste Liebe zur Familie der Orchideengewächse zu verewigen, ziert die charakteristische Blüte der Schmetterlingsorchidee sämtliche der vergoldeten Bilderrahmen, die Wyatville für die Gemälde im Goldenen Salon (jetzt unser Speisezimmer) in Chatsworth entwarf. Das Gittermuster mit je einer Blüte in jeder Raute täuscht die Gleichheit aller Rahmengrößen vor – was natürlich nicht stimmt. Zweck dieses und anderer reicher Verzierungen war es, die Aufmerksamkeit von der Tatsache abzulenken, dass nichts in diesem Raum symmetrisch angelegt ist.

Ermutigt durch die Erfolge seiner Warmhäuser, suchte Paxton im Orient nach weiteren Neuerwerbungen. Die geniale Erfindung von Dr. Nathaniel Ward, einem praktischen Arzt mit einer Praxis im Londoner East End, kam für die Pflanzenneuentdeckungen gerade zur rechten Zeit. Die so genannte »Ward'sche Kiste«, war praktisch eine tragbare Holzkiste mit Henkeln und einem luftdicht abgeschlossenem Vitrinenaufsatz mit Deckel. Damit wurde ein sicherer Transport lebender Pflanzen aus den Tropen erst verhältnismäßig gefahrlos möglich. Bis zu diesem Zeitpunkt war die Verlustrate bei Pflanzen aufgrund der krassen Temperaturunterschiede und dem salzhaltigen Spritzwasser, dem die Pflanzen an Bord eines Schiffes ausgesetzt waren, entmutigend hoch gewesen, und nur ein geringer Prozentsatz der Pflanzen überlebte die meist langen Transportwege. Dr. Wards Kisten änderten das nachhaltig, und der Verlust selbst der empfindlichsten Pflanzen aus feuchtheißem Dschungelklima oder der Raritäten aus den Bergregionen wurde eher zur Ausnahme als zur Regel.

Eine Pflanze, die der Herzog unbedingt in seinen Besitz bringen wollte, war eine bis dahin in Europa unbekannte Leguminose mit scharlachroter Blüte, der heilige Baum des Teakwaldes in Burma, der *Amherstia nobilis* (Tohabaum). Nach regem Briefwechsel mit Dr. Wallich, dem Direktor des Botanischen Gartens in Kalkutta (und Entdecker des Amherstia in einem Mönchsgarten am Salween River an der damaligen burmesisch-siamesischen Grenze), wurde beschlossen, dass Paxton einen seiner Lehrlinge aus Chatsworth, »den intelligenten Gärtner« John Gibson, nach Indien schicken sollte, um diesen Schatz und andere Pflanzen nach Hause zu holen. Gibson zeichnete ein besonderes Interesse an Orchideen aus, und sollte er erfolgreich bis in ihre natürlichen Verbreitungsgebiete vorstoßen – so hoffte man, dass er einiges entdecken würde, was es dort, wie man wusste, in Hülle und Fülle gab.

1835 organisierte der Herzog für ihn eine »Mitfahrgelegenheit« auf dem Schiff, das Lord Auckland, den zukünftigen Generalgouverneur, nach Indien bringen sollte. Der junge Gibson (er war erst 20 Jahre alt) führte in seinem Gepäck ein Kontingent Heilpflanzen mit sich, die Dr. Wallich dringend benötigte. Sie waren in Ward'sche Kisten verpackt, und der Gärtner und seine kostbare Fracht erreichten wohlbehalten Kalkutta. Der Tohabaum stand zu diesem Zeitpunkt im Botanischen Garten in voller Blüte, und Gibson soll ihn angeblich: »*in die Hände klatschend umkreist haben wie ein Junge, der drei Läufe bei einer Kricket-Partie erzielt hatte.*« Dr. Wallich berichtete dem Herzog: »*Sobald als möglich, nach Einsetzen des Monsuns im nächsten Monat, wird Gibson zum Khosea-Gebirge, an den Ort Chirra Roonje weiterreisen, wo er mindestens zwei Monate bleiben und Exkursionen in alle Richtungen unternehmen soll. Dort kann er erfolgreich seine Ernte*

Eine der Orchideen, eine *Paphiopedilum*-Hybride, die heute in Chatsworth gedeiht.

Die Lieblings-Orchidee des sechsten Herzogs, ihm als *Onicidium papilio* bekannt, taucht ständig im Rautenmuster der vergoldeten Bilderrahmen in unserem Speisezimmer auf, die Wyatville entworfen hat.

einfahren und verschicken (Euer Gnaden Eigentum), welche in diesem Garten wohlbehalten sein wird, und von der er bei seiner Rückkehr sicher ganze Schiffsladungen mit sich bringt. Ich bin kürzlich im vergangenen Oktober und November, auf meinem Weg nach Assam, in diesem Gebirgszug gewesen, und ich kann ehrlich sagen, dass auch die regste Phantasie sich kaum ein an botanischen Arten reicheres Land vorstellen könnte. Vor allem was Orchideen betrifft.«

Amherstia nobilis, abgebildet in Paxtons *Magazine of Botany*.

Zu diesem weit entfernten Garten Eden existierte weder Straße noch Weg, so dass Gibson auf die jahreszeitlich bedingten Regenfälle und darauf warten musste, dass sich die Nebenflüsse des Bramaputrah mit Wasser füllten, um mit dem Boot an sein Ziel zu gelangen. In einem Brief an Mrs. Wright (Zofe von Miss Emily Eden[31], der Schwester von Lord Auckland) schreibt er von Schmetterlingsorchideen ohne Zahl, 50 neuen Schmarotzerpflanzen, die er sich bereits gesichert habe und »*kurzum darf ich sagen, Mrs. Wright, dass ich wie im Paradies bin, und Sie werden mir verzeihen, wenn ich nicht weiter ins Detail gehe.*«

Gibson kehrte im folgenden Jahr nach Kalkutta zurück und war 1837 wieder zu Hause. Er hatte über 100 neue Orchideensorten gesammelt, einschließlich *Dendrobium densiflorum*, *Vanda* (jetzt *Trudelia*) *alpina*, *Cymbidium devonianum*, *Pleione praecox* und weitere bis dahin unbekannte Pflanzen aus dem »*märchenhaften Indien*«.

Der Tohabaum allerdings war nicht darunter (um ihn aus seinem natürlichen Verbreitungsgebiet auszupflanzen, wäre eine Reise nach Burma nötig gewesen), doch Dr. Wallich gab Gibson zwei junge Exemplare aus dem Botanischen Garten mit, die man sorgfältig verpackte und zusammen mit zwölf Kisten voller Orchideen auf dem Achterdeck des heimwärtsfahrenden Schiffs stellte. Fünf Monate nach dem Verlassen Kalkuttas landeten alle sicher am St. Katherine's Kai in London. Der »intelligente Gärtner« hatte dafür gesorgt, dass er dort von einem »gefederten Lastkarren« der Marke Pickford erwartet wurde, der die Glaskisten und ihren unschätzbar wertvollen Inhalt jeweils zu den Kanälen und wartenden Schiffen befördern sollte, da die Reise auf dem Wasserweg die schonendste Transportart war. Sie waren Tag und Nacht unterwegs, wechselten ständig die Pferde und erreichten den Anleger am Cromford-Kanal, zwölf Meilen von Chatsworth entfernt, innerhalb von sechs Tagen.

Ein Tohabaum war bereits an Bord des Schiffes eingegangen, aber der andere, der erste, der Europa erreichte, wurde vom Herzog und Paxton wie die Königin von Saba persönlich in Empfang genommen: Der Herzog ordnete an, dass ihm das Frühstück in der sogenannten »Painted Hall« serviert werde, wo er neben der aufregenden Neuerwerbung Platz nehmen konnte. Paxton baute ein besonderes Gewächshaus für den Baum, doch mit dieser Pflanze erlebte er eine seiner seltenen Misserfolge. Zu seiner großen Enttäuschung weigerte sie sich standhaft, Blüten auszubilden. Die botanische interessierte Bevölkerung dieses Landes musste zwölf Jahre warten, bis Mrs. Lawrence von Ealing Park, Middlesex, ganz Chatsworth demütigte, indem sie einen Tohabaum zum Blühen brachte, der nur gut 3,30 Meter hoch war.

Mittlerweile kannte die Jagd nach Pflanzen keine Grenzen mehr: Die Botaniker nahmen alle möglichen Gefahren auf sich, wenn sie unbekannte Länder nach Neuentdeckungen erforschten, wo tropische Krankheiten und feindliche Ureinwohner das Reiserisiko noch erhöhten. Selbst Länder, die sich im Kriegszustand befanden, wurden von der Jagd nicht ausgeschlossen, so die Beute das Risiko wert war. Diesen Brief – urteilen Sie selbst, was davon zu halten ist – erhielt der Herzog von Lord Alvanley, einem Familienfreund, der damals auf der Krim diente.

Odessa, den 29. Mai (1842)

Mein lieber Herzog,

meine Schwester schrieb mir aus Nizza, mit der Bitte, Ihnen gewisse Pflanzen zu besorgen … von denen Sie glaubten, ich könne sie auf der Krim finden. Folgendes ist das Ergebnis meiner Nachforschungen im Botanischen Garten des Zaren in diesem Land, von dem ich eben jetzt zurückkehre. Der Gentiana caucasia könnte beschafft werden, wenn ein Botaniker zur Küste geschickt würde, ihn zu holen, da sich dieser in der Nähe der russischen Stellungen befindet. Doch die Enzianarten Gentiana fimbriata, Gentiana humilis, Gentiana umbellata und die Primel Primula amoena sind nur zu erhalten, indem man ein Infantrie-Batallion von 10 000 Mann mit sechs leichten Gebirgskanonen und einigen hundert Reitern ausschickt. Ich habe keinen Zweifel, dass der Zar die Erlaubnis erteilen würde, dass sich eine solche Expedition in Anapa sammele, wenn man ihn über die Bedeutung des anvisierten Zwecks informiert, aber da mein Auftrag nicht soweit ging, Verhandlungen in diesem Punkt auf-

zunehmen, erwarte ich weitere Anweisungen Ihrerseits, bevor ich dies en attendant unternehme. Ich schicke Ihnen einige Pflanzen aus dem Garten in Nikita, die, wie ich glaube, für Sie von Interesse sein könnten. Ein junger Mann, der unter Ihrem Gärtner in Chatsworth diente, half Mr. Hartwiss, dem Direktor der Einrichtung, bei der Auswahl. Also lege ich eine Liste derselben bei. Zusätzlich zu den hier verzeichneten Pflanzen werden sie in der kleineren Kiste einige Zwiebeln der Galanthus plicatus (Krim-Schneeglöckchen) *finden … Wie man mir sagte, sollen sie eingepflanzt worden sein und einmal geblüht haben, bevor man sie verschickt, so dass ich andere entsprechend behandeln lassen werde, die Ihnen dann im Juli zugehen. Ich füge ebenfalls eine Liste der Pflanzen bei, die der Direktor des Gartens von Nikita gerne hätte, und die Sie ihm zweifellos bereitwillig zusenden werden, falls Sie diese besitzen. Ich hoffe, meine Sendung wird sicher und wohlbehalten eintreffen, was wohl die erste Enttäuschung über den fehlenden Enzian aufwiegen dürfte. Und ich zweifle nicht, dass Sie umgehend alle Schritte einleiten werden, die, wie ich beschrieben habe, nötig sind, um in seinen Besitz zu gelangen. Adieu, mein lieber Herzog, und lassen Sie mir ein paar Zeilen zur Bestätigung zukommen, dass Sie diese Nachricht erhalten haben, und schreiben Sie bitte einen weiteren Brief, um Mr. Hartwiss für seine Freundlichkeit zu danken …*

Seien Sie herzlich gegrüßt

Alvanley

1836 immerhin war der Junggesellen-Herzog sehr stolz auf seine Sammlung. Am 2. August jedenfalls war er »*trunken von Chatsworth. Die neuen Mauern, das Haus so verbessert und perfekt.*«

Am 29. August war er »*früh auf. Im Küchengarten – welche Schätze sich dort finden! Mühe mich mit Sir W. Hookers Hibiscus ab.*« Allerdings hatte er auch weniger glückliche Augenblicke. Am 1. Oktober 1835 schreibt er: »*Armer Paxton! Große Enttäuschung heute. Henderson, Mr. Lowe und mein Sammler sind nur mit wenigen Pflanzen zurückgekehrt. Waren zu krank und vom Fieber gebeutelt, um länger in Mexiko zu verweilen. Ein großes Ärgernis.*« In seiner Sammelleidenschaft regte er sich schrecklich auf, sobald jemand anderer den Schatz zuerst erbeutete. Am 29. Oktober 1835: »*Paxton und ich niedergeschlagen! Forbes bekommt alle Prince John* (Joseph) *Dycks Kaktusse.*« Andererseits erhielt er großzügige Geschenke von Freunden und Nachbarn, einschließlich einiger Raritäten von Sir Oswald Mosley aus Rolleston Hall.

Coelogyne wallichiana (jetzt *Pleione praecox*) abgebildet in Paxtons *Magazine of Botany*.

Seine Sammelleidenschaft galt auch der großen Vielfalt von Baumarten der Nordwestküste Amerikas, die er unbedingt auf den Britischen Inseln einführen wollte. In der Folge von Gibsons erfolgreicher Indienreise sammelten der Herzog und Paxton einen Kreis interessierter Personen um sich, der eine ähnliche Expedition in dieses noch unerforschte Gebiet entsandte, in dem Reisende zwar alle möglichen Baumwunder, die dort gediehen, gesehen, aber selten etwas davon mitgebracht hatten. Erneut stellte Chatsworth die Männer, die die Sammler von Samen und Zapfen (Fruchtständen) anführen sollten, und Robert Wallace (dessen Frau ihn begleitete) und Peter Banks verließen England 1838. Nachdem sie Kanada und die Rocky Mountains durchquert hatten, nahm das Unglück seinen Lauf …, ihr Kanu geriet auf dem Columbia River in einen Strudel und prallte gegen einen Fels. Alle Insassen ertranken. Paxton schrieb am 29. Mai an den Herzog: »*Letzten Donnerstag erhielt ich die niederschmetternde Nachricht vom viel zu frühen Tod von Robert Wallace und Peter Banks … Der gute alte Wallace und seine Frau tragen den Verlust tapferer, als ich erwartet hätte.*« Der Herzog, zu diesem Zeitpunkt in Genf, war zutiefst betroffen und antwortete mit der für ihn typischen großherzigen Sorge um die Hinterbliebenen am 8. Juni 1839: »*Wallace hatte bei unserem Abschied nur einen Kummer, und der galt seinen Eltern, für den Fall, dass ihm etwas zustoßen sollte … und ich versprach ihm, dass es ihnen an nichts fehlen solle. Das ist ein heiliges Versprechen, und ich verlasse mich darauf, dass Sie dafür sorgen, dass es in die Tat umgesetzt werde. Ich möchte ihnen gern ein Haus in der Nähe von Chatsworth beschaffen … es ist für den alten Mann zu weit, den Weg jeden Tag zu Fuß zu machen.*« Nach dieser Tragödie hatten weder Paxton noch sein Herzog den Mut, sich an einer weiteren Pflanzen-Expedition zu beteiligen.

Eine Ward'sche Kiste, jene Erfindung, die es möglich machte, empfindliche Pflanzen ohne Verlustrisiko über Tausende von Kilometern zu transportieren.

Die Geschichte der *Victoria amazonica* (Königl. Seerose) aus Südamerika hat ein glücklicheres Ende. Diese außergewöhnliche Seerose wurde 1801 von einem Reisenden in Peru entdeckt und erneut 1832 auf dem Amazonas gesehen, aber es war der Reisende und Pflanzenjäger Sir Robert Schomburgk, der die erste vollständige Beschreibung 1837 geben konnte, diesmal allerdings von Britisch-Guyana aus. 1846 trafen Samen in Kew Garden ein, doch obwohl ihre riesigen, tellerförmigen, ledrigen Blätter mit den aufgebogenen Rändern wie verrückt wucherten, verhielt sie sich wie die Amherstia in Chatsworth und wollte einfach nicht blühen.

Früh in der Saison, bevor ihre Blätter die volle Größe erreicht haben, ist die *Victoria amazonica* (Königliche Seerose) im Schau-Gewächshaus *(links)*.

»Victoria Regia«, wie sie von Walter Fitch 1851 dargestellt wurde. Wie so vieles in Chatsworth, hat diese Seerose schon mehr als einen Namen gehabt *(rechts)*.

Paxton erbat sich eine Pflanze von Sir William Hooker, dem Direktor des Botanischen Gartens in Kew, und baute ein besonderes Bassin für diese Pflanze im Küchengarten neben seinem Haus. Nichts an dem kleinen Sämling, den er 1849 aus London in einer winzigen Kiste mitgebracht hatte, hatte ihn davor gewarnt, zu welchem Riesen er sich auszuwachsen gedachte. Bereits sechs Wochen später hatten die Blätter der Seerose einen Durchmesser von über einem Meter. Am 1. Oktober hatten sie sich zu einer Größe von 1,30 Metern ausgewachsen und bis zum 15. Oktober noch weitere 10 Zentimeter zugelegt. Das Bassin musste erweitert werden, um die Riesin weiterhin beherbergen zu können. Und siehe da, am 2. November tauchte eine riesige Knospe auf, und Paxton war außer sich vor Glück. Dieser »*Anblick ist eine Reise von tausend Meilen wert!*« schrieb er an Sir William Hooker.

Der Herzog war gerade in Schloss Lismore in Irland. Er eilte nach Hause, um das jüngste botanische Wunder mit eigenen Augen zu sehen. Violet Markham, Paxtons Enkelin, erzählt darüber[33]: *»›Die ganze Welt kommt, sie zu sehen‹, bemerkte der Herzog. Unter den Besuchern waren die Freunde des Herzogs, Lady Hunloke und Lady Newburgh, Sir William Hooker und Dr. Lindley von Kew Garden. Die riesigen Blätter erhalten ihre Festigkeit von einem Netzwerk an strahlenförmig verlaufenden Rippen, beschrieb Sir Robert Schomburgk. Dieses pflanzliche Zellsystem gebe dem Blatt Stabilität und seine einzigartigen Schwimmeigenschaften. Seine Tragfähigkeit wurde einem praktischen Test unterzogen. Am 22. November stellten der Herzog und Lady Newburgh Paxtons jüngste Tochter Annie, damals sieben Jahre alt, auf eines der Blätter. Hooker wollte die Geschichte nicht glauben, als er sie hörte, aber Paxton bestätigte ihm schriftlich die Richtigkeit der Aussage. Das Blatt konnte ein Gewicht von hundert Pfund tragen. Das kleine Mädchen auf der Seerose, wie eine Fee gekleidet, war ein entzückendes Bild.«*

Die Blüte der Riesenseerose war das Resultat von Paxtons nimmermüder Beobachtungsgabe, der nicht das Geringste entging. Er installierte ein kleines Wasserrad im Bassin, das die trägen Strömungsverhältnisse einer Amazonas-Bucht nachahmte, wo die Seerose so prächtig gedieh. Der Erfolg stellte sich umgehend ein. Die Seerose wurde nach der Königin »Victoria Regia« getauft, die Paxton am 13. November 1849 empfing. Paxton überbrachte seiner Monarchin eine Blüte und ein Blatt als Geschenk. (Später kehrte man zu ihrem ursprünglichen Namen *Victoria amazonica* zurück.)

Violet Markham fährt in ihrem Bericht fort: »*Aber diese Entwicklung, so rasch und unerwartet sie auch war, brachte andere Probleme mit sich. Zweimal schon war sie für ihr Bassin zu groß geworden. Ein neues Haus, das ihrer Größe angemessen war, musste entworfen werden. Paxton ... hatte seit Jahren mit Glashäusern herum experimentiert. Er hatte sie in allen möglichen Größen, Formen und Konstruktionen gebaut. Und keines war wie das andere. Nun entwarf er ein völlig neues Konzept, das ganz auf die Bedürfnisse seiner kostbaren Seerose abgestimmt war. In ungefähr drei Monaten und mit 800 Pfund stellte er einen neuen Typ Glashaus vor, knapp über 20 Meter lang und 16 Meter breit. Darin enthalten war ein rundes Bassin von fast 11 Metern Durchmesser.*« Es wurde am Nordende des alten Küchengartens gebaut, ganz in der Nähe von Paxtons Haus in Barbrook. Beide Gebäude existieren nicht mehr.

Die »Riesenseerose« in voller Blüte, wobei Paxtons Tochter Annie auf einem Blatt steht. Man beachte das Wasserrad oben links am eigens für diese Pflanze gebauten Wasserbassin, das Strömung erzeugte und damit die Seerose zum Blühen anregte.

»Das Glashaus, nur aus Glas und Eisen mit einem Dach nach dem Prinzip der First- und Kehlverglasung, hatte neue und ganz besondere Merkmale. Erforderlich war ein perfektes Entwässerungs- und Belüftungssystem. Dafür sorgte die Dachkonstruktion, die gleichzeitig Licht- und Wärmeregulatur war. Die Eisensäulen waren gleichzeitig Abflussrohre. Dies galt auch für die Dachsparren und Fensterrahmen, die demselben Zweck dienten. Der Fußboden war nicht allein Fußboden, sondern auch Lüftungsanlage und Staubfalle in einem. Man vergrößere all diese Systeme um ein vielfaches in einem Gebäude, das nicht nur zwanzig Meter lang ist, sondern eine Grundfläche von 7,2 Hektar hat, fügt Glas und Eisen oben und unten durch Träger zusammen und man erhält ... den Kristallpalast.«

Violet Markham zitiert weiter ihren Großvater, als dieser eine Beschreibung seines Entwurfs vorlas, die für die »Fine Arts Society« am 13. November 1850 bestimmt war: *»Er stellte eines der fantastischen Blätter von einem Durchmesser von 1,50 Metern aus und wies daraufhin, dass die Unterseite ein schönes Beispiel für die Ingenieurskunst der Natur sei. Denn es besaß Rippen, die wie die Arme eines Kandelabers von der Mitte ausgingen (wo sie fast 4 Zentimeter dick waren), mit unteren Flanschen und sehr schmalen Mittelrippen, wobei jedes Paar mit Verstrebungen versehen ist, die verhindern, dass sich die Mittelrippen durchbiegen können. ›Die Natur war der Ingenieur‹, sagte Paxton. ›Die Natur hat das Blatt mit Längs- und Querrippen und Stützen ausgestattet und ich habe dieses Prinzip der Natur entliehen und dieses Gebäude konstruiert.‹«* Damit beschrieb er praktisch schon seinen Kristallpalast.

Das Seerosenhaus in Barbrook, Chatsworth, um die Jahrhundertwende. Leider existiert es nicht mehr.

»Oh, Paxton!«

Die späten Jahre
des sechsten Herzogs
1835–1858

Teilansicht von Paxtons großem Felsengarten (*vorhergehende Doppelseite*).

Mitte der Dreißigerjahre des 19. Jahrhunderts schien alles möglich, und die Pläne, die Paxton bereits im Kopf hatte, waren besser und großartiger denn je zuvor. Sein Arbeitgeber hatte vollstes Vertrauen in ihn und ließ ihm jede Freiheit.

Eine ständig wachsende Anzahl nicht winterharter, empfindlicher Pflanzen traf in Chatsworth ein, und es wurde beschlossen, ein Glashaus zu bauen, das sie alle beherbergen und ihr Gedeihen fördern konnte. Die Ausmaße sollten – wie alles in Chatsworth – gigantisch werden.

Das Große Gewächshaus, wobei deutlich die First- und Kehlverglasung zu sehen ist. Der Mann zwischen den beiden immergrünen Pflanzen links des Eingangs gibt einen Eindruck von den Ausmaßen des Gebäudes.

Das Große Gewächshaus

1836 wurde der Grundstein für das Große Gewächshaus von Lord Burlington, dem Erben des Herzogs gelegt. Drei Jahre später fanden die ersten Pflanzungen statt, und im Winter 1840/41 wurde es fertiggestellt. Bei seinem letzten und größten Bauwerk in Chatsworth bekam Paxton »*eine kompetente Unterstützung*« in Decimus Burton, der später der Architekt anderer bekannter Landmarken wurde, wie zum Beispiel dem Palmenhaus in Kew Garden.

Die Anlage sollte riesig werden. Bäume wurden gefällt und ein Areal von 132 auf 70 Meter planiert, um das Gelände vorzubereiten, auf dem das Gebäude stehen sollte. »*Es ist leicht zu erkennen, dass der Standort perfekt geeignet ist, liegt er doch von allen Seiten durch hohe Bäume geschützt: Man hatte das Gelände tatsächlich mitten aus dem Wald herausgelichtet. Und seltsamerweise, so weit es auch von jeder menschlichen Behausung entfernt liegt, fand man dennoch in der Erde Spuren von Mauern und einer viel benutzten Feuerstelle und einige Fragmente rußgeschwärzter Säulen.*« Das größte Glashaus Englands war so groß angelegt, dass zwei Kutschen nebeneinander auf dem Mittelweg hindurchfahren konnten, und Treppen, verdeckt durch eine leicht ansteigende Felsformationen, führten zu einer Galerie, von der aus man die obersten Äste der exotischen Palmen und anderer Bäume bewundern konnte, die dort gediehen. Es gab Becken voller Wasserpflanzen, Felsblöcke, Moose, Farne und grell bunte Blütenpflanzen in einem so gut durchlüfteten Tropenhaus, dass das Klima ausgesprochen wohltuend war.

Das Gebäude selbst war 91 Meter lang, 40 Meter breit, 20 Meter hoch und hatte eine Grundfläche von knapp über einem Drittel Hektar. In einem unterirdischen Raum standen 8 mit Kohle betriebene Heizkessel. Die Kohle wurde mit Loren auf einer unterirdisch verlegten Schienenstrecke herangeschafft. In einer Höhle beim Schlucht-Teich ist ein kurzes Stück dieser Schienenstrecke zu sehen, und Gitter im Rasenstreifen an der Westseite des Gebäudes deuten heute noch daraufhin, dass hier die unterirdischen Kessel belüftet wurden, die ein elf Kilometer langes Netz aus 12 Zentimeter dicken Heißwasserrohren versorgten. Es gab verschiebbare Fensterrahmen auf einer Länge von 64 Kilometern, die einzelne Glasscheiben von 1,2 Metern Länge und 15 Zentimetern Breite verbanden, welche – diagonal verarbeitet – die durch das System der First- und Kehlverglasung bedingte Fläche bildeten, die Robert Chance in Birmingham fertigte und lieferte. Dies kostete 33 099 Pfund. Zu seiner Zeit wurde es als *»ein Berg von Glas«*, *»eine noch nie dagewesene Konstruktion«*, *»ein gläsernes, sanftes Wellenmeer«* bezeichnet.[34] Der König von Sachsen verglich es mit einer *»tropischen Landschaft mit gläsernem Himmel.«*[35]

Selbst der Herzog tat sich schwer, es zu beschreiben: *»Es ist nichts, das man einfach schildern könnte, und all meine Versuche werden darauf abzielen, Ihnen und anderen zu zeigen, was es enthält, und darauf konzentriere ich all meine Mühe und Kraft. Der Erfolg jedenfalls ist vollkommen, sowohl was das Wachstum der Pflanzen als auch das Vergnügen betrifft, das es bereitet, da es meines Wissens das einzige Warmhaus ist, in dem man länger als zehn Minuten ausharren kann, ohne sich unwohl zu fühlen. Bedingt durch die unterirdisch untergebrachten Heizkessel und die unter Tage angelieferte Kohle herrscht eine beachtliches Maß an Sauberkeit, Rauch- und Geruchsfreiheit, die in keinem anderen Bauwerk dieser Art je erzielt wurde.«*

Jeden Winter verschlangen die Heizkessel 300 Tonnen Kohle und Koks – beträchtlich mehr, als die Heizung des Hauses, aber damals hatte das Wohlbefinden der Exoten im Glashaus Vorrang vor dem menschlicher Wesen. Der Rauch wurde durch Abluftschächte abgeleitet, die unter der Erde knapp 265 Meter den Hang hinaufführten und durch einen ganz herkömmlichen Kamin von 20 Metern Höhe im »Stand Wood«, schon außerhalb der Gartengrenzen, in die Luft abgegeben, wodurch die unmittelbare Umgebung ruß- und rauchfrei blieb. Die Buchen im Wald sind mittlerweile höher als der Kamin, sodass dieser gut verborgen ist.

Das »Handbuch« des Herzogs zeichnet ein lebhaftes Bild der tropischen Üppigkeit, in die man in seinem Inneren eintauchte. *»Ich beginne mit meiner Aufzählung auf der rechten Seite des Mittelganges. Dort stehen Orangenbäume, die sich allmählich akklimatisieren; eine Altingia, die viel schneller wächst als üblich, und Araucarien, die bald das Dach erreicht haben dürften, und nur gepflanzt worden waren, um vorübergehend den Platz zu füllen; Waltons Dattelpalme, die jeden Tag ihrem Vorbild in Posilippo ähnlicher wird; Hibiscus splendens; Erythrina arborea, Sagopalmen, Pisang* (Bananenstaude)*; Waltons Corypha umbraculifera* (Sägezahnpalme)*, die sich jetzt erst von ihrer Reise zu erholen beginnt; unterschiedlichste Rankpflanzen und Passionsblumen; Bougainvillia spectabilis* (Drillingsblume) *und Stephanotis floribunda* (Kranzschlinge)*, die sich bereits zum Dach hinaufreckt. Dann haben wir dort den Sagus rumphii* (richtig: *Cycas rumphii*, Rumphs Palmfarn)*, sehr selten, und Bambusia arundinacea* (dorniger Großbambus, Indien)*, der in unglaublicher Üppigkeit gedeiht, was allein schon seine Gegenwart hier rechtfertigt, da er bereits beide Seiten des Weges beschattet. Kehrt man dort um, sollte man nun die Sabal backburniana* (Sabals Palmettopalme) *betrachten, die erste Treibhauspflanze, die ich erworben habe, und zwar aus der Sammlung von Mrs. Beaumont im Norden; dann Cocos plumosa* (Königinpalme)*, die alle anderen mit Leichtigkeit überholt, ein Geschenk der Horticultural Society von Sheffield; Rosen-Hibiscus und noch höher Bananengewächse. Hinter der Raumteilung sehen Sie eine Art Dschungel, in dem Cassias* (Zimtbäume) *und Hibiscus mutabilis* (Baumwollrose) *vorherrschen; der Banyanbaum, und der obstinate Ficus elastica* (Gummibaum)*, so kraftstrotzend und dominant in ihrem früheren Gewächshaus, so träge hier. Lord Fitzwilliams Geschenk, Dracaena draco* (Drachenbaum)*, der verspricht, den Drachenbaum aus Java zu überflügeln. Andere Dattelpalmenarten und die gigantische Fourcroya Agave gehören zu den zahllosen Bewohnern der Felsformation, die geschaffen wurde, um die Treppe hinauf zur Galerie zu verdecken: wer diese allerdings vor allem zu verbergen verspricht, ist der Ficus repens* (Kletterficus)*, von schnellem, ausuferndem Wuchs.«*

Wir mögen seine Vorliebe für *Ficus elastica* und *Ficus repens* (mittlerweile bekannt als *Ficus pumila*) nicht teilen, da sie uns mittlerweile zu oft in den abschreckenden Hallen moderner Bürohäuser begegnet sind, doch wir dürfen nicht vergessen, welche Sensation diese Neuheiten vor 150 Jahren gewesen sein müssen.

In der Nordwestecke erinnerte eine Hecke aus Aloen die Menschen an die Küsten des Mittelmeers. Sie diente als Begrenzung, um dem *»wissensdurstigen Publikum«* Einhalt zu gebieten, da es unmöglich war, alle *»48 000 Besucher hier«* einzulassen.

Eine efeuüberwachsene Urne neben einem der beiden Torbögen, die in den Großen Gewächshausgarten führen. Ansonsten ist kaum noch etwas von Paxtons Meisterwerk in Chatsworth erhalten.

Eine handkolorierte Fotografie von 1890 vom Kutschfahrweg durch das Große Gewächshaus.

Erneut wird der ungeheure Aufwand beim Transport der Exoten beschrieben und als »*ziemlich kostspielig*« abgetan. »*Eine spektakuläre Sagopalme (Chamaerops humilis) und die schönste Zamia* (Costa Rica-Palmfarn) *der Welt, beide aus der Tankerville-Sammlung.*« Die Zamia wog 11 Tonnen und wurde von Surrey hertransportiert. »*Es war eine herkulanische Tat, diese Schätze herzuschaffen: zu diesem Zweck musste das Gewächshaus dort ab- und anschließend wieder aufgebaut werden. Lastkutschen wurden entwickelt und gebaut, und Durchgänge an Mautstellen eingerissen, um die Durchfahrt zu gewährleisten; so war ihr Besitz letztendlich ein teures Vergnügen: Die von Baron Ludwig war weniger kostspielig. Diese Variante der Zamias verdient an sich die Bezeichnung verehrungswürdig und bildeten zusammen mit dem monströs gewachsenen Testudinaria* (südafrikanische Weinsorte) *im Küchengarten eine wertvolle Fracht, die beinahe Schiffbruch erlitt, und lange völlig mit Salzwasser vollgesogen war, an Bord der »Reliance«, einem Schiff, das im folgenden Jahr auf der Rückkehr von der selben Reise vom Kap tatsächlich unterging. Die Abenteuer der Pflanzen endeten jedoch nicht damit, denn die Züge auf der neu eröffneten Eisenbahn verkehrten so unregelmäßig, dass man sie über drei Routen im kältesten Frostwetter nach Sheffield, Nottingham und Leeds schickte.*«

Die gewagten Reisen und die Gefahr, bei einem Schiffbruch alles, die Mannschaft eingeschlossen, zu verlieren, machten aus den ausländischen Importen ein riskantes Geschäft, ob es sich nun um Pflanzen oder die vom Herzog so bewunderten Statuen von Canova und anderen aus Italien handelte. Die Schilderungen des Herzogs, wie er auf heißen Kohlen gesessen und auf die Ankunft der Ladung gewartet hatte, ob nun Pflanzen oder Marmor, vergegenwärtigen uns die Gefahren einer Seereise zur damaligen Zeit.

»*Im Weitergehen kann man eine bemerkenswerte Gruppe von Blütensträuchern bewundern: Francisca hopeana* (Paraguay-Jasmin), *in großer Pracht, mit jeder Varietät von Chinesischem Roseneibisch, und Poinsettia pulcherrima* (Weihnachtsstern), *einfach brillant. Dem folgt ein Hain aus Musa acuminata ›cavendishii‹* (Cavendischs Zwergbanane), *jener Zwergbananenstaude, ächzend unter der Last ihrer Früchte, die selten höher als 6 Fuß wird und schon im zweiten Jahr blüht. Die beiden Exemplare von Cycas revoluta* (Palmfarn) *sind aus den Samen meiner Sammlung gezogen. Neben diesen finden sich in der Südostecke Zuckerrohr, reif und wüchsig; Brownia grandiceps* (Bombax), *Carica papaya und andere tropische Wunder. Fast die attraktivste Sorte allerdings ist der Teil, der dummerweise den Spitznamen der ›elende Sumpf‹ trägt, ein Teich umgeben von Papyrus, Arum (Aronstab), Chinesischer Binse und Hedychium coronarium. Auf den Felsen, zu denen wir jetzt zurückkehren, gedeihen zahlreiche Kakteen; noch üppiger allerdings, auf der schattigen Nordseite, wächst die anmutige Familie tropischer Farne.*

Steigt man die moosbedeckten, schattigen Stufen empor, erreicht man die Galerie, von der allein sich eine Vorstellung von den Ausmaßen dieses Glashauses und der Gesundheit der hier versammelten edlen und kostbaren Vegetation gewinnen lässt. Es ist der Mühe wert, rundherum zu gehen: dabei entdeckt man Berieselungsanlagen, die die Pflanzen stets feucht halten; und hier, nachdem man sie von unten betrachtet hat, gewinnt man Einsichten in die Geheimnisse ihres Wachstums und ihres Gedeihens.«

Kommen wir wieder herunter, werden wir von unserem Führer nicht nur daran erinnert, das Haus nicht eher zu verlassen, bis wir andere importierte Kuriositäten bewundert haben, die ihren Platz zwischen den Pflanzen fanden, einschließlich des »*Riesenkristalls, einem Berg des Lichts*«, der mittlerweile in der Bildhauergalerie steht.

Botaniker und Wissenschaftler unter den Gästen waren ausnahmslos begeistert davon, was Chatsworth ihnen zu bieten hatte. Unter anderem kam 1845 auch Charles Darwin und schrieb am 28. Oktober 1845: »*Endlich habe ich Chatsworth besucht und war entzückt wie ein Kind. Bist du je dagewesen? Also das Große Gewächshaus und besonders der Teil mit den Wasserpflanzen kommt dem Vorbild der tropischen Natur auf so wunderbare Weise nahe, wie ich es nie für möglich gehalten hätte. Hier schlägt das vom Menschen Geschaffene die Natur auf der ganzen Linie.*«[36]

Königin Victoria und Prinz Albert kamen vom 1. bis zum 3. Dezember 1843. Sie luden sich selbst ein und ließen dem Gastgeber nur drei Wochen für die Vorbereitungen. Der Herzog war ziemlich verstimmt über die Störung, die dieser Besuch bedeutete und die Kürze der Vorbereitungszeit. Am Freitag, den 10. November, notierte er dazu: »*Wollte gerade die Kutsche nach Bath besteigen ...da brachte die Post mir die Nachricht, dass die Königin Ende dieses Monats nach Chatsworth zu kommen wünscht. Ach, diese Unannehmlichkeiten ... aber besser, ich bringe es hinter mich, und das jetzt in der trüben Jahreszeit, als dass ich mir einen Teil der Schönwettermonate stehlen lasse.*« Trotzdem machte er sich augenblicklich voller Enthusiasmus an die Planung und scheute keine Mühe, um dem Königspaar Zerstreuung zu bieten und seinen Besuch zu einem denkwürdigen Ereignis werden zu lassen. Er füllte das Haus bis unters Dach mit Familie und Freunden, wie auch mit dem unvermeidlichen Gefolge der königlichen Gäste. Paxton agierte natürlich als

Haushofmeister. Das Aufregendste und sicher auch die originellste Unterhaltung – da es nirgends ein vergleichbares Gebäude gab – war eine abendliche Kutschfahrt, im Dezember bei voller Dunkelheit, zum neuen Großen Gewächshaus. Die Königin, der Prinz und ihr Gastgeber fuhren durch den herrlich beleuchteten, mit blauen, roten und grünen Lichtern geschmückten Garten, unter der Kaskade vorbei, wo »Russische Lichter« in den Bäumen brannten, durch den Felsengarten, der damals noch im Bau war, in das tropische Paradies. Die Pflanzen hatten sich bereits gut akklimatisiert und waren, wie es für die tropische Vegetation typisch ist, schnell gewachsen, wobei einige Bäume nach drei Jahren bereits eine Höhe von 13 Metern erreicht hatten. Der Glaspalast war von 14 000 Lampen erleuchtet, die entlang der Galerie und an den Eisenrippen der First- und Kehlverglasung angebracht waren. Ihre Majestät entstieg der Kutsche und Paxton machte sie und den Prinz mit der ungewöhnlichen Vielfalt der Gewächshausflora bekannt. Die Queen war entzückt und schrieb in ihr Tagebuch: *»Das verblüffendste und ungewöhnlichste Gebilde, das man sich vorstellen kann ... Es ist alles vollkommen aus Glas. Die schönsten und seltensten Pflanzen und Blumen sind zu sehen ... Dieses Glashaus wurde vom Gärtner des Herzogs, Mr. Paxton, entworfen, einem sehr klugen Mann ... Mr. Paxton ist geradezu ein Genie, entwirft er doch diese Gebäude wie er auch seinen Garten und den der Horticultural Society plant und betreut.«*[37]

Nach der Abreise der königlichen Gesellschaft wurden 5000 Personen, die Eintrittskarten bekommen hatten, *»aus allen Gesellschaftsschichten, von der vornehmsten bis zur einfachsten Klasse, ohne Unterschied eingelassen. Der Ansturm auf das Tor war ungeheuer und das Durcheinander groß. Den Langfingern gelang es, mehrere Personen um ihre Wertsachen zu erleichtern.«*[38] Einem der Gäste wurde tatsächlich die goldene Uhr gestohlen. Ungefähr 30 000 Menschen sahen das beleuchtete Gewächshaus und das Feuerwerk vom Park aus, und begleiteten jede Feuerwerksfigur mit Ausrufen der Begeisterung. *»Vom Jagdturm aus wurden Kanonen abgefeuert, und ein Schleier von bunten Lichtern entfaltete sich über dem Räuberfelsen* (hoch über dem Aquädukt), *dem Wasserfall, der Kaskade und den Springbrunnen, bis alles in ein blinkendes Lichtermeer gehüllt war.«* Paxton hatte sich selbst übertroffen.

Ihrem Onkel, dem belgischen König, schrieb die Königin am 4. Dezember 1843: *»Wir kamen am Freitag in Chatsworth an und haben es um neun Uhr heute morgen wieder verlassen, sehr angetan und entzückt von allem dort. Schönheit und Bequemlichkeit sind dort eine ideale Verbindung eingegangen, und dem Herzog gelingt alles, was er in die Hand nimmt. Ich fand seit meinem Besuch vor elf Jahren vieles verbessert vor. Das Gewächshaus ist das schönste seiner Art, das ich je gesehen habe. Es ist eine Masse aus Glas, 64 Fuß hoch, 300 Fuß lang und 134 Fuß breit. Der Park mit all den Bäumen, Kaskaden und Springbrunnen ist ebenfalls ein Wunder. Am ersten Abend fand ein Ball statt, und am nächsten wurden Kaskaden und Springbrunnen illuminiert, was eine großartige Wirkung hatte.«*[39]

George Anson, Privatsekretär von Prinz Albert, betonte noch die Begeisterung der Königin in einer Notiz vom 4. Dezember 1843. *»Heute verlässt die Königin nach dreitägigem Aufenthalt diesen großartigen Ort. Der Prinz ist begeistert und erklärt ihn zum schönsten Besitz, den er je von einem Untertan Ihrer Majestät gesehen habe. Der Herzog von Devonshire war sehr angetan vom königlichen Besuch und hatte alles mit größtem Einfühlungsvermögen vorbereitet und keine Kosten oder Mühe gescheut, um aus diesem einen Erfolg werden zu lassen. Und es ist ihm vortrefflich gelungen.«*

Einer der Gäste war der Herzog von Wellington. Nach den Festlichkeiten des Vorabends machte er sich am frühen Morgen zu einem Sparziergang auf und war überrascht, keinerlei Spuren von den Tausenden von Besuchern und dem Spektakel des Feuerwerks entdecken zu können. Mit der für ihn typischen Gründlichkeit hatte Paxton persönlich zusammen mit einer Truppe von 200 Männern die ganze Nacht hindurch den liegengebliebenen Müll sowie das gefallene Dezemberlaub entfernt. Park und Garten wirkten geradezu jungfräulich unberührt. Wellington war zutiefst beeindruckt und bemerkte gegenüber Devonshire: *»Ihren Mann da, den hätte ich gern unter meinen Generälen gewusst.«*

Der Innenraum des Großen Gewächshauses zur Zeit von Königin Victorias Besuch in Chatsworth. Der Eingang in den Felsen (rechterhand zu sehen) führte zu der Treppe auf die Galerie, die das gesamte Gebäude umspannte. Bananen, Dattelpalmen und andere tropische Bäume erreichten bald mit ihren Gipfeln das Dach, sodass die Besucher dicht an die obersten Äste dieser aufregenden und seltenen Spezies herangelangen konnten. Die Zwergbanane *Musa acuminata* »Cavendishii« ist unten im linken Teil abgebildet.

Lady Palmerston war es damals nicht möglich gewesen, an dem Ereignis teilzunehmen, da ihre Tochter niederkommen sollte, hörte jedoch von dem Besuch und schrieb an den Herzog: »*Wie glücklich muss Paxton über seinen Erfolg sein – ich hoffe, es verdreht ihm nicht den Kopf –, aber ich glaube, nichts auf dieser Welt ist dazu in der Lage.*«

Nach dem Tod des sechsten Herzogs gab es keine dieser extravaganten Festivitäten mehr, doch das Große Gewächshaus blieb eine *der* Attraktionen für die Tausende von Menschen, die alljährlich den Garten besuchten. Fast ein halbes Jahrhundert verstrich ohne Vorkommnisse, und das Große Gewächshaus wurde 1900 vom achten Herzog renoviert, der zwar kaum Interesse an Pflanzen zeigte, jedoch als verantwortungsvoller Grundeigentümer für Pflege und Erhalt seiner Besitzungen sorgte, so seltsam sie ihn auch anmuten mochten.

Der Erste Weltkrieg 1914–1918 besiegelte schließlich das Schicksal des Glashauses. Es gab weder Arbeitskräfte noch Kohle, um den Betrieb aufrecht zu erhalten, und das Gewächshaus muss nach den Jahren der Vernachlässigung einen deprimierenden Anblick geboten haben. Schließlich waren sämtliche tropischen Pflanzen im kalten Klima eingegangen, und das Gebäude selbst war sehr reparaturbedürftig. Dabei sollte man nicht vergessen, wie tiefgreifend sich die Einstellung der Menschen nach diesem langen und grausamen Krieg geändert hatte. Jede Art von Gepränge war »out« und Sparsamkeit war »in«. Victor, der neunte Herzog, beschloss, dass ein derartiger Luxus – es bedurfte allein zehn Männer, das Gewächshaus zu unterhalten – nicht mit den Nachwehen des Krieges zu vereinbaren, also das Ende des Glashauses unvermeidlich sei. Aus dem fernen Kanada, wo er als Generalgouverneur von 1916–1920 diente, telegraphierte er die Anweisung, es abzureißen. Allerdings war es so solide gebaut, dass die ersten Versuche scheiterten. Man musste sich entschließen, es zu sprengen (siehe S. 95–98).

Die einzigen von Paxton erbauten Glashäuser, die uns geblieben sind, sind das Treibhaus für die Weinreben in der Nähe des Gärtnerschuppens und die Gewächshauswand, so genannt, weil sie stets die Wärme gehalten hat und noch immer hält. Gleichzeitig heißt sie auch der Vitrinen- oder Portland-Gang – wir benutzten häufig verschiedene Namen für dieselbe Sache, wie das die Russen bei Personen tun, was Uneingeweihte oft verwirrt. Die Gewächshauswand wurde vom Meister 1842 erbaut, um den alten überdachten Holzgang zu den Stallungen zu ersetzen. Sie war mit einem ausgetüftelten System an Heiz- und Heißwasserrohren ausgestattet, und zuerst wurden die empfindlichen Kletterpflanzen im Winter durch blau-weiß gestreifte Vorhänge aus Segeltuch geschützt. Die Glasverkleidung kam erst später, und der mittlere Abschnitt wurde 1850 von John Robertson eingefügt, dem Architekturzeichner von Paxtons altem Feind Loudon (siehe S. 82), der zusammen mit Paxton die erstaunlichen Cottages des Modell-Dorfs Edensor von 1839–1840 baute. Das berühmte Paar *Camellia reticulata* »Captain Rawes« wächst seither in diesem Trakt. (Der Captain diente bei der ehrenwerten East India Company und brachte die erste Pflanze 1820 ins Land.) Ob das Glashaus für sie gebaut wurde oder ob sie rein zufällig an diesem Ehrenplatz landete, weiß ich nicht. »Captain Rawes« ist schwierig zu vermehren, sonst wäre diese Kamelie weiter verbreitet. 1999 betrug der Stammumfang eines der Bäume gut 70 Zentimeter in einer Höhe von 70 Zentimetern über dem Boden und der eines anderen gut 80 Zentimeter in derselben Höhe. Sie müssen jährlich an der 8 Meter hohen Decke zurückgeschnitten werden. Ich würde zu gern wissen, welche Höhe sie erreicht hätten, hätte man die Decke gemäß ihres Wachstums nach oben erweitern können. Mittlerweile halten sie sich etwas zurück, haben jedoch ihr Publikum hier seit 150 Jahren begeistert und Dekorationen geliefert, die an Schönheit und Natürlichkeit bei zahllosen Anlässen nicht zu übertreffen waren.

So haben diese Kamelien auch unseren Hochzeitstag im April 1941 gerettet. Es gab damals keine Blumen zu kaufen ... die Menschen hatten in jenem Monat heftigster Luftangriffe hauptsächlich das Überleben und weniger Blumenkäufe im Sinn. Also schickte meine Schwiegermutter mehrere Schachteln mit rosafarbenen Kamelien mit dem Zug nach London, um den Salon meines Elternhauses in der Rutland Gate freundlicher zu gestalten, wo der Hochzeitsempfang stattfinden sollte. Drei Nächte vor der Hochzeit fiel eine Bombe, die etliche Nachbarhäuser in der Straße zerstörte und wobei unsere sämtlichen Fensterscheiben zu Bruch gingen, so dass der Raum ohne diese Kamelien tatsächlich recht trostlos gewirkt hätte.

Ian Webster, der 1972 zu uns kam, schneidet »Alba Plena«-Kamelien in der Gewächshauswand.
Auf der folgenden Doppelseite ist die Gewächshauswand zu sehen.

Die linke Seite zeigt die *Camellia reticulata* »Captain Rawes«, ebenfalls illustriert in *Iconographie du Genre Camellia* von Laurenzo Berlèse, Paris 1843 *(oben)*.

Der Felsengarten

Woher Paxton die Inspiration für den Felsengarten hatte, weiß ich nicht. Vielleicht waren Erinnerungen an die Alpen der Auslöser; vielleicht bewunderte er die natürlichen Felsformationen der Moorlandschaft über dem Haus. Wo und wie auch immer die Idee entstand – die Arbeiten, diese in die Wirklichkeit umzusetzen, begannen jedenfalls 1842.

Im darauffolgenden Jahr schrieb der Herzog: »*Ich muss es beschreiben, nicht, wie es heute ist, sondern wie es nächstes Jahr sein wird: der Arbeitsfortschritt ist enorm. Im Herbst 1842 fand sich kein einziger Stein in diesem Gartenteil; jetzt ist hier ein regelrechter Irrgarten an felsigen Partien entstanden. Dantan jeune*[40] *ist zu Beginn der Arbeiten hier gewesen, und hatte, reichlich verblüfft, die Freundlichkeit, uns eine Skizze über ein wirkungsvolleres Arrangement der Felsblöcke zu erstellen. Er wäre erstaunt, die Strukturen zu sehen, deren Grundlagen damals gelegt wurden.*« Wieder einmal erfand Paxton eine »Vorrichtung«, durch die die großen Brocken gehoben und an den für sie vorgesehenen Ort gehievt werden konnten. Später wurde diese von Nachahmern ausgeliehen, um einen Felsquader von 50 Tonnen zu bewegen. Der Herzog schrieb dazu: »*Der Geist eines Druiden scheint Mr. Paxton bei diesen kolossalen Bewegungen zu beflügeln.*«

Der Wellington-Fels, der größte und eindrucksvollste der »namentlich bezeichneten« Felsblöcke. Die Erstellung des Felsengartens war für Paxton ein Projekt, das sich untypisch lange hinzog. Das 3,6 Hektar große Reservoir auszuheben und das komplizierte Rohrsystem für die Zaren-Fontäne zu verlegen, dauerte nur sechs Monate. Die sechs Jahre, die es dauerte, diesen Teil des Gartens fertigzustellen, zeigen, welche Mammuttat dies gewesen ist.

Auf dem Weg, der von der Kaskade wegführt, gibt es einen sanften, fast unbewussten Hinweis auf den Felsengarten: Dort stehen nämlich zwei Steintürme, die im Vergleich mit dem, was kommt, geradezu bescheiden anmuten. Der eine bezeichnet den Weg zum »Kupferrohrbaum« zur Linken; der andere weist auf den Ring-Teich zur Rechten. Als der Felsengarten gebaut wurde, wurde der Kupferrohrbaum von 1675 kopiert und neu konstruiert – von »*einem genialen, findigen Handwerker, dem Mr. Bower aus Chesterfield*« – und an seiner gegenwärtigen Stelle aufgestellt. Der Kupferrohrbaum – das heißt die »Weide« – oder am treffendsten der »Sprühende Baum« (so benannt von der zukünftigen Königin Victoria, die mit dreizehn Jahren so fasziniert davon gewesen war) ist eigentlich ein Scherz aus dem Jahr 1695. Aus jedem Ast sprüht Wasser, sobald man ein Rädchen dreht, das hinter den gegenüberliegenden Felsen verborgen ist. Früher existierten noch Rohre im Kies unter dem Baum, so dass jedes Opfer der hinterlistigen Täuschung auch gründlich nass wurde, wo immer es auch stehen mochte. Im Winter, wenn die echten Bäume ihre Blätter abgeworfen haben, läuft der künstliche Baum zu seiner vollen Form auf, denn dann ist er von seinen Artgenossen überhaupt nicht mehr zu unterscheiden ... was natürlich der Absicht, den ahnungslosen Gast gründlich nass zu spritzen, noch größeren Erfolg verheißt.

Zwei Felsen am Ende des Pfads vom Sprühenden Baum sind leicht zu übersehen. Der eine ist das »Matterhorn en miniature«, das auf einer unsichtbaren beweglichen Metallplatte montiert ist und sich auf Knopfdruck dreht und mit seinen Massen den Weg versperrt. Als Chatsworth während des Zweiten Weltkriegs dem Penrhos College als Unterkunft diente, wurde eine Schülerin durch das sich bewegende Felsmonster verletzt, als es in seiner Drehung einen derartigen Schwung entwickelte, dass es sich nicht mehr aufhalten ließ. Danach wurden Bremskeile angebracht, um weitere Unfälle zu vermeiden. Der Nachbarstein ist so beschaffen, dass er bei nur leichtem Druck auf und ab federt. Ich schätze, Sicherheitsfanatiker würden auch diesem Spaß am liebsten den Garaus machen. Zum Glück wissen nur wenige vom hüpfenden Stein, und das ist vielleicht auch besser so.

Hinter der nächsten Wegbiegung findet man sich plötzlich in Paxtons Sandstein-Wunderland wieder, einem beinahe monumentalen Denkmal des Mannes, der sich nie mit Halbheiten zufrieden gegeben hat. Was er hier schuf, ist meilenweit von der herkömmlichen Vorstellung eines Steingartens entfernt, wo man einige Tuffsteine mit einer Handvoll Erde verfüllt, um zwergwüchsige Pflanzen als Taschenausgabe einer Alpenlandschaft zu ziehen. Es ist ein Steingarten für Riesen. Man geht unter Felsblöcken hindurch und über Felsen hinweg, deren eindrucksvoll graue, tonnenschwere Massen von jeher hier heimisch zu sein scheinen – einmal, da sich niemand vorstellen kann, wie man diese Monster überhaupt hätte bewegen sollen, und zum zweiten, weil es gelungen ist, den Eindruck zu erwecken, als seien sie hier tatsächlich heimisch. Einige scheinen wie eine Menge Kinderbausteine einfach vom Himmel und auf wundersame Weise und ohne menschliches Zutun auf den richtigen Platz gefallen zu sein. Stein um Stein aufgestapelt, als warteten sie nur auf ein Kleinkind aus dem Riesenland, das sie umstößt. Einige erinnern an Geschöpfe aus dem Film »Verlorene Welt«, halb Krokodil, halb Pterodaktylos, jetzt schlafend, aber jederzeit bereit, aufzuwachen, um jeden Eindringling in ihr Reich zu zermalmen. Einige scheinen sich zu ducken, auf dem Sprung zu sein, ihre massigen Leiber zu erheben und davonzufliegen. Trotz ihres Gewichts sind sie so genial und ohne sichtbare Zementstütze platziert, dass sie in ihrem Gesamtbild beinahe zierlich wirken. Obwohl stets bedrohlich wirkend, ist es kein unfreundlicher Ort, und die Menschen wandern glücklich die Pfade entlang, bleiben auf der Brücke über dem Schlucht-Teich stehen, wo die Forellen nur darauf warten, gefüttert zu werden.

Die drei mit Namen versehen Felsen sind aus vielen großen Steinen zusammengesetzt. Sie sind tatsächlich mit Mörtel zusammengefügt und man kann die Fugen sehen. Der »Herzog von Wellington« mit seiner Höhe von 15 Metern ist viel größer als die »Königin Victoria« und »Prinz Albert«, und er hat den Vorteil, auf seiner ganzen Länge einen eigenen Wasserfall zu besitzen, der viel Aufmerksamkeit auf sich zieht und der offenbar ganz natürlich wirkt. Natürlich ist er ganz und gar nicht natürlich sondern ein großartig inszeniertes Bühnenbild. Seine Fertigstellung war Grund für ein Fest der Gärtner. Robert Aughtie schrieb am 13. September 1848 in sein Tagebuch: *»haben den großen Wellington-Felsen fertiggestellt – hatten Bier am Abend, um ihn zu taufen – bin ziemlich beschwipst gewesen und habe etwas randaliert, als ich nach Hause kam.«*[41]

Die Weide aus Kupferrohr, von der dreizehnjährigen Prinzessin Victoria als »Sprühender Baum« beschrieben. Für sie müsste eigentlich ein Klempner und kein Gärtner zuständig sein. Ahnungslose Besucher hat sie bisher noch immer überrascht.

Ein Wasserrohr, im Efeu verborgen, speist den Wasserfall. Der Teich darunter und der Bach, der unter der Straße hindurchführt, um den Schlucht-Teich mit Wasser zu versorgen, sind Teil desselben Systems, das bei jedem die Illusion zu erzeugen versucht, dass er sich in einer verwegenen Felslandschaft weit ab jeder Zivilisation befindet. Gibt es nach schweren Regenfällen Frost, bietet der Wasserfall einen herrlichen Anblick. Dann sieht er aus wie ein dicker, weißer Männerbart aus meterlangen Eiszapfen, und an einem heißen Sommertag ist das Geräusch tröpfelnden Wassers sowieso außerordentlich angenehm. Der Teich wird von zwei Exemplaren des Mammutblatts (*Gunnera manicata*) flankiert, den einzigen Pflanzen, die groß genug erscheinen, um neben den Felsen bestehen zu können.

Folgt man dem Bach, sobald er neben dem Weg wieder an die Oberfläche tritt, wird man *»die herrliche ›Klamm‹ entdecken, wo erneut der klarste aller Bäche austritt, eine getreue Nachbildung der bekannten Wharf-Schlucht, nur gezähmt und en miniature, wo man den ›saut perilleux‹ gefahr- und sorglos unternehmen kann.«* Der Schlucht-Teich ist eine zahme Kopie des furchterregenden Originals in der Nähe von Bolton Abbey, Yorkshire, wo der breite Fluss Wharf plötzlich unter hohem Druck durch einen schmalen Spalt zwischen den Felsen hindurchrauscht. Die Klamm oder Kluft ist hier kaum mehr als einen Meter breit und lädt den Mutigen geradezu ein, über das schäumende Wasser zu springen, aber die glitschigen Felsen, die sich auch noch in die falsche Richtung neigen, sind ein großes Gefahrenmoment. Und unter dem reißenden Wasser befindet sich eine Reihe von unterirdischen »Tobeln« von einer Tiefe von 10 Metern – und jedes und alles, was dort hineinfällt, taucht kaum vor ein paar Tagen wieder auf. Viele Leute sind an diesem legendären Ort schon ertrunken. Der blasse Abklatsch im Felsengarten birgt keine dieser Gefahren. Die Arbeiten waren hier 1847 noch in vollem Gang, als Rechnungen bezahlt wurden für *»das Verlegen von Trittsteinen«*. Der schmale Felseinschnitt weitet sich in einen ruhigen Teich, wo Seerosen und breitblättriger Rohrkolben *(Typha latifolia)* wachsen.

»Bewundert die wilden Johannisbeeren von Fountains Abbey und verachtet die Sammlung unserer heimischen Moose nicht«, belehrt uns der Herzog. Ich gehe nicht verächtlich über die einheimischen Moose hinweg, sind sie doch eine Welt für sich. Ein Kryptogramm wurde von Paxton auf den Felsen unterhalb der Klamm erstellt. Chatsworth war einer der ersten Gärten in diesem Land, der ein ganzes Areal ausschließlich Moosen, Lebermoosen und Flechten gewidmet hat – jenen primitiven blütenlosen Pflanzen, die mit ihren zahlreichen Varietäten ebenso faszinierend sind wie die großen Blütenpflanzen wie Lilien oder Rittersporn. Obwohl dieser Teil des Felsengartens ihnen längst nicht mehr vorbehalten ist, gibt es doch eine große Zahl kühler, feuchter Flecken, wo sie noch immer gut gedeihen – zum Beispiel auf den Salisbury-Rasen. Flechten, sind insbesondere ein Indikator für reine Luft und haben sich seit der Schließung der Kohlebergwerke von North Derbyshire und der Einführung der neuen Umweltgesetze qualitativ und quantitativ verbessert.

Teilansichten von Paxtons großartigem Felsengarten, die zeigen, wie kunstvoll ausbalanciert die großen Felsformationen sind, die ohne modernes Gerät oder sichtbare Zementverbindungen geschaffen wurden *(oben und links)*.

Rechte Seite: Pflanzen, die zwischen den Felsen wachsen von (oben links angefangen): *Gunnera manicata* (Mammutblatt), *Primula japonica* »Postford White« (jap. Primel); kletterndes Geißblatt (*Lonicera x heckrottii*), *Rosa moyesii* (chin. Blutrote Rose); und *Primula pulverulenta* (Szetschuan-Primel).

Der Teich hinter der Klamm.
Die Bepflanzung besteht unter anderem aus *Typha latifolia* (Breitblättriger Rohrkolben), *Telekia speciosa* (Telekie) und *Heracleum montegazzianum* (Riesen-Herkulesstaude).
Die Klamm *(rechte Seite)*.
Um 1930 gepflanzte Rhododendren *(unten)*.

Ich frage mich, ob Großmutter Evie, die Großmutter meines Mannes, je Paxtons Regeln für Felsen- oder Steingärten in seinem *Magazine of Botany* gelesen hat, die er mit der für ihn typischen Autorität verbreitet. Über sein Ziel ließ er keinen Zweifel aufkommen und betonte nachdrücklich, man müsse *»die malerischsten Felsformationen kopieren«* und sicherstellen, dass *»die verwendeten Stücke von massiver Größe sind«*, und, was am wichtigsten sei, *»die begleitende Vegetation eines Felsengartens diesem untergeordnet werde.«*[42] Gerade der letzte Satz ist der, mit dem Großmutter Evie ganz bewusst nicht einverstanden war, und ich kann ihre Gründe verstehen. Ihre Generation stand dem Viktorianischen Zeitalter und ihren Vorlieben noch zu nahe,.

Rückblickend entsteht der Eindruck, dass die hauptsächlichen und einschneidenden Veränderungen am Garten sich in einem Rhythmus von 70 Jahren vollzogen haben. Die Vorstellungen des ersten Herzogs aus dem Jahr 1690 waren seinen Nachfolgern 1760 Fluch und verhasste Bürde, und der Junggesellen-Herzog machte sich 1830 auf zu völlig neuen Ufern. Nach dem Großen Gewächshaus war der übertriebendste Auswuchs Viktorianischer Zeit der Felsengarten um 1840. Keiner von beiden fand Gnade vor den Augen von Großmutter Evie, als ihr Mann seinem Onkel 1908 folgte und der Garten in ihren Zuständigkeitsbereich fiel. 70 Jahre waren vergangen, und die Kunst, Architektur und die Gärten der vorausgegangenen Zeit wollte man am liebsten vergessen. Zu ihren Gunsten muss man sagen, dass Großmutter Evie in Haus oder Garten selten zerstörte, was ihr missfiel. Sie suchte es, so gut es ging, einfach zu verstecken. In den Repräsentationsräumen hängte sie Baumwollvorhänge über das geprägte Leder des Junggesellen-Herzogs, und im Felsengarten pflanzte sie eiligst gerade die Vegetation, gegen die Paxton sich ausdrücklich ausgesprochen hatte und startete damit einen erfolgreichen

Versuch, die ungeliebten Felsen zu verbergen. Eiben und Bambus waren ihre besten Helfer, und bald waren die bizarren Formen kaschiert, so dass man sich beinahe einbilden konnte, die Felsen seien verschwunden. Mittlerweile versuchen wir, zu den Ursprüngen zurückzufinden. Ein großer Teil der Pflanzen, Bäume eingeschlossen, sind in letzter Zeit verschwunden, und die *»malerischen Formationen«* sind erneut sichtbar geworden.

Die Zaren-Fontäne

Der kaiserliche Springbrunnen ist die bekannteste Besonderheit des Gartens. Wir verdanken ihn dem genialen Paxton. Er ist schon meilenweit im voraus zu sehen, als schäumende Wassersäule, die an windstillen Tagen weit über die Höhe der Linden an ihrer Seite hinaus gen Himmel schießt.

Die Beschreibung seiner Installierung und die Kompliziertheit der technischen Details, die zum erfolgreichen Abschluss des letzten Projekts führten, findet sich in Band XI von Paxtons *Magazine of Botany*. Da dieses Buch sicher auf ihrem Nachtkästchen liegt, will ich Sie mit dem Inhalt nicht langweilen. Doch es mag vielleicht interessieren, Paxtons Werk mit berühmten Springbrunnen zu vergleichen, die bereits bestanden: der Springbrunnen auf der Wilhelmshöhe bei Kassel war damals der Favorit, da er fast 63 Meter Höhe erreichte (allerdings war er bis 1844 außer Betrieb); der zweite in der Rangfolge ging bis auf 53 Meter und befand sich in St. Cloud; der dritte in Peterhof kam auf eine Höhe von bis zu 40 Metern, und die alte Fontäne in Chatsworth, die damals übertroffen werden sollte, erreichte 31 Meter. Die Fontäne in Versailles stieg gerade mal auf 29 Meter.

Blick in Richtung Osten über den Kanal und die Zaren-Fontäne zur Buchen-Avenue *(oben)*.

Die Zaren-Fontäne im Kanal *(linke Seite)*.

Am Nordende des Kanals hatte ein Springbrunnen existiert, seit 1702 das Bassin ausgegraben worden war. Damals ein Springbrunnen von vielen, war er doch fast 150 Jahre lang als der Brunnen mit der schönsten und höchsten Fontäne des Landes bewundert worden. Selbst Walpole hatte darüber gesagt *»Die große ›jet d'eau‹, die mag ich.«* Nun kam dem Herzog eine neue Idee – eine Idee, die er seit seinem Aufenthalt an der Botschaft in St. Petersburg im Jahr 1826 mit sich herumgetragen hatte. Die Fontäne sollte die höchste der Welt werden und alle anderen ausstechen, einschließlich des Springbrunnens des Zaren in Peterhof.

Eine Lithographie von der ersten Erprobung der Zaren-Fontäne 1844, bei der diese auf über 87 Meter aufstieg.

Ein Vorwand, seine Träume in die Wirklichkeit umzusetzen, war bald gefunden. Es ging das Gerücht um, Nikolaus werde 1844 nach England reisen, und der Herzog hatte den innigsten Wunsch, den Zaren zum zweiten Mal nach 1816 in Chatsworth zu empfangen, um die enge Freundschaft aufzufrischen, die die beiden Männer damals geschlossen hatten. Im März 1844 schrieb der Herzog *»Ich bin aufgeregt, und Paxton ist aus dem Häuschen: Nikolaus in Chatsworth ist eine Möglichkeit.«*

Mit Paxton hatte der Herzog den richtigen Mann, um dem Zar eine angemessene Überraschung zu bereiten, und somit wurden die bereits begonnenen Arbeiten am neuen Springbrunnen unter Hochdruck fortgesetzt, um rechtzeitig fertig zu sein. Es hatte eine Inspektion des Moors und hydraulische und pneumatische Versuche gegeben, die allesamt zu Paxtons und der Zufriedenheit jener Ingenieure ausgefallen war, deren Rat er gesucht hatte. Nichts wurde dem Zufall überlassen. Obwohl in Chatsworth kein Wassermangel herrschte, erforderte das Mammutprojekt wesentlich größere Wasserreserven als bisher, sodass man auf der Hochebene 100 Meter über dem Haus auf einer Fläche von 3,6 Hektar ein Wasserreservoir aushob, und zwar exakt unter dem alten See, der die Kaskade mit Wasser versorgt. Ein Graben für eine Rohrleitung von 4 Kilometern Länge wurde durch das Moor vom Bach Umberlex in der Nähe der Straße nach Chesterfield gegraben, der auf seinem Weg zum Reservoir das Wasser mehrere Quellen sammelte. Die Geschwindigkeit, mit der dies alles ausgeführt wurde, muss eine ganze Armee von Helfern und Pferden erforderlich gemacht haben. Man fragt sich, wie viele beschäftigt wurden, wo sie untergebracht waren und so weiter. Leider müssen all diese Fragen und noch mehr unbeantwortet bleiben.

Am 18. Januar 1844 notierte der Herzog *»Paxton, alles im Blick, führte mir ohne Verzögerung die Wunder vor Augen, die er in einem Monat vollbracht hatte. Die Felsen, die Rohre, das Wasser. Der Königin-Felsen ist großartig.«* Am

Der riesige Eisenschlüssel und die Falltür, unter der sich das Ventil befindet, mit dem die Zaren-Fontäne an- und abgestellt werden kann.

folgenden Tag findet sich diese Eintragung: *»Nach dem Mittagessen bei Gewitter und Sturm mit Paxton hinausmarschiert, den Standort für das neue Reservoir anzusehen, ziemlich bange angesichts des Bergs von Arbeit.«* Als der Termin für den Besuch des Zaren in diesem Land näherrückte, wurde die Arbeit geradezu hektisch und ging auch nachts im Schein von Fackeln weiter. In den sechs Wintermonaten war das Reservoir fertig gestellt. Es erreicht am oberen Ende mit 4,30 Metern die größte Tiefe. Die durchschnittliche Tiefe liegt bei 2,30 Metern. Die Ränder waren mit Steinen eingefasst, und 2 Kilometer Metallrohr im Gewicht von 217 Tonnen wurden verlegt. Paxton, der Ingenieur, beschreibt liebevoll *»ein in zwei Richtungen wirksames Ventil, ein herrliches Stück Handwerksarbeit der Herren Bury und Kennedy aus Liverpool, das zu öffnen oder zu schließen fünf Minuten in Anspruch nimmt, sodass beim Öffnen oder Schließen der Druck auf die Rohre niemals zu stark wird.«*[43]

Als der Tag kam, da die mächtige Fontäne zum ersten Mal angestellt wurde, war der Herzog von ihrem Anblick hingerissen. Die Fontäne schoss 87 Meter in den Himmel auf und übertraf dabei jede Rivalin um Längen. *»Ein glorreicher Erfolg – das Majestätischste überhaupt und ein neues Glanzlicht für Chatsworth. Oh, Paxton!«*, schrieb der Herzog am 20. Juli 1844. Wie bitter die Enttäuschung für ihn und seinen Ingenieur und Gärtner und alle Beteiligten gewesen ist, als bekannt wurde, dass der Zar keine Zeit hatte, den lang ersehnten Besuch abzustatten, ist nirgendwo festgehalten, kann jedoch unschwer nachempfunden werden. Ungeachtet der Tatsache, dass der Zar die Fontäne nie sehen sollte, wurde der Brunnen die Zaren-Fontäne genannt, und das ist bis heute so geblieben. Und er ist noch immer der höchste Springbrunnen der Welt.

Paxton erhielt die Erlaubnis, die Ausgabe des *Magazine of Botany*, das den Bau des Brunnens schildert, dem Zar zu widmen. Im Dezember 1844 wurde eine Sonderausgabe nach St. Petersburg geschickt und, obwohl in höfliche Worte gekleidet, hatte die Widmung einen leicht gekränkten Tenor: *Seiner Kaiserlichen Hoheit dem Zaren von Russland etc.etc.etc. Sire, geehrt durch die freundliche Zueignung, erlaube ich mir, Eurer Kaiserlichen Hoheit diesen ELFTEN BAND DES MAGAZINE OF BOTANY zu widmen. Anlass ist eine Arbeit, die einem Ziel gewidmet war, das Eure Kaiserliche Hoheit so freimütig ermutigt hat, und sie enthält gleichzeitig den Bericht von einer Fontäne, die ich vor kurzem in Chatsworth entworfen und erstellt habe, auf Geheiß des Herzogs von Devonshire. Da dieser Springbrunnen die höchste Fontäne der Welt darstellt, hatte ich untertänigst seine Hoffnung geteilt, die er so innig hegte, dass diese Wasserfontäne zum ersten Mal zum Himmel aufsteigen würde, während Eure Kaiserliche Hoheit in Chatsworth weilte. Als Ersatz haben wir die Bitte, dass der Brunnen den Namen ›Zaren-Fontäne‹ tragen dürfe. Ich habe die Ehre, Sire, Eurer Kaiserlichen Hoheit ergebener, untertänigster Diener, Joseph Paxton zu sein, Chatsworth 14. Dezember 1844.«*

Der Zar aller Russen dankte dem Autor, indem er ihm den St. Anna-Orden, einige versilberte Becher und einen Zobelmantel schickte – die kaiserlichen Gegengaben für ein Buch.

Die Zaren-Fontäne wird noch immer per Hand auf- und abgedreht. Ein schwerer, eiserner Ventilschlüssel von 1,6 Metern Länge liegt auf zwei hölzernen Falltüren bereit, die mit einem Vorhängeschloss gesichert sind. Der Schlüssel wird auf das Ventil gesetzt, und nach 10 bis 25 Umdrehungen, je nach Windverhältnissen, beginnt die Fontäne aufzuschießen. Erreicht sie ihre volle Höhe und steht der Wind entsprechend, wird sie genau dorthin verweht, wo die Zuschauer stehen, zum größten Vergnügen der Kinder ... solange, bis sie selbst eine hübsche Dusche abbekommen.

Paxton gehörte zu den seltenen Menschen, denen fast alles gelang, was sie anpackten ... und er hat eine ganze Menge angepackt. Er beschäftigte sich nicht nur mit der praktischen Gärtnerarbeit, dem Forstwesen, Pflanzenlehrbüchern, dem Bau- und Ingenieurswesen, sondern wandte sich 1831 auch dem Journalismus zu und war zusammen mit Joseph Harrison Mitherausgeber des *Horticultural Register*. Es wurde umgehend ein Erfolg, kam es doch einem aufnahmebereiten Publikum wie gerufen, das nach Rat und Informationen über Blumen, Früchte und Gemüse hungerte. Die Artikel und Briefe sind auch heute noch eine faszinierende Lektüre.

Bald entstand in dieser neuen Publikation ein reger Meinungsaustausch. Den Anstoß gab ein Artikel des geschätzten Gartenbaufachmannes John Claudius Loudon, dem Redakteur/Herausgeber von *The Gardener's Magazine*, gegründet 1826. Vielleicht fühlte sich Loudon durch die Tatsache brüskiert, dass dem blutjungen Paxton nicht nur als Gärtner, sondern auch als Journalist sofort Erfolg beschieden war, denn die Auflage des *Horticultural Register* übertraf umgehend die seiner eigenen, seit Jahren eingeführten Zeitschrift. Loudon fuhr also nach Chatsworth, um sich persönlich anzusehen, was der junge Mann dort machte, und ging mit allem, was er vorfand, streng ins Gericht. Bei Loudons Aufenthalt in Chatsworth war Paxton nicht anwesend, und Loudon erklärte später: »*Chatsworth hatte uns nie befriedigt*« (ein Abklatsch von 1760 und Horace Walpole): »*Selten hat mich etwas so enttäuscht wie Chatsworth.*«[44]

Loudon fuhr fort, indem er wirre Vorschläge zur Verbesserung der Wasserspiele machte, wozu der Flusslauf verändert werden sollte. »*Wir glauben, der Fluss könnte an einem genügend hohen Punkt umgeleitet und an den Hängen der Hügellandschaft entlanggeführt werden.*« Seine Ideen waren reine Fantastereien, und er erkennt selbst, vielleicht etwas zu weit gegangen zu sein: »*Wir sind uns der Gefahren eines Missverständnisses bewusst, geben wir doch diese Hinweise ohne die Veranschaulichung durch eine Skizze.*«

Dann fiel er über den Blumengarten her und verdammte die neuen Kieswege in Grund und Boden. Im Küchengarten beklagt er ein langes Beet mit Schmuckpflanzen, das von einem an den Rändern sägeförmig gezackten Rasenstreifen umgeben war. »*Nichts dergleichen hat unserer Meinung nach etwas in einem Küchengarten zu suchen. Warum nicht gleich ein Kohlbeet im neuen Parterre des Hauses anlegen?*«

Das war zuviel für Paxton, der eine lange und ausführliche Entgegnung in Band I seines *Horticultural Register* an Loudon verfasste. Diese schloss: »*Ich hoffe, Sie üben weiterhin Kritik an öffentlichen Gärten und Anlagen, denn das steht auf einem anderen Blatt; aber in England gilt ›Mein Haus ist mein Schloss‹, und ob jemand sich nun von Salz und Wasser ernährt oder seinen Fenstersims mit einem Krautkopf schmückt, geht unserer Meinung nach niemanden etwas an.*«

Einige Jahre später war die Fehde vergessen, und sie schrieben Artikel für die jeweilige Zeitschrift des anderen. Als Loudon verarmt starb, war es Paxton, der Geld auftrieb, um den Unterhalt seiner Witwe zu sichern.

Ich wünschte, die beiden hätten den Garten gesehen, den ich vor einigen Jahren in Washington DC besucht habe. Er gehörte der Dame, die in Geschmacksfragen dieser Stadt unangefochten den Ton angab. Ihre Kohl-Arrangements für drinnen und draußen waren die Stars der Schau.

So groß war Paxtons Tatendrang, dass er nicht auf den Besitz der Cavendishs beschränkt bleiben konnte. Er wurde berühmt als Architekt des Kristallpalasts, in dem die Große Weltausstellung von 1851 stattfand, wofür er in den Adelsstand erhoben wurde. Außerdem wurde er Direktor der Eisenbahngesellschaft und Mitglied des Unterhauses für Coventry, ein Amt, das er von 1854 bis zu seinem Tod 1865 innehatte. Und doch war er für den Herzog unentbehrlich, dem er ein stets treuer Diener und Freund blieb.

Der Junggesellen-Herzog hat für den Gartenbau und das Forstwesen in England Unermessliches geleistet. Er unterstützte die Londoner Schauen der Royal Horticultural Society und diente von 1838 bis zu seinem Tod, also 20 Jahre lang, als deren Präsident. Von jenem Tag an, da er gestand, »*vom Gärtnern gepackt*« worden zu sein, gab er riesige Summen für Pflanzen aus. Die Besitzer der berühmten Baumschulen in und um London müssen sich in ihrer Vorfreude stets die Hände gerieben haben, wenn er kam – wie Kunsthändler, die des Einkäufers des Getty Museums auf ihrer Schwelle gewahr werden. Die Rechnungsbücher zeigen, dass die jährlichen Ausgaben für Pflanzen 1841 ein Maximum von 1194 Pfund erreichten, als man für das Große Gewächshaus einkaufte. Und viele Jahre hindurch blieb die Summe auf ungefähr dieser Ebene.

Das Zusammenwirken eines reichen und allem Neuen zugetanen Grundbesitzers und eines klugen, tatkräftigen und praktischen Menschenführers, der alles, was er anpackte, gut machte und der gleichzeitig ein hervorragender Gärtner war, kam zur rechten Zeit. Der selbstbewusste Geist des 19. Jahrhunderts fiel zusammen mit dem Rausch der Expeditionen der Pflanzenjäger, die in bis dahin unerforschte Dschungel- und Bergregionen der ganzen Welt vorstießen, sowie mit neuen Technologien und Materialien im Bau- und Ingenieurwesen – deren nie erträumte Entdeckungen unsere beiden Helden beflügelten.

Eines der Ergebnisse ihrer Begeisterung war die Anzahl von Pflanzen, die nach dem Familiennamen Cavendish und ihrem Gärtner benannt sind. Paxtons *Magazine of Botany* (1834–1849) beschreibt einige davon. Der Herzog und Paxton teilten eine besondere Leidenschaft für Orchideen und, zusätzlich zur *Dendrobium devonianum*, sind auch andere Orchideen nach den beiden benannt, einschließlich der *Oncidium cavendishianum*, *Cymbidium devonianum*, *Cattleya x devoniana*, *Galeandra devoniana*, *Stanhopea devoniensis* (jetzt *S. hernandezii*), *Burlingtonia rigida* (jetzt *Rodriquezia rigida*), *Dendrobium paxtonii* (jetzt *Dendrobium*

Jim Link stellt die Zaren-Fontäne an: 10 bis 25 Umdrehungen sind nötig, abhängig vom Wind, bis das Wasser die gewünschte Höhe erreicht hat.

chrysanthum) und der Spezies *Paxtonia* (jetzt *Spathoglottis*). Der Name der Devonshires wurde ebenfalls durch Pflanzen wie die Seerose *Nymphaea* »Devoniensis«, dem Efeu *Hedera helix* »Cavendishii« (Cavendishs Efeu), der Nelke *Dianthus* »Duke of Devonshire« und dem Apfel *Malus* »Duke of Devonshire« (Duke of Devonshire-Apfel) verewigt. Die Beschreibung letzterer Frucht allerdings klingt kaum appetitanregend: »Haut – sehr trocken, matt grün in Gelb übergehend, Backen mit fleckigen und geädertem braunen Rost überzogen. Manchmal fein geschuppt. Stielloch – leicht aufzubrechen.« Trotzdem ist dieser seltsame Apfel noch immer bei ein paar spezialisierten Baumschulen erhältlich.

Galeandra devonianum, Darstellung aus Paxtons *Magazine of Botany*.

Unter der Schutzherrschaft des Herzogs und Paxtons Führung und mit einer Mannschaft, von der viele als Obergärtner zu anderen Anwesen wechselten, war Chatsworth der berühmteste Garten Englands geworden. Mit Wasser, Felsen und Glas hatte man die faszinierendsten Wirkungen erzeugt. In den Gewächshäusern und im Freiland wurden Bäume, Blumen und Obst von perfekter Qualität gezogen. Die Kombination war eine einmalige. Man gewann Auszeichnungen für Ananas, Pfirsiche, Nektarinen, Feigen, Melonen und die Zwergbanane, *Musa acuminata* »Cavendishii«. Die Orchideenhäuser begründeten einen Modetrend, und Paxtons revolutionäre Methoden bei ihrer Anzucht wurden von Amateuren wie Professionellen gleichermaßen als die besten übernommen. Das Pinetum und das Arboretum wurden von anderen kopiert, die genug Platz hatten, und so vervielfältigten sich die schmeichelhaften Nachahmungen.

Mit Paxton investierte der Herzog grenzenlose Begeisterung, Geld und Können in jede Sparte von Wissenschaft und Praxis und verhalf ihnen zu Popularität, indem er praktisch Hinz und Kunz einlud, sich anzusehen, was in Chatsworth gemacht wurde – etwas, das noch nie jemand zuvor getan hatte.

Das war der Unterschied zwischen Chatsworth und anderen großen herrschaftlichen Gärten des 19. Jahrhunderts – alle waren willkommen, es sich anzusehen. Und alle kamen. Die Massen trafen regelmäßig und in stets wachsender Zahl aus Derby, Sheffield und sogar aus Lincoln ein. Als die Eisenbahn bis Rowsley ausgebaut war – das fast 5 Kilometer entfernt liegt –, besuchten im Sommer 1849 80 000 Menschen Haus und Garten, und diese Entwicklung setzte sich fort. *»Auch der bescheidenste Einzelbesucher kann nicht nur alles sehen, der Herzog hat ausdrücklich angeordnet, dass die Wasserspiele für jeden ohne Ausnahme vorgeführt werden sollten.«*[45] Der Eintritt war frei. Die Diener fungierten als Führer im Haus, während die Gärtner die Besucher durch ihren Bereich geleiteten.

Diese Pflicht nannte der Gärtner und Chronist Robert Aughtie am 31. Juli 1848 »partying«, auf »Tour« gehen. *»Eine große Gesellschaft kam aus Sheffield – ging mit einer Gruppe von neun auf Tour, die für mich nur sieben Pence erübrigten, worüber ich verärgert war – dann Versammlung in der Mädchenschule – der Bischof von Madras sollte anwesend sein, war jedoch verhindert – Mr. Ellison hielt einen Vortrag über die Mission.«*[46] Dieser Eintrag, der einen Tag im Leben auf dem Dorf beschreibt, könnte heute geschrieben worden sein.

Dendrobium devonianum, Darstellung aus Paxtons *Magazine of Botany*.

Die Aufregungen eines Ausflugs mit dem neumodischen Zug werden vom Reporter des *Derbyshire Courier* eingefangen (ein Bericht, den Robert Aughtie in seinem Tagebuch aufbewahrt hat). Diese Gruppenfahrt wurde von einem ehrgeizigen Unterstützer der Antialkoholikerbewegung aus Sheffield namens Thomas Cook organisiert. Sein Sohn, ebenfalls ein Thomas Cook, wollte Ruhm und Vermögen in derselben Geschäftssparte erringen – aber nicht nur mit Antialkoholikern. *»30. Juni 1849 – Vergangenen Dienstag, der zum Tag für die große Vergnügungsfahrt gewählt war, da sich die Enthaltsamen in Chatsworth Park versammeln sollten, drängte sich schon um fünf Uhr morgens alles mögliche Volk in den Straßen, die zum Bahnhof Midland führen, das sich hastig den Weg zum Zug bahnte, der sie zu Landschaftsbildern bringen sollte, von denen sie soviel gehört, die sie aber noch nie gesehen hatten. Nachdem wir die Hauptgruppe sicher in den Zug verfrachtet hatten, wandten wir uns einer anderen Ausflugsgesellschaft zu (keine Antialkoholiker), die dasselbe Ziel hatten, aber auf einer anderen Route unterwegs waren, das heißt, die die Straße nach Baslow gewählt und sich Fahrzeuge jeder Art und Beschreibung gemietet hatte. Wir sind schon am Morgen des Saint Leger Day* (eine der wichtigsten großen Zuchtprüfungen der Pferde) *in Doncaster gewesen, als sich die ungeheure Karawane in Bewegung setzte, aber nie haben wir etwas gesehen, was sich am Morgen des vergangenen Dienstag in der South Street und Sheffield Moor abspielte, wobei ein nicht abreißender Strom an Karren, Wagen, Fuhrwerken und Omnibussen sämtliche Straßen verstopfte. Gleichgültig wie oder womit sie sich ins Hügelland von Derbyshire auf den Weg machten, alle schienen in bester Laune zu sein. Wir kehrten erneut zu unseren Freunden, den Antialkoholikern zurück, die zu diesem Zeitpunkt bereits sicher am Bahnhof Rowsley angekommen waren,* (wo) *Omnibusse und Fahrzeuge aller Art warteten, die bald schon besetzt waren. Und zum Glück waren viele geneigt, die kurze*

Strecke von fast 3 Meilen zu Fuß zu gehen. Als die Fußgänger in Sichtweite von Chatsworth House kamen, bot sich ihnen ein Anblick, der schwer zu beschreiben ist – im großen Park und vor dem Haus drängte sich eine unübersehbare Menschenmasse, sämtlich in Freizeitkleidung, und nicht wenige davon elegant von »Moses & Söhne« ausgestattet, wie sich in Stil und Mode ihrer Kleidung offenbarte – zur großen Verwunderung und Bewunderung der Landbevölkerung, die nie zuvor ein so buntes und mondänes Volk gesehen hatte. Durch die Güte und Freundlichkeit des edlen Herzogs von Devonshire war es allen Ausflüglern erlaubt, durch die herrlichen Räume des Palastes zu gehen und darüber hinaus die fantastischen Gärten und den Pleasure Ground zu besichtigen. Zwischen 4000 und 5000 Menschen gleichzeitig, so nimmt man an, spazierten durch Park, Palast und über den Pleasure Ground von Chatsworth.«

Der sechste Herzog setzte Himmel und Hölle in Bewegung, um die Eisenbahn über Rowsley hinaus näher an Chatsworth heranzuführen, war sogar bereit, die Schienenstrecke durch den Park zu dulden. Das erscheint so absurd, als würden wir heute versuchen, die Behörden zu überzeugen, den »Motorway 1« auf dieser Route auszubauen. Aber der Herzog war ein Mann, der alles zum Wohle aller modernisieren wollte, und die Eisenbahn war für ihn der Schlüssel dazu.

1849 war es Paxton gelungen, durchzusetzen, dass die Schienenstrecke von Ambergate bis Rowsley verlängert wurde (die örtliche Bevölkerung nannte sie die »Chatsworth-Linie«), und nun sollte sie bis Manchester weitergebaut werden. Die Frage war nur, ob die Schienenstrecke durch das Wye Tal an Haddon Hall vorbei geführt oder dem Fluss Derwent über Chatsworth nach Baslow folgen sollte. Der Herzog von Rutland war wenig erpicht darauf, dass das »eiserne Monster« an seinem Garten in Haddon vorbeilärmen sollte, aber der Herzog von Devonshire bezog die entgegengesetzte Haltung und griff dem Projekt mit 50 000 Pfund unter die Arme, das, wie er dachte »*zum großen Vorteil des Gemeinwohls*« dienen könne und erklärte den Behörden, sie dürften die Schienen nach Gutdünken durch seinen Park legen.

George Stephenson plante einen Tunnel unter Park Wood hindurch, nur ein paar hundert Meter vom Haus entfernt, der bei Buxton und vor dem Bahnhof Baslow enden sollte, der dort konzipiert war. Dann änderte der Herzog von Rutland, durch das Versprechen einer großzügigen Abfindung geködert, seine Meinung und begann für die Haddon Route zu antichambrieren. Die Streitfrage kam vor das Parlament, und der Ausschuss des House of Lords stimmte gegen die Route durch Chatsworth. Devonshire zog seine 50 000 Pfund zurück, und erst 1863 kam eine durchgehende Strecke bis Manchester zustande. Es war gerade noch einmal gut gegangen. Wie anders wäre der Park damals gewesen und wie verändert der Blick von Haus und Garten, wären die Züge durch Browns friedliche Landschaft geschnaubt.

Die übertriebenen Berichte in den Zeitungen von damals über die Annehmlichkeiten, die in Chatsworth zu finden waren, mögen einen Leser von heute, an den Sarkasmus der Neunzigerjahre unseres Jahrhunderts gewohnt, seltsam anmuten. Aber es besteht kein Zweifel, dass Haus und Garten wie ein Märchenland, eine andere Welt für die Tagesausflügler aus den nahen Industriestädten gewesen sein muss, jenen rauchenden und qualmenden Städten der Stahlkochereien und lärmenden Textilfabriken. Sie kamen zu Tausenden, um die neuesten Errungenschaften eines bereits bemerkenswerten Ortes zu sehen.

Die Saat für die Liebe zu Chatsworth wurde in vielen Familien gesät, und es wurde zu jenem Ort, den jedermann gern auf der Suche nach Frieden und Schönheit für einen Tag aufsuchte. Die Tradition besteht fort, und die Ur-Ur-Ur-Enkel von jenen frühen Ausflüglern kommen noch heute ... jetzt allerdings in ihren BMWs.

Als der Junggesellen-Herzog 1858 starb, organisierte Paxton das Begräbnis seines verstorbenen Herrn bis ins kleinste Detail. Nachdem der letzte Trauergast gegangen war, wusste er, dass er nicht länger gebraucht wurde, und mit dem ihm angeborenen Takt blieb er nicht einen Tag länger, sondern verließ Derbyshire für immer.

(Joseph Paxton wurde für den Bau des Kristallpalastes im Hyde Park anlässlich der Londoner Weltausstellung 1851 zum Sir geadelt; die Gesamtlänge des »Crystal Palace« soll 1851 Fuß [rd. 565 Meter] betragen haben. 1855 plante Paxton einen »Great Victorian Way«, einen Ring verglaster Passagen, der die großen Bahnhöfe Londons miteinander verbinden sollte. Seit 1854 war er Mitglied des Parlaments; Paxton starb 1865; Anm. d. Übers.)

Cymbidium devonianum, Darstellung aus Paxtons *Magazine of Botany*.

Dendrobium paxtonii (bekannt als *Dendrobium chrysanthum*), Darstellung aus Paxtons *Magazine of Botany*.

»Wir müssen sparsam sein«

Der siebte, achte, neunte und zehnte Herzog

1858–1950

Der Rosengarten, 1939 von meiner Schwiegermutter vor dem Gewächshaus des ersten Herzogs angelegt. Im 19. Jahrhundert wurde er noch der »Französische Garten« genannt. Der Junggesellen-Herzog entfernte die Säulen und Steinbüsten aus dem 17. Jahrhundert samt der Urnen aus dem inneren Hof und stellte sie ins Haus *(vorhergehende Doppelseite)*.

Eine Illustration aus *The Graphic* vom 28. Dezember 1872 zeigt die Herren nach dem Dinner in der Orangerie in Korbsesseln sitzend und rauchend. Der Prinz von Wales starrt in der Mitte ins Leere, tödlich gelangweilt von einem anderen Gast, der offenbar versuchte, seine Aufmerksamkeit zu erregen.

Der siebte Herzog William Cavendish (1808–91), der Cousin des Junggesellen-Herzogs, von Natur aus eher ein scheuer Gelehrter, war an der schillernden Attraktion, die Chatsworth geworden war, nicht interessiert. Er war bereits im Alter von 28 Jahren Kanzler der London University und später Kanzler der Universität Cambridge, ein Mathematiker und »Fellow of the Royal Society«. Als Witwer, ohne seine geliebte Blanche, war ein gesellschaftlich reges Leben in Chatsworth das Letzte, was er sich wünschte. Die Extravaganzen seines Vorgängers lasteten schwer auf ihm. Der Junggesellen-Herzog hatte etwas sehr Ungewöhnliches geschaffen ... was jedoch Unsummen verschlungen hatte, sodass er bei seinem Tod hochverschuldet war. Der neue Herzog musste schnell handeln, um diese Lasten seines Cousins auszugleichen. Er nahm seine Verantwortung als Landbesitzer ebenso ernst wie alles andere im Leben, und Haus und Garten blieben für die Öffentlichkeit zugänglich. Große Mengen »Black Hamburgh« – und »Madresfield Court« – Trauben und andere Früchte wurden regelmäßig an die Krankenhäuser der Gegend verschickt wo sie *»einfühlsam und im Verborgenen mehr Gutes bewirkten, als aufwändigere Geschenke dies vermocht hätten.«*[47] Der Garten lief einfach so nebenher. Trotz Einsparungen blieben die Ausgaben für Holzarbeiten, Lasuren und Farbe für die zahllosen Glashäuser ein hoher jährlicher Ausgabenposten, und obwohl der Betrag, der für Pflanzen, Saatgut und Sträucher im Jahr verwendet wurde, weniger als die Hälfte der ruhmreichen Jahre unter dem sechsten Herzog betrug, rangierte er noch immer bei 500 Pfund, und das war ganz stattlich.

Dafür zu sorgen, dass im Garten alles seine Ordnung hatte, war für den Besitzer offenbar mehr Pflicht als Vergnügen und wurde in die Reihe der Aufgaben eingeordnet, die die Leitung eines großen Besitzes und mehrere Industrie-Projekte mit sich brachte. Normalerweise waren die einzigen Gäste im Haus Familienmitglieder oder enge Freunde, sodass es einem großen Ereignis gleichkam, als im Dezember 1872 der Prinz und die Prinzessin von Wales drei Nächte hier verbrachten. Allerdings hat man den Eindruck, dass der Grund für ihr Kommen allein die Tatsache war, dass man in Chatsworth eine angenehme und günstig gelegene Unterkunft nach einer Tour königlicher Pflichten in Derby sah, und wohl der Meinung war, dass man den Herzog in seiner Eigenschaft als königlicher Repräsentant in der Grafschaft durchaus in die Pflicht als Gastgeber nehmen könne. Die Westfront und Kaskade wurden zum Empfang illuminiert, aber es war ein windstiller, nebeliger Abend, und Fackeln und Feuerwerkskörper rauchten stark und vernebelten die ganze Szene. Rauchschwaden drangen auch in die große Eingangshalle ein, die *»voller Schwefel war ... und uns Husten verursachte«*, schrieb Lady Frederick Cavendish[48] in ihr Tagebuch. Sie bemerkte allerdings, dass jemand sich redlich Mühe gegeben hatte, den Speisesaal mit Pflanzen zu dekorieren. *»Dinner ausgezeichnet, mit einer gefiederten Kokospalme, die wie ein Tafelaufsatz aus der Mitte zu wachsen schien und uns alle überschattete.«* Die sehr konventionellen Unterhaltungen für die Gäste waren offenbar reichlich freudlos. Lady Frederick beschrieb *»einen sich reichlich unelegant dahinschleppenden Ball auf dem Lande«* in einem heißen und staubigen Raum. Beim mitternächtlichen Mahl allerdings sahen die Dinge schon besser aus, das *»hübsch und seltsam anzusehen war in der Bildhauergalerie, die man mit rotem Teppich ausgelegt und mit großen Bananenstauden, Farnen, Palmen etc. ausgeschmückt hatte. Das große Granitbassin gefüllt mit Grün, eine schlanke Palme in der Mitte und steife weiße Hyazinthen, die im Umkreis der Palme in Blüte standen, erinnerten mich irgendwie an die Gemälde alter Meister vom überladenen Grab der Jungfrau Maria.«* Lady Frederick fühlte sich reichlich oft an traurige Bibelszenen erinnert, scheint diesmal allerdings die Atmosphäre des königlichen Besuchs genau getroffen zu haben.

Englische Marmorfigur des Paris aus dem 19. Jahrhundert nach antikem Vorbild. Sie ist eine der vielen Erwerbungen des Junggesellen-Herzogs *(rechte Seite oben)*.

Die Westfassade illuminiert – wie allabendlich *(rechte Seite unten)*.

Die Eintragung des Herzogs vom 21. Dezember fasst seine Gefühle zusammen: *»Bin nicht gerade traurig, dass der Besuch von Prinz und Prinzessin vorbei ist.«* Von 40 Personen, die im Haus übernachtet hatten, wurde die Gesellschaft an diesem Tag auf 12 reduziert und der, wenn auch pflichtbewusste, Gastgeber wider Willen war erleichtert.

Die Anzahl der Leute, die Haus und Garten jeden Sommer besuchten, stieg weiterhin. 1884 wurde die Rekordzahl von 3500 Personen erreicht, die am Dienstag der Pfingstwoche durch das

Haus strömten. Was sie bei diesem Gedränge außer den Decken und ihren Mitbesuchern gesehen haben können, weiß ich nicht, aber die Menge schreckte das nicht ab. Sie kamen weiter zu Tausenden, um unentgeltlich herumgeführt zu werden, wie es schon zu Zeiten des verstorbenen Herzogs üblich gewesen war.

Der älteste Sohn des ernsthaften, fleißigen William war Spencer Compton, vom Vater Cavendish und seinen Altersgenossen »Cav«, und von seinen Neffen und Nichten »Onkel Cav« genannt. Er war 58 Jahre alt, als er 1891 dem Vater als achter Herzog folgte. Er hatte bereits eine lange politische Laufbahn hinter sich, war seit seinem 24. Lebensjahr Parlamentsmitglied, hatte verschiedene Kabinettsposten inne gehabt und führte die Liberal Party von 1875–1886. Die Königin übertrug ihm dreimal die Regierungsbildung – 1880,1886 und 1887 –, und jedes Mal ließ er einem anderen den Vortritt.

Wenige Monate nach dem Tod des Vaters heiratete er die verwitwete Herzogin von Manchester, eine geborene Louise von Alten, seine langjährige Geliebte. Zu diesem Zeitpunkt hatte es seit 80 Jahren keine Herzogin von Devonshire mehr auf Chatsworth gegeben, und obwohl keiner von beiden mehr jung war, füllten sie Haus und Garten mit neuem Leben.

Eines ihrer ersten Taten war es, Chatsworths natürliche Wasserressourcen zu nutzen, um elektrischen Strom für das Haus zu erzeugen. Drei »Gilbert Gilkes«- und »Gordon Vortex«-Turbinen wurden 1893, in einem Gebäude versteckt, am Südende des Westgartens installiert. Chatsworth war eines der ersten großen Herrenhäuser, das eigenen Strom produzierte und folgte damit dem Beispiel von Hatfield House in Hertfordshire, das dies bereits ein paar Jahre zuvor in Angriff genommen hatte. Wasser war hier von jeher eine Kraft gewesen, die zur Ästhetik eingesetzt worden war, doch jetzt war es auch noch eine nützliche Energiequelle. Wie Paxton doch in der neuen technischen Errungenschaft geschwelgt haben würde, die das kostenlose und erneuerbare Element zu solchem Vorteil einsetzte! 43 Jahre lang tat das Wasser, das aus den Hügeln über dem Haus herun-

terfloss, seine Schuldigkeit, bis 1936 beschlossen wurde, das Haus an die nationale Stromversorgung anzuschließen. Die Turbinen wurden vergessen, meine Schwiegermutter nahm die gläsernen Akkumulatoren aus dem Turbinenhaus als Blumenvasen, Rhododendren drückten das Dach ein, und alles, was soviel Aufregung verursacht hatte, war plötzlich ganz verstummt.

(1986 sah sich John Oliver, der stellvertretende Rechnungsprüfer, die Stromrechnungen in Chatsworth an, und dabei fiel ihm das Turbinenhaus wieder ein. Er überredete Andrew, es in Betrieb zu nehmen. Fast 100 Jahre, nachdem es gebaut worden war, mit neuen Turbinen derselben Firma ausgestattet, von der auch die Originale stammten, dröhnt es jetzt wieder vor sich hin, sobald die Regenfälle dies zulassen, und es liefert den Großteil unseres Energiebedarfs während der Wintermonate. Ein Telefon aus den Zwanzigerjahren, das aussieht wie eine schwarze Osterglocke und ein kleiner Kamin sind dort noch immer vorhanden. All das ist für Menschen von großem Interesse, die an den Führungen teilnehmen, mit denen wir einen sogenannten »Blick hinter die Kulissen« gewähren. Es ist ein Ort der Wunder, eine Mischung von Alt und Neu und eine Demonstration des menschlichen Erfindungsgeistes, wenn es darum geht, sich die Natur zunutze zu machen.)

Ein von Blumen überbordender Tisch bei einer Dinnerparty 1897.

Tischdekorationen in unserem Speisezimmer von heute: Kamelien in einer Silberschale; Pelargonien in dichten Sträußen in Silbervasen *(unten und rechte Seite oben)*.

Calanthe-Orchideen im Blauen Salon, die dort sechs Wintermonate lang bleiben (rechte Seite unten).

Louise war der Prototyp einer politischen Gastgeberin, wobei es ihr selbst großes Vergnügen bereitete und sie all ihre Talente einsetzte, Gäste zu unterhalten. Diese Fähigkeiten erreichten ihren Höhepunkt, als Edward VII. auf den Thron folgte. Gastgeberinnen wetteiferten miteinander, unternahmen große Anstrengungen, dem Monarchen und seiner reizenden Königin zu gefallen. Es gibt offizielle Fotos des Königs in Chatsworth auf seinem alljährlichen Besuch, wobei er selbst im Laufe der Jahre immer mehr Gewicht zulegte.

Die Jagdgesellschaften im November und Dezember erforderten, dass die Warmhäuser erneut ihren Zweck erfüllen mussten, indem sie exotische Früchte und Blumen produzierten, die bewundert und gegessen wurden, und 1900 wurde das Große Gewächshaus zum letzten Mal instand gesetzt. Die Dekorationen im Haus anlässlich dieser Festivitäten waren so extravagant wie nie zuvor. Der Esstisch für 40 Personen war jeden Abend mit unterschiedlichen Blumen geschmückt, und da die Gäste damals bis zu einer Woche blieben, hatten die Gärtner in den Gewächshäusern gut zu tun. Es gab unter der Gartenmannschaft einen »Dekorateur«, und er war derjenige, der Palmen, Farne und Orchideen in der Bibliothek und den Salons, den Gängen und Schlafzimmern sowie im Speisesaal platzierte, um die Gesellschaft zu erfreuen.

Heutzutage ist Ian Webster der letzte einer langen Reihe von Dekorateuren. Er verbindet seine Rolle mit der des Vorarbeiters in den Glashäusern. Seine Fertigkeiten bewundere ich sehr, da ich selbst für Blumenarrangements kein Geschick besitze. In einem Raum haben wir meine Schwester Nancy kopiert. Als sie in Versailles lebte, hatte sie sämtliche ihrer Blumen und Topfpflanzen zusammen auf einen Tisch gestellt, anstatt sie in Vasen und Töpfen im Zimmer zu verteilen. Im Blauen Salon stehen sie daher bei uns alle auf einem Tisch unter dem riesigen Gemälde »*The Acheson Sisters*« von John Singer Sargent. Die Blumen hier sind stets blau und weiß – andere Farben scheinen einfach nicht zu passen –, aber dafür sehen sämtliche Blauschattierungen recht gut aus. Ausnahme von der Regel bilden die rosa-weißen Calanthe-Orchideen, die den Tisch zu Weihnachten schmücken und dort sechs Wochen bleiben. Sie werden während dieser Zeit nicht gegossen, sodass keine Teller unter den Töpfen nötig sind. Dafür müssen sie am Jahresende abgestaubt werden. Nancy Lancaster, die Gestalterin der bewundernswertesten Gärten, die ich kenne, hasste Orchideen. Sie fand sie hässlich, und vor allem deshalb so ärgerlich, weil sie solange halten. Ich verstehe ihre Abneigung der einmalig gewöhnlichen Cymbidiums, aber Calanthes sind damit nicht zu vergleichen, und ich frage mich unwillkürlich, ob sie diese je gekannt hat.

Ian ist ein Meister der Tischdekoration. Oft benutzt er kleine Bäume oder große Blüten. Er verwendet die kugelförmigen Lavendel *(Lavandula dentata)* oder kleine normale Stechpalmen in Töpfen, die er mit Moos bedeckt. Im Juli stellt er Kletterrosen in schmale, 1,20 Meter hohe Glasvasen aus der Zeit König Edwards und lässt so ihre langen Stängel sich gemäß ihrer natürlichen Wuchsform

neigen und winden. In beiden Fällen hat man jedenfalls die Gewissheit, sein Gegenüber über den Tisch hinweg auch sehen zu können. Im November pflückt er pinkfarbene und weiße Cyklamen oder »Rayonnante«- Chrysanthemen und steckt sie dicht gedrängt in Silbervasen. Im April sind es Narzissen, wie Azaleen im Mai, rote Rosen im Juli und Dahlien im September. Zu Weihnachten bedecken Stechpalmenzweige und Mistelzweige große Platten. Weihnachten werden außerdem die Lorbeerbäume ins Haus gebracht und Mandarinen an dünnem Draht daran befestigt – ein Trick, um den Anschein zu erwecken, es seien Orangenbäume. Diese Idee ist keine neue Erfindung, sondern eine Tradition in diesem Haus.

Eine Spezialität in Chatsworth sind die Myrten, *Myrtus communis* ssp. *tarentina*. Auch sie werden kugelrund geschnitten – eine Aufgabe für die Nagelschere. Die dunkelgrünen Blätter sind klein und dicht, der ideale Hintergrund für den überladenen Goldschmuck des Speisezimmers. Der *Daily Telegraph* beschrieb, wie diese Kulisse genutzt wurde, als König Georg V. und Königin Mary 1933 zu Besuch kamen: »*Vergangenen Abend bot das Herrenhaus von Chatsworth allen Glanz und Glorie der Vorkriegszeit zu Ehren des königlichen Besuchs auf. Goldenes Tafelgeschirr wurde für die Dinnerparty der Herzogin von Devonshire aufgedeckt, und eine glänzendere hat sie nie gegeben. Zu diesem Anlass waren Myrten der Alten Welt, die sie überall in ihrem Haus als Schmuck benutzt, die einzige Dekoration auf der Tafel. In der Mitte stand ein riesiger goldener Tafelaufsatz mit Obst.*« Viele Myrten gingen 1990 ein, als ein Zedernast unter schwerer Schneelast durch das Glas ihres Gewächshauses brach, aber jetzt wachsen sie wieder in der für sie typischen, langsamen Art.

Die Wetterstation auf dem Salisbury-Rasen.

Eintragungen im Wetter-Buch vom März 1999 *(Mitte)*.

Die Kristallkugel, die die Sonnenstunden in Chatsworth misst *(unten)*.

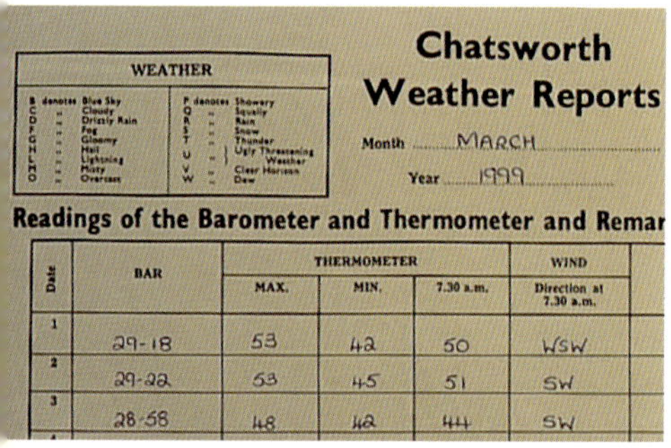

Lapageria rosea (und ihre Varietäten »White Cloud« und »Flesh Pink«), die Nationalblume Chiles, wird ebenfalls ins Haus verlagert. Sie hat schmale, glockenförmige, von Natur aus hängende Blüten, die jedoch auf einer Platte mit duftenden Geranienblättern nach oben zeigen. Normalerweise funktioniert diese der Natur zuwiderlaufende Behandlung nicht, aber im Fall der Lapageria denke ich, ist es in Ordnung. Weiß, rosafarben oder rot scheinen die Blüten aus dickem Wachs zu sein, und man muss sie schon berühren, um zu glauben, dass sie echt sind.

Der achte Herzog interessierte sich nicht im geringsten für häusliche Angelegenheiten. Er hatte keine Ahnung, wer gerade im Haus zu Besuch war. Ihm wird der Satz zugeschrieben: »*Ich wünschte, ich wüsste, wer meine Gäste sind.*« Er überließ alle Einladungen Louise, eine Hausherrin unbekümmerten Zurschaustellens, das so ganz der Vergangenheit angehört. Trotzdem muss dem Herzog – wenn auch vage – klar gewesen sein, dass das, was in den Gewächshäusern gedieh, etwas Besonderes war, denn 1892 schrieb er an Joseph Chamberlain, den Kolonialminister, der einen Besuch plante, als der Gastgeber selbst nicht anwesend sein konnte: »*Ich schätze aufgrund Ihres Briefes, dass Sie Chatsworth als einfacher Tourist sehen möchten, aber wenn Sie an etwas interessiert sind, das normalerweise nicht jedem zugänglich ist, Orchideen zum Beispiel, und Sie mir ein Telegramm schicken, gebe ich schriftlich oder telegraphisch umgehend Anweisung.*«[49]

Entsprechend der Gewächshausliste von 1905 muss der Küchengarten eher wie ein Glasdorf ausgesehen haben, mit nur wenigen Reihen an Gemüse und Beerenobst. 33 verglaste Gebäude wurden getrennt als »Früchte-Glashäuser« und »Pflanzen-Treibhäuser« zusammen mit dem Seerosenhaus geführt, einem Haus für die Vermehrung und 13 weitere, die alle zusammen eine Fläche von 2800 Quadratmetern oder weniger als einem Drittel Hektar überdeckten. Auf dem Pleasure Ground, das heißt im eigentlichen Garten, waren 1900 Quadratmetern oder weniger als ein Fünftel Hektar mit Glas überdeckt. Wenn man das Große Glashaus mit 0,3 Hektar dazunimmt, ergab sich eine Fläche von 0,8 Hektar an Gewächshäusern.

Heute befindet sich eine Fläche von 2300 Quadratmetern unter Glas, wo nur bedingt winterharte oder frostgefährdete Pflanzen gedeihen. Was der Junggesellen-Herzog »*die ewige Ruhe des Gewächshauses*« nannte, bietet die Gelegenheit, dem rauen Klima ein Schnippchen zu schlagen. Meine Schwiegermutter liebte die Menschen hier, aber nicht das Klima, und sie behauptete stets, die fehlende Sonne verleihe Derbyshire die Atmosphäre einer Gruft. Chatsworth liegt hoch oben in der Mitte Englands. Auf Grund seiner Lage ist es den Westwinden schutzlos ausgesetzt, und es gibt stets einen knackigen Frost im Mai. Um den Gartenbau noch zu erschweren, ist eine Menge Boden

»künstlich aufgetragen«, sind Hügel und Flächen von Menschen gemacht – ein Untergrund, den Pflanzen, auch noch nach zwei- bis dreihundert Jahren, einfach nicht mögen. Aus diesem Grund ist Chatsworth kein Anzuchtgarten.

Die täglichen Veränderungen der Wetterverhältnisse in Chatsworth sind mehr oder weniger durchgängig seit dem 18. Jahrhundert aufgezeichnet worden. Diese Aufzeichnungen weiterzuführen ist eine der Hauptaufgaben des Obergärtners. Und die strengen Regeln, die für einen Obergärtner galten, sind in einem Brief verzeichnet, der die Ernennung von Mr. Frank Jennings zum Inhaber dieses Postens am 15. August 1906 beinhaltet. Darin steht, dass unter keinen Umständen weder Lehrlinge eingestellt werden, noch Sonderausgaben bewilligt oder Provisionen von Händlern ohne ausdrückliche Erlaubnis angenommen werden dürften, dass jedoch Wohnung, Kohle, Heizung und Gas frei seien. Mr. Jennings Gehalt belief sich auf 140 Pfund pro Jahr und wurde bis auf 180 Pfund aufgestockt. Die letzte Bedingung der Einstellung war, dass Wetterbeobachtungen *»täglich erhoben und sorgfältig in das entsprechende Buch eingetragen werden müssen.«*

Zweifellos würde eine offizielle Wetterstation unsere Methoden, die entsprechenden Daten zu erheben, als außerordentlich amateurhaft einstufen, aber sie sind insofern wertvoll, als wir niemals Äpfel mit Birnen vergleichen. Nach dem letzten Krieg hat Andrew zu seiner großen Freude entdeckt, dass es niemals eine Unterbrechung in diesen Aufzeichnungen gegeben hat und sie auf dem neuesten Stand waren. Das Wetterbuch wird jetzt im Speisezimmer aufbewahrt, und jeden Morgen werden Regen, Sonnenstunden und so weiter eingetragen.

Wie wir wissen, sind die Engländer vom Wetter geradezu besessen, und die Tagebuchführer unter den Devonshires bildeten keine Ausnahme. Der siebte Herzog begann jeden Eintrag mit einem Wetterbericht, normalerweise zu langweilig, um zitiert zu werden, aber manchmal, wie am 23. November 1873, wird man durch einen Kommentar aufgerüttelt, der wie folgt lautet: *»es stürmte sehr stark letzte Nacht und am frühen Morgen. Eine Menge Schaden ist am Großen Glashaus entstanden, und einige Bäume sind umgestürzt oder beschädigt.«* Der achte Herzog war zu phlegmatisch, um Tagebuch zu führen, aber der neunte Herzog hat stets und regelmäßig das Wetter aufgezeichnet. 1910 schrieb er *»Heftiges Gewitter. Mutter Hubbard tot umgefallen.«* »Mutter Hubbard« war eine viel geliebte Shire-Stute (ein schweres Zugpferd).

Um dieses Interesse ausleben zu können, existierte auf den Salisbury-Rasen seit vielen Jahren eine Wetterstation. Täglich wird die Niederschlagsmenge gemessen, und es gibt eine geniale Vorrichtung, um die Sonnenstunden aufzuzeichnen: die Kristallkugel einer Wahrsagerin wird auf einen geschwungenen Eisenrahmen montiert, und ein Blatt Papier, auf dem die Stunden eingetragen sind, wird hinter das Glas geschoben. Sobald die Sonne durch das Glas scheint, versengt sie das Papier an der Stelle der Tageszeit, so dass man ablesen kann, wann und wie lange die Sonne geschienen hat.

Die durchschnittliche jährliche Niederschlagsmenge für die 49 Jahre zwischen 1761 und 1810 belief sich auf 71 Zentimeter. Das feuchteste Jahr war 1768 mit knapp einem Meter Niederschlag, und das trockenste Jahr 1780 mit 48 Zentimetern. Während der vergangenen 49 Jahre ist das Klima in Chatsworth feuchter, aber wärmer geworden. Vorbei sind die bitterkalten Winter, in denen wie 1940, 1947 und 1963 wochenlang Frost herrschte. Stattdessen leiden wir unter Kälte und Regen im April und Mai, was einer erfolgreichen Gartenarbeit nicht gerade zuträglich ist.

Der Irrgarten im März; an einem frostigen Morgen im Mai; und später im Sommer *(von oben nach unten)*.

Nach dem Tod seines kinderlosen Onkels im Jahr 1908 wurde Victor Christian William der neunte Herzog von Devonshire. Er packte umgehend an, was vielleicht eine überfällige, aber dennoch revolutionäre Änderung für Chatsworth bedeutete: zum ersten Mal wurde ein Eintrittsgeld von 1 Shilling pro Person verlangt, wollte man sich Haus und Garten ansehen. Das Geld ging an örtliche Krankenhäuser, die in jenen Tagen von der öffentlichen Unterstützung abhängig waren. Erst 1949 half das Eintrittsgeld, das zu unterstützen, was anzusehen die Leute gekommen waren.

1891, im Alter von 23 Jahren, als Victor ohne Gegenkandidat zum Mitglied des Unterhauses für West Derbyshire gewählt worden war, war Victor das jüngste Mitglied des Unterhauses. Er blieb sein ganzes Leben lang politisch interessiert und war von 1922 bis 1925 Kolonialminister. 1892 hatte er Lady Evelyn Fitzmaurice geheiratet, und ihr Zuhause auf dem Land war Holker Hall in Lanca-

Die Avenue zu Blanches Vase nach einem Schneesturm.

Der Wellington-Fels mit meterlangen Eiszapfen behangen.

shire gewesen. Sie und ihre Kinder liebten diesen Ort und waren sehr unglücklich, als sie nach Chatsworth ziehen mussten, und Holker an den Bruder des neunten Herzogs, Lord Richard Cavendish, und seine Frau Lady Moyra und ihre wachsende Familie überging.

Den Kummer eines zwölfjährigen Mädchens, das alles verlassen musste, das sie kannte und liebte, beschrieb die älteste Tochter Maud: »*Wir haben Onkel Cav kaum gekannt. Sein Tod hat unser Leben völlig umgekrempelt und zwar (unserer Meinung nach) zum Schlechteren, weil es bedeutete, Holker zu verlassen ... Es war traurig, unserem kleinen Garten Lebewohl sagen zu müssen, dem Bauernhof, unserem Lieblings-Verwalter, der uns so viele Vögel gezeigt hat, und den Wäldern, die wir so gern hatten. Ich weiß noch die Fahrt zum Bahnhof ... Tränen rannen uns allen über die Gesichter ... mein Vater eingeschlossen.... von diesem Tag an hatte ich nie mehr das Gefühl, dass wir ein Zuhause hatten, hatten wir doch viel zu viele davon. Es war sinnlos, den Garten zu bestellen, denn wir waren nie am selben Ort, wenn die Saat oder die Zwiebeln, die wir gesetzt hatten, aus der Erde spitzten.*«[50]

Die neue Herzogin, uns als Großmutter Evie bekannt, interessierte sich sehr für den Garten, hatte jedoch wenig Zeit, sich ihm zu widmen. Eine Familie mit sieben Kindern, einen Politiker als Ehemann, der den größten Teil des Jahres in London leben musste und die Verantwortung für den Haushalt von fünf anderen Häusern und Gärten ließen ihr keine Zeit für neue Pläne in Chatsworth. Sie nahm es einfach, wie es war und ließ allem seinen gewohnten Gang.

Die Devonshires führten ein Nomadenleben. Sie packten ständig und reisten von einem großen Herrenhaus zum anderen. Maud beschrieb, wie sich das Jahr für sie aufteilte: »*Anfang Januar zogen wir nach Lismore bis zum Ende der Osterferien*«. Das bedeutete, Kinder, Kindermädchen, Dienstmädchen für die Kinder, Kammerdiener, Zofe, Ponys und Hunde bestiegen einen Sonderzug, um das Schiff nach Irland zu erreichen. »*Dann London bis Mitte Juli mit einer Unterbrechung in Whitsuntide, worauf wir normalerweise nach Chatsworth übersiedelten. Im Juli fuhren wir nach Eastbourne zum Compton Place, ein schönes Haus in einem großen Garten ... Nach Eastbourne verbrachten wir ein paar Tage in Chatsworth, vor dem großen Exodus nach Bolton. Dort verbrachten wir drei vier Wochen, gefolgt von einem weiteren Monat oder mehr in Hardwick, und kehrten nach Chatsworth bis nach Neujahr zurück.*«[51] Also lebten sie höchstens drei Monate im Jahr in Chatsworth und das meistens im Winter.

Dieser erbarmungslosen Routine folgte man gläubig bis 1916, als, nach reiflicher Überlegung, der Herzog die Ernennung zum Generalgouverneur von Kanada annahm, was eine fünfjährige Abwesenheit von zu Hause bedeutete. Mittlerweile gingen die jungen Männer in Chatsworth, wie überall sonst auch zum Militär, denn der Erste Weltkrieg war ausgebrochen, und nur ein paar Jungen und alte Männer waren verblieben, sich um den Garten zu kümmern. Sein Zustand verschlechterte sich rapide. Nur die notwendigsten Maßnahmen wurden ergriffen, und die negativen Auswirkungen waren noch lange nach dem Friedensschluss spürbar. 1917 wurde den Devonshires in Kanada eine Liste ihrer Gartenangestellten, mit Altersangabe und Länge der Dienstjahre, zugesandt. Die 20 Männer waren allesamt 43 und älter, zu alt für den Militärdienst. Walter Brightmore, mit 61 Jahren, hatte 52 Dienstjahre geleistet – musste also mit neun Jahren angefangen haben zu arbeiten. Zwei wurden als »Nachtwächter« beschrieben und einer als »Tomatenzüchter«. Am unteren Rand der Seite, fast wie ein Nachtrag, hatte der Schreiber hinzugefügt: »*5 Jungen und 4 Mädchen. Die beiden ältesten Jungen treten nächstes Jahr in den Militärdienst ein. Diese sind sehr nützlich und die Mädchen zum Packen etc. zu gebrauchen.*«

Die Glashäuser waren weitere Opfer des Krieges. In Victors Tagebuch findet sich ein Eintrag für den 14. Januar 1920, der zeigt, dass die Extravaganzen des Junggesellen-Herzogs wie von einem anderen Stern anmuteten und keinen Platz mehr in den rauen Zeiten hatten, die jetzt über Europa hereingebrochen waren. »*Telegramm von Burke* (Roland Burke war Chefverwalter für die Besitzungen des Herzogs mit Sitz in Chatsworth), *mit dem Inhalt, dass es ein Angebot über 550 Pfund für die Gewächshäuser des Küchengartens gibt. Habe Zustimmung telegraphiert. Bin froh, sie los zu sein!*«

Burke rät definitiv zum Verkauf. »*...wenn sie schon verkauft werden sollen, dann ist es sinnlos zu warten, bis sich ihr Zustand weiter verschlechtert. Die Obstbäume selbst haben natürlich enorm gelitten, da ständig Feuchtigkeit hereingetropft ist, und obwohl einige der Weinstöcke in gutem Zustand sind, muss etwas geopfert werden, und ich glaube, dass der erzielte Preis im Ganzen der ist, den man erwarten kann.*

Ich habe die Summe bar auf den Tisch bekommen, und der Abbau wird sofort beginnen.«

Victor war 1920 in England, um nach dem Rechten zu sehen. Die Zukunft sah trübe aus. In seinem Tagebuch notiert er am 1. April 1920: »*Burke kam am Morgen, und wir hatten ein langes Gespräch. Löhne. Arbeit. Die Bedingungen haben sich allgemein grundlegend geändert. Nichts ist mehr, wie ich es kannte. Es wird eine Weile dauern, bis ich wieder auf dem Laufenden bin. Am Nachmittag spazierten wir zum Küchengarten. Melancholische Kulisse … Habe mir noch mal den Pleasure Ground angesehen. Ist nicht leicht, einen Silberstreifen am Horizont zu sehen.*« Er schien nicht mehr zu wissen, wie er Chatsworth und alles, was damit zusammenhing, unter diesen veränderten Umständen verwalten sollte. Und in dieser Situation glaubte Victor, keine Alternative zum Abriss des Großen Gewächshauses zu haben.

Ich habe mich oft gefragt, ob ihm und Großmutter Evie die Entscheidung, ihren eigenen Kristallpalast zu zerstören, schwer gefallen sein mag. In den Aufzeichnungen des Herzogs findet es keine Erwähnung, aber vermutlich war die Sorge um seinen Erhalt so groß geworden, dass sie das Bedauern aufwog, das sie vielleicht empfunden hätten.

46 Gärtner, einschließlich der sprichwörtlichen Gärtnerjungen, vor dem Großen Gewächshaus um 1890.

Im Januar 1920 hatte Burke dem Herzog geschrieben: »*Vom selben Käufer* (wie für die Gewächshäuser des Küchengartens) *habe ich ein Angebot über 600 Pfund für das Große Haus* (das Große Gewächshaus) *erhalten. Es umfasst die gesamten Konstruktionsteile mit Ausnahme des gemauerten Fundaments (und 132 Metern Bleirohr, die ich zurückgelegt habe). Außerdem ist das Risiko des Abbruchs mit eingeschlossen. Ich habe die Frage sorgfältig vorbereitet und schätze, dass der Preis das Äußerste ist, was man erzielen kann, wenn es auch eine kleine Summe zu sein scheint. Es gibt jedoch verschiedene Punkte, die in Betracht gezogen werden müssen …*

1. *Das Glas ist praktisch wertlos, da die Stücke kaum je breiter als 15 Zentimeter sind.*
2. *Die ganze Konstruktion ist aus Holz und das meiste in miserablem Zustand und nur noch als Feuerholz zu verwenden.*
3. *Es besteht ein beträchtliches Abrissrisiko, und es bedeutet teure Gerüstkonstruktionen und vermutlich eine hohe Versicherung für die Abrissmannschaft.*
4. *Die Kosten der zu beschäftigenden Arbeitskräfte werden sehr hoch sein, und es verursacht ebenso hohe Kosten, die Teile fortzuschaffen, da die Lage sehr ungünstig ist.*

Im Allgemeinen gilt das Angebot von 600 Pfund eigentlich nur für die Heißwasserrohre im Gebäude.

Ich wäre dankbar, wenn Sie mir Ihre Wünsche in dieser wichtigen Frage telegraphisch zukommen lassen würden. Ich bin allerdings überzeugt, dass es in der nächsten Zukunft keine Alternative zu einem Abriss geben wird. Für eine komplette Renovierung müssten mindestens 2500 Pfund aufgewendet werden.«

Die schicksalhafte Entscheidung fiel, und am 25. Mai 1920 berichtete Burke dem Herzog: »*Vergangenen Samstag versuchte Mr. White, der Käufer, den Abriss des Hauses mit Sprengstoff zu erledigen. Es wurde alles getan, die Sprengladungen noch an diesem Nachmittag zu zünden, doch es wurde Mitternacht, bis er alles vorbereitet hatte, und man entschied, die ganze Sprengung bis auf gestern, Montag, zu verschieben. Leider hatten die Zeitungen jedoch einen umfassenden Bericht über die Sprengung gebracht, die natürlich in den gestrigen Zeitungen erschienen, mit dem Tenor, dass die Explosion furchtbar werden und einige Meilen weit zu hören sein würde, und ungefähr eine Milliarde Glassplitter in der ganzen Gegend verteilt würden, und das Große Haus nun nicht mehr sei! Dennoch versuchten wir, es gestern in die Luft zu sprengen: Charlie Markham* (Paxtons Enkel) *kam herüber und brachte die unterschiedlichsten Hilfsvorrichtungen, und wir machten sieben oder acht Versuche, aber auch starke Sprengladungen hatten nicht die geringste Wirkung, und die Dachkonstruktion wich um keinen Millimeter. Das Erstaunlichste war, dass kaum Scheiben vom Dach zu Bruch gingen. Und jetzt fühle ich mich fast schuldig, Sie überredet zu haben, das Haus abzureißen, denn wenn es diese schweren Sprengladungen überstehen konnte, hätte es vermutlich noch viele Jahre überdauert. Während ich dies niederschreibe, haben, wie ich höre, erneut mehrere Sprengversuche stattgefunden, und ich hoffe, Ihnen später mehr berichten zu können. Gestern war ein Mann vom Film hier, und wenn die Filme nur annähernd zufriedenstellend werden, schicke ich sie Ihnen.*« Er fügte als Postskriptum hinzu: »*Eine weitere schwere Sprengladung tat am Dienstagabend das ihre, das gesamte Dach zum Einsturz zu bringen.*«

Vielleicht war das Große Gewächshaus sowieso dem Untergang geweiht, da die Steuern stiegen, und man auch an die Erbschaftssteuern denken musste. Um es zu erhalten, wäre ein geradezu verschwenderischer Aufwand (an Arbeitskraft, Heizöl und Instandsetzungsarbeiten) nötig gewesen, und weder Victor noch Großmama Evie neigten zur Verschwendung.

Für die, die es in seinem ganzen Glanz erlebt hatten, war es eine Tragödie, und für uns, die wir die Fünfziger- und Sechzigerjahre dieses Jahrhunderts erlebt haben, war es ein Vorgeschmack auf den Niedergang so vieler herrlicher Bauten in diesem Land. Die Bitterkeit seines Endes nach zahllosen Sprengversuchen wurde von einem zeitgenössischen Autor so beschrieben: »*Ich stand heute im Regen unter Bäumen, betrübt vor dem Anblick eines trostlosen Schuttplatzes, der sich vor mir bis hinüber zu den hohen Bäumen hinstreckte, die sich mit wehenden Ästen niederbeugten, als wollten sie die schaurige Szene überdecken. Bruchstücke gigantischer Eisensäulen lagen weithin verstreut. Dicke Holzstreben, zersplittert und zerspleißelt, mischten sich darunter. Der Rasen war von einer glitzernden Schicht Glassplitter überzogen, wobei einige Glasteile noch fest in ihren Metallrahmen steckten, was ein seltsames Gemisch ergab. Ein verzierter, steinerner Torbogen stand völlig allein gelassen am Ende der Schuttmasse. In Abständen ragten schlanke Eisensäulen, scheinbar noch aufrecht und stabil, auf und entlang der gesamten einen Seite des Gevierts erstreckte sich eine halbrunde Glaswand, und deren obere Kante war gezackt. Aus dem Schutt reckten zwei welke Palmen einsam ihre Kronen. Ein Kreis Farnwedel entsprang in frischem Grün einem riesigen Stamm. Überall sonst hatten die herabfallenden Balken und umstürzenden Säulen die zahlreichen Bäume und Pflanzen unter sich begraben. Mein Begleiter, ein altes Faktotum stöhnte nur: ›Ein nationales Unglück!‹ Und ich musste ihm beipflichten, denn dieser riesige Berg aus geborstenem Glas und Metall war alles, was von dem stolzen Großen Gewächshaus von Chatsworth übrig geblieben war.*«[52] Das Wunder des Peak District hatte nur 80 Jahre gehalten. Es war eine Ironie des Schicksals, dass ausgerechnet Paxtons Enkel die leidige Aufgabe zufiel, die Schuttreste des Meisterwerks seines Großvaters fortzuräumen.

Ein kurioses Erinnerungsstück an die wiederholten Sprengungen, die nötig waren, um das Glashaus zum Einsturz zu bringen: Ein Eisensplitter flog bis in den inneren Hof des Hauses, durchschlug eine Fensterscheibe und blieb im Lederrücken eines Bandes von Maritus' *Flora Braziliensis* stecken. Das beschädigte Buch ist nicht entfernt worden. Dafür wurde ein Plakette darüber angebracht, die den Schaden erklärt.

Der Große Gewächshausgarten

Wenig ist geblieben, das an Paxtons Meisterwerk erinnert. Eine deutliche Ausbuchtung in der Stützmauer der Rasenböschung an der Nordwestseite des Gevierts bezeichnet den Tunnel, durch den die Kohleloren zu den Heizkesseln unter dem Gewächshaus fuhren. Das einzige Überbleibsel des großen Gebäudes selbst ist dessen Sandsteinfundament, welches uns eine ungefähre Vorstellung davon vermittelt, welche Ausmaße das Gewächshaus tatsächlich hatte. Diagonal verlaufende Stufen an den vier Ecken führen die das Rechteck umsäumenden Rasenböschungen hinauf und von dort über die beiden gedrungenen Steinbögen, die die einstige Zufahrt am Nord- und Südende überspannen.

Das Glashaus hinterließ eine weite Brachfläche, die geräumt und neu gestaltet werden musste. Großmama Evie pflanzte eine Doppelreihe Holzapfelbäume auf dem Rasenstreifen, der die Fundamente in den Zwanzigerjahren säumte. Wir fanden, dass diese Baumart von ihrer Größe her nicht in die Umgebung passt und haben sie daher gefällt. Sie können sich meine Gefühle vorstellen, als der Mann, der die Axt schwang, mir gestand, dass ausgerechnet er sie 30 Jahre zuvor gepflanzt hatte.

In den Zwanzigerjahren waren innerhalb des verbliebenen Steinfundaments des mächtigen Gebäudes an jedem Ende Blumenbeete angelegt worden, durch die hindurch und um die herum Wege führten. Die Bepflanzung hat sich geändert, die Beete sind geblieben. Jene am Nordende haben wir mit Herbstblumen ausgefüllt: Dahlien, Herbstastern und japanischen Anemonen ... in sämtlichen Rot-, Blau- und Rosarottönen mit einem Hauch Orangerot. Die Herbstastern haben eine bedauernswert kurze Blütezeit, die auch noch bis Mitte September auf sich warten lässt und leiden oft unter frühem Frost. Trotzdem sehen sie wunderbar aus und werden stets von Bienen und Schmetterlingen umschwärmt. Lange bevor die Herbstblumen blühen, weisen die Strauchpäonien *(Paeonia suffruticosa)*, meine Lieblinge, den Weg zum Irrgarten. Die satt rosafarbene »Duchess of Marlborough« und die große weiße »Mrs. William Kelway« mit Blüten von 30 Zentimetern Durchmesser und Blütenblättern wie Knitterseide duften nach Sommer.

Das Südende besteht ausschließlich aus Lupinen. Der Vorteil eines sehr großen Gartens ist die Möglichkeit, auf einer zusammenhängenden Fläche eine einzige Blumenart zur Schau zu stellen

Dieser deprimierende Anblick bot sich, nachdem mehrere Sprengungen Stolz und Freude des Junggesellen-Herzogs, das Große Gewächshaus, Stück um Stück zerstörten. Die Pflanzen waren durch Kälte und Vernachlässigung während des Ersten Weltkriegs eingegangen, so dass der neunte Herzog zu dem Schluss kam, eine derartige Extravaganz habe keinen Platz mehr in der Not der Nachkriegszeit *(rechte Seite)*.

und, ist sie verblüht, einfach darüber hinwegzusehen. Die Lupinen sind ein typisches Beispiel. In ihrer schönsten Blütezeit sind sie ein einmaliger Blickfang, Kameras werden gezückt, und für die Dauer einiger Wochen stechen sie alles andere aus. Selten kann ein Gärtner seine Arbeit mit vollster Zufriedenheit betrachten, aber hier, am Südende des Irrgartens, darf das durchaus einmal sein.

Die kleinen Akazienbäume *(Robinia pseudoacacia* »Umbraculifera«*)* mit rundwüchsigen Kronen ragen sowohl im Nord- als auch im Südbeet über die Stauden hinaus und setzen ein Zeichen der Abstufung. Davon abgesehen, behalten ihre Blätter bis in den Herbst hinein ihr blasses Frühlingsgrün. Der Nachteil der Akazien ist die Brüchigkeit ihrer Äste. Schon ein Schneeschauer kann ungeahnten Schaden anrichten.

Das Beschneiden des Irrgartens aus Eibenhecken. Diese jährliche Aufgabe beschäftigt vier Männer sieben bis zehn Tage im August. In der Mitte des Irrgartens steht eine Trauerbirne (*Pyrus salicifolia* »Pendula«). Die Lawson-Zypressen im Hintergrund wurden von Paxton gepflanzt, als man das Große Gewächshaus baute.

Zwischen den Beeten lagen früher zwei Harttennisplätze. Andrew erinnert sich, dass man sich im dunklen Schatten des einen oder anderen Torbogens weiße Flanellanzüge anzog. Von Tennisbegeisterten einmal abgesehen, stießen die Plätze auf wenig Gegenliebe. Zum Glück verwandelte das Röhrensystem, das unterhalb der Grundfläche des alten Gewächshauses verlief, die Plätze bald in holprige Äcker, was dem Spiel nicht gerade zuträglich war. Also wurde die Nutzung des Gevierts 1962 erneut geändert, als wir einen Irrgarten anlegten.

Dennis Fisher, damals der Verwalter, entwarf das Muster der Anlage, für die 1209 Englische Eiben *(Taxus baccata)* benötig wurden. Der Weg in die Mitte ist kompliziert genug, um die Besucher eine Zeitlang auf Trab zu halten. Für die, die sich nicht in die Irre begeben wollen, gibt es Bänke ... eine zum Andenken an meine Schwester, Pamela Jackson, die andere von der Witwe Fred Carrs, dem Wildhüter, und eine dritte von Dennis Fishers Familie gestiftet. Auf diesen Bänken kann man sich niederlassen und seelenruhig abwarten, während einem die schrillen Schreie derer, die sich verlaufen haben, verraten, wo sie abgeblieben sind.

Als der Irrgarten gepflanzt wurde, legten wir Graspfade an, die über seine verschlungenen Wege führten. Nach jedem Regen jedoch wurde der Parcours zum Schlammbad, und es kamen Beschwerden über ruinierte Schuhe. Noch unangenehmer war, dass die ausgetretenen Spuren eindeutig den Weg in die Mitte und das Ziel wiesen. Aus diesem Grund legten wir Kieswege über einem Schotteruntergrund an, sodass weder Tritte noch Spuren zurückbleiben. Das Ziel in der Mitte ist eine Weidenblättrige Trauerbirne *(Pyrus salicifolia* »Pendula«*)*. Ihre Krone erhebt sich weit über die Hecken, ist also stets sichtbar, und ihre blassgrünen Blätter bilden einen schönen Kontrast zu den dunkelgrünen Eiben.

Die Eiben wurden als 45 Zentimeter hohe Exemplare gepflanzt und hatten bald 2,15 Meter erreicht, eine Höhe, auf der sie gehalten werden, sodass selbst ein großgewachsener Mann nicht darüber hinweg sehen kann. Seiten und Oberkante werden einmal pro Jahr, nämlich im September, geschnitten. Die Behauptung, Eibe sei langsamwüchsig, ist Altweibergewäsch. Auf gutem Boden können Eiben pro Jahr dreißig Zentimeter zulegen, und keine Baumart ergibt schönere Hecken, bietet zudem fast den Windschutz einer Steinmauer und wirkt dennoch so lebendig.

Niemand trauerte den holprigen Tennisplätzen nach. Nur für den Fall, dass tatsächlich jemand seinen Schläger mitbringen sollte, haben wir einen neuen, von außen nicht einsehbaren Platz unterhalb des Turbinenhäuschens angelegt. Er ist vom Park durch eine Böschung aus Berberitzen getrennt und mit einer Hecke aus getrimmten Rosskastanien umgeben. Wie Paddys steinerner Schreibtisch ist er nie benutzt worden. Einmal kam ein munterer amerikanischer Botschafter übers Wochenende und brachte all die nötige Ausrüstung für ein Match mit. Zu meiner Schande mussten wir feststellen, dass das Netz kaum in einer brauchbaren Verfassung war, um vom

Der Tennisplatz und Blumenbeete nördlich und südlich des Irrgartens wurden zu Großmutter Evies Zeiten angelegt, nachdem das Große Gewächshaus abgerissen worden war. Wir ersetzten den Tennisplatz 1962 durch einen Irrgarten. Dahlien und Herbstastern gedeihen hier am Nordende. Die Kugelrobinien wurden eingebracht, um die Beete stufiger erscheinen zu lassen *(rechte Seite)*.

Russel-Hybrid-Lupinien am Südende des Großen Gewächshausgartens im Mai *(folgende Doppelseite)*.

Repräsentanten der wichtigsten Nation der Welt überspielt zu werden, und wir konnten weder Bälle noch einen Gegner für den Herrn finden, sodass sich die Angelegenheit von selbst erledigte. Aber wie schon bei Paddys Tisch wollen wir die Möglichkeit nicht ausschließen, dass er vielleicht doch noch mal gebraucht wird.

Sechzehn Urnen, zwei an jeder der vier Ecken des Großen Gewächshausgartens, stammen ursprünglich von den vier Türmchen des Belvedere am Nordende des Hauses. Sie sind ein Beispiel für Großmutter Evies Antipathie gegen alles Viktorianische sowie ihres Unvermögens, sich ungeliebter Dinge zu entledigen. Sie glaubte, die Gartenurnen würden die Aufmerksamkeit zu stark auf den Wyatville-Flügel ziehen und ließ sie daher in den Großen Gewächshausgarten versetzten, wo sie ihrer Ansicht nach keinen Schaden anrichten konnten. Als ich in die Familie kam, galt Wyatvilles Werk als ein monströses Anhängsel an das im klassischen Viereck konzipierte Haus. Es wurde viel davon geredet, den ganzen Flügel einfach abzureißen, und wem das eine zu drastische Maßnahme erschien, der war zumindest dafür, dass der Belvedere und das Theater am äußersten Ende verschwinden sollten. Wäre der Zweite Weltkrieg nicht gewesen, der Grillen dieser Art den Garaus machte, wären vermutlich zumindest einige der Gebäude entfernt worden. Ich weiß nicht, was Großmutter Evie davon gehalten hätte, dass wir die Urnen 1998 kopieren ließen und die Türmchen des Belvedere heute wieder so geschmückt sind, wie der Architekt dies vorgesehen hatte.

Die Dahlie »Roberta« im Beet am Nordende des Großen Gewächshausgartens.

1990 entdeckte ich in einer Frauenzeitschrift die Abbildung einer Sonnenuhr und wollte diese sofort auch für unseren Garten haben. Inzwischen gibt es sie nun am Nordende des Rasens. Sie besteht aus einem flachen Stein von 2,5 Metern Länge, auf den die Monatsnamen eingemeißelt sind. Stellt man sich auf den richtigen Monat, so fällt der eigene Schatten auf die Tageszeit, welche auf den in entsprechenden Winkeln angeordneten Ziegelsteinen eingeritzt ist. Die meisten sind ungeheuer verwirrt darüber, dass die Methode tatsächlich funktioniert und glauben an ein Wunder.

Unter Victor und Großmutter Evie wurde der 2,8 Hektar große Küchengarten in einer Entfernung von über einem Kilometer in Barbrook recht und schlecht weitergeführt, auch ohne Glashäuser. Während und kurz nach dem letzten Krieg wurden meiner Erinnerung nach die Überreste dieses einst berühmten Areals, so gut es eben ging, von Mr. Chester gepflegt. Er war Vorarbeiter einer großen Schar von Angestellten gewesen, und als man den Küchengarten schließlich 1946 schloss und ihn der Forstverwaltung als Baumschule überantwortete, kam er zu uns, um unseren Garten in Edensor House zu pflegen. Er hat dort bis zu seinem Ruhestand 1969 gearbeitet, nach 40 Jahren im Dienst der Cavendishs. Trotz seines Holzbeins, das bei jeder Bewegung knarrte, beharrte er darauf, alles »drei Spatenstiche« tief umzugraben und Mist einzuarbeiten. Er zog gutes Gemüse und Früchte, die ihresgleichen suchten. Er hatte die höchsten Ansprüche, und es muss eine Tragödie für ihn gewesen sein, zusehen zu müssen, wie sein Königreich unterging. Ich habe nie ein Wort der Klage von ihm gehört.

Nach den Jahren wirtschaftlicher Depression wurden wieder mehr Leute eingestellt, und Großmutter Evies Liebe zur Gärtnerei spornte sie in den Dreißigerjahren schließlich an, etwas Neues zu schaffen. Sie wählte dafür die so genannte »Schlucht«, gebildet von den steilen Ufern eines Bachs, der im Grottenteich entspringt. Dort schuf sie etwas, das ein hübscher Naturgarten nach der Mode der Zeit gewesen sein muss. Sie war mit ihrem Werk sehr zufrieden und wurde nicht müde, es allen vorzuführen.

Ein dänischer Gelehrter für klassische Skulpturen, der 1938 zum Mittagessen zu ihr kam, beschrieb eine dieser Führungen so: *»Nach dem Kaffee erwartete ich, verabschiedet zu werden, um mich erneut meinen Studien widmen zu können. Stattdessen jedoch wandte sich die Herzogin an mich und sagte: ›Vor dem Essen haben Sie mich über unsere schöne Marmorgruppe belehrt, und ich betrachte sie in Zukunft mit größerem Verständnis. Jetzt will ich mich revanchieren und Ihnen den Park und besonders einen Blumengarten zeigen, den ich angelegt habe.‹ Tour und Erklä-*

Die Farben in den Beeten am Nordende des Großen Gewächshausgartens sind Blau und Rosa mit etwas Weiß, bis man die strahlend orangeroten Herbstblätter der *Parthenocissus himalayana* var. *rubrifolia* (Jungfernrebe) entdeckt – ein gestalterischer Irrtum, mit dem ich angesichts seines hohen Alters gut leben kann. Unter den Dahlien sind die Sorten »Betty Bowen« und »Hamari Girl« *(linke Seite oben)* sowie »Teatime« *(darunter)*.

Ein Rhododendron-Hybride in der Schlucht. Der Weg wurde ursprünglich von Großmutter Evie um 1930 angelegt. Im Hintergrund ist eine *Pinus heldreichii* var. *leucodermis* (Schlangenhautkiefer) zu sehen, eine von Paxtons Pflanzungen.

rungen dauerten fast zwei Stunden, (Großmama Evie war als Führer nicht auf Schnelligkeit bedacht). *Trotzdem war es faszinierend, die Geschichte jeder Eiche zu erfahren, und der Höhepunkt kam mit dem Gartenteil, den die Herzogin persönlich in einem idyllischen Tal mit zahllosen Blütenpflanzen angelegt hatte, die zum Großteil aus Kanada stammten und sie an die dort verbrachten Jahre erinnerten.«*

Der Gelehrte, Herr Poulsen, stellte dann die unvermeidliche Frage: »*Wie viele Gärtner sind nötig, um einen so herrlichen Park zu erhalten?*« Großmutter Evie antwortete: »*Wir hatten früher 70, jetzt kommen wir mit 40 aus. Wir müssen sparsam sein.*«[53]

Diese Art von Waldvegetation kehrt, sich selbst überlassen, zu ihrem natürlichen Zustand zurück, und ich bedaure es sehr, diesen Garten nie zu seiner besten Zeit gesehen zu haben. 1939, beim Ausbruch des Zweiten Weltkriegs, war er vergessen, und fast die ganze Arbeit wurde umgehend durch Mutter Natur vernichtet. Als dieser Bereich 1980 wieder geöffnet wurde, tauchten dann doch Überbleibsel von Großmutter Evies Werk auf: eine Miniatur-Kaskade und einige kleine Teiche ... alle sehr hübsch. Einige Exemplare der Scheinkalla *(Lysichiton americanus)* waren am Bachufer gepflanzt worden, und ihre großen gelben männlichen und weiblichen Blütenstände zeigen sich früh im Jahr, noch vor den Blättern, was das dunkelgrüne kleine Tal etwas freundlicher erscheinen lässt.

Mit dem Fortschritt der Aufräumungsarbeiten tauchten auch die steinernen Trittpfade wieder auf, die Großmutter Evie in der »Schlucht« hatte legen lassen, wie auch einige alte Bäume. Die große Eiche, die auf dem Foto von 1935 zu sehen ist, war noch immer da ... nur war sie inzwischen umgestürzt. Ein weiterer Baum, eine Birke, wuchs aus ihrem Stamm. Die *Pinus heldreichii* var. *leuco-*

dermis (Schlangenhautkiefer) wächst ebenfalls dort, in voller Lebensgröße. Ein oder zwei *Chamaecyparis lawsoniana* »Fletcheri« (Lawsons Scheinzypresse) und *Juniperus communis* »Hibernica« (Irischer Säulenwachholder) lassen ahnen, was Großmutter Evie hier bezweckte. So auch der *Leucojum vernum* (Märzbecher), der bei der umgestürzten Eiche gedeiht.

Ein bleibenderer Beitrag zum Garten jener Zeit war das Ergebnis der Beteiligung der Devonshires an einer von Frank Kingdon-Wards[54] Pflanzenexpeditionen in den Himalaya. Einige schöne Rhododendren, die zwischen den Felsen über der Grotte wachsen, sind das Produkt von Saatgut, das mitgebracht wurde – der im März blühende, blutrote *Rhododendron barbatum* (Bart-Rhododendron), seine Blüte so hübsch wie eine Pompom-Dahlie und sein dunkelroter Stamm poliert wie Mahagoni, ist mein besonderer Liebling. Wenige sind ausgezeichnet, da unterschiedliche Spezies sich durch Pollenflug eingekreuzt haben. Kingdon-Wards Denkschrift, den Geldgebern seiner Himalaya-Expedition zur Nordost-Grenze Burmas im November 1931 übersandt, beschreibt seine Ankunft im ersten Lager: *»40 Tagesmärsche vom Endbahnhof in Myitkyina. 6000 Fuß über dem Meeresboden ... eine seltsame Pflanzenmischung – sechzig Spezies von Rhododendren wachsen um das Lager. Einer, ein besonders schöner Strauch, blüht bereits. Sträucher aller Art, über und über voller Beeren.«* Die Listen von Zwiebeln und Saatgut, die von Forschern nach Hause geschickt werden, sind lang und variantenreich, von *Begonia hymenophylloides* (seltene Begonienart) und einem unbekannten *Cypripedium* (Frauenschuh) bis zu Species von *Schisandra* (Beerentraube), *Lonicera* (Geißblatt) und *Viburnum* (Schneeball), allesamt noch namenlos. Sie wurden unter erwartungsvoller Erregung an ihren unterschiedlichen Zielorten in Empfang genommen, aber ich frage mich, wie viel der unter solchen Entbehrungen erworbenen Ernte überlebt haben mag. Sicher, in Chatsworth gedeihen die Rhododendren über und unterhalb der Grotte noch prächtig, aber die meisten der kleineren Sträucher müssen von durchsetzungsfähigerem Dickicht während der Vernachlässigung in Kriegszeiten verdrängt worden sein.

Großmutter Evie interessierte sich sehr für jede Art von Krankheiten. Als ihre Tulpen in Hardwick Tulpenfeuer bekamen, war sie überzeugt, dass sie, ihr Gärtner und ihr Hund sich angesteckt hatten. Wie sich die Krankheit beim Menschen äußerte, habe ich nicht recht begriffen. Vielleicht ähnelten die Symptome etwas der Mundfäule, ein weiteres von Großmutter Evies stets wiederkehrenden Leiden.

Trotz dieser Rückschläge war sie eine gute Gärtnerin, und als sie im Witwenstand nach Hardwick zog und mehr Zeit hatte, sich der Verschönerung der unmittelbaren Umgebung dieses ungewöhnlichen Hauses zu widmen, waren die Veränderungen, die sie bewirkte, geradezu dramatisch. Als ihre Töchter und Enkeltöchter heirateten und eigene Gärten hatten, beriet sie diese, was und wo gepflanzt werden sollte, und für einen Hausbesitzer in Suffolk zeichnete sie einen Gartenplan, der tatsächlich ausgeführt wurde und seinen Besitzer bis heute erfreut. Sie war eine talentierte Aquarellistin, und ihre Bilder, wie übrigens auch ihre Stickarbeiten, waren stets Ausdruck ihrer Blumenliebe.

Es gab noch einen anderen Grund für Großmutter Evies vergleichsweise Tatenlosigkeit in Chatsworth. 1925 erlitt Victor einen Schlaganfall, der mit der dieser Krankheit eigenen grausamen Art seinen Charakter veränderte. Er war nicht krank genug, alle Verantwortung seinem Sohn zu übertragen, und trotzdem machte dieses Handikap es ihm fast unmöglich, Entscheidungen in Fragen der Besitzverwaltung zu treffen. Großmutter Evie konnte praktisch ohne seine Zustimmung keinerlei Veränderungen am Garten vornehmen, und jeder wusste, dass sie diese auch nicht erhalten würde. Das Leben muss schon ohne die ehelichen Probleme schwierig genug für sie gewesen sein.

Victor und Großmutter Evie öffneten den Garten jedes Jahr im Sommer für besondere Wohltätigkeitsveranstaltungen. Der *Derbyshire Advertiser* vom 31. Mai 1935 machte den Leser auf eines dieser Ereignisse aufmerksam: *»Die Gärten in Chatsworth sind seit jeher wohlbekannt, doch in früheren Zeiten war feudale Eleganz ihr hervorstechendes Merkmal. Mit der gegenwärtigen Herzogin kamen einschneidende Veränderungen nach Chatsworth, und der wunderbare Felsengarten und die Gestaltung der natürlichen Schlucht und des Bachlaufs im oberen Gartenteil sind es wert, eine weite Anfahrt auf sich zu nehmen. Sie sind nun das beste, was Chatsworth zu bieten hat. Die Azaleen, Rhododendren und Primeln, und alle möglichen Blumenrabatten grenzen an den hübschen Bach, der durch das Tälchen fließt. Die Waldspaziergänge sind ein Traum an landschaftlicher Schönheit.*

Zwei von Großmutter Evies Freunden, im Frühjahr 1935 in dem Garten fotografiert, den sie in der Schlucht angelegt hatte. Die Eiche ist mittlerweile umgestürzt und liegen geblieben. Eine große Birke wächst heute aus ihrem Stamm.

Mein Schwiegervater nahm seine Ausgabe von »Bentham & Hooker« überallhin mit, sodass er die Wildblumen, die er fand, ausmalen konnte. Die Eintragungen auf den abgebildeten Seiten stammen aus Holker, mittlerweile in Cumbria gelegen, Hatfield in Hertfordshire, Cales Dale in Derbyshire, Bolton Abbey in Yorkshire und Stobinian in Schottland, gleich südlich des Ben Nevis.

›Der Tag der offenen Tür‹ im Garten von Chatsworth wird stets von Gartenliebhabern heiß ersehnt, sodass ich rechtzeitig daran erinnern möchte. Vergessen Sie den 8. Juni nicht.«

Victor starb im Mai 1938, und Großmutter Evie zog in ihr geliebtes Haus Hardwick Hall.

Meinem Schwiegervater und meiner Schwiegermutter, Edward William Spencer und Mary, (von Familie und Freunden Eddie und Moucher genannt) war nur kurze Zeit in Chatsworth vergönnt. Bis zu Victors Tod lebten sie fast acht Kilometer weit entfernt in Churchdale Hall, einem hübschen viktorianischen Haus auf einem Hügel über Ashford in the Water. Als Eddie den Titel erbte, zögerten sie den Umzug nach Chatsworth hinaus, während dort die notwendigen Arbeiten an Heizung und Küche des großen Haus vorgenommen wurden. Was den Umzug weiter verzögerte, war, dass Eddie als Parlamentarischer Staatssekretär für die Dominions (1936–1940) in den ersten Monaten des Jahres 1939 eine ausgiebige Tour durch Australien und Südafrika geplant hatte. Die Familie »kampierte« also praktisch zu Weihnachten 1938 in Chatsworth und zog im Sommer 1939 ein.

Mein Schwiegervater besaß ein reiches Wissen über Bäume, Tiere, Pflanzen und alle möglichen Lebewesen. Er begann ein großangelegtes Wiederaufforstungsprogramm auf jenen Waldflächen, die während der beiden Weltkriege gerodet worden waren. Schon in Churchdale hatte er einen schönen Garten angelegt, eigene launische Ideen verwirklicht, indem er Zahlen wie Mehrheiten bzw. Verluste bei Wahlen im Wahlkreis West Derbyshire, für den er viele Jahre Abgeordneter war, in gelben und malvenfarbenen Krokussen in den Garten pflanzte. Wenn er nach Einbruch der Dunkelheit mit dem letzten Zug aus London kam, dann ging er gewöhnlich mit einer Taschenlampe in den Garten, um die Fortschritte zu kontrollieren. Er liebte Narzissen, und durch seine Freundschaft mit Lionel Richardson, dem berühmten Waterford-Züchter, kam er stets in den Besitz der neuesten Sorten. Im Unterhaus trugen er und einige andere Begeisterte die Blüten der neuesten Sorten in einem wassergefüllten Glasröhrchen in ihren Knopflöchern am Revers. Mein Schwiegervater klassifizierte die Entwicklung des Gartenliebhabers in fünf Stadien. Die Leute, so sagte er, fangen damit an, Blumen zu mögen. Dann verlegen sie sich auf Blüten- und Beerensträucher. Von da an entdecken sie ihre Vorliebe für reine Blattpflanzen und interessieren sich im Endeffekt nur noch für die Blattunterseiten.

Nur drei der auf dieser Seite verzeichneten Pflanzen sind von meinem Schwiegervater ausgemalt worden. Auf die restlichen war er nie gestoßen. Ronksley ist ein Moor für schottische Moorhühner, ebenso wie Beeley Moor – beides gute Jagdgründe für so genannte »arktische« Pflanzen in Großbritannien.

Den Wildblumen galt von jeher sein Interesse. Ich besitze seine Ausgabe von »Bentham & Hooker«[55], in dem er sorgfältig eine große Anzahl von Schwarzweiß-Zeichnungen von 1315 einheimischen Pflanzen ausmalte und gleichzeitig die Daten und Orte verzeichnete, wann und wo er die betreffenden Exemplare gefunden hatte. Es liest sich wie ein Tagebuch. Ich erinnere mich, wie glücklich er zu einer Beerdigung in den Norden Schottlands reiste, weil diesmal eine unliebsame Pflicht in die richtige Jahreszeit fiel, das heißt, ihm die Gelegenheit gab, den *Trientalis europaea rosea* (Europäischer Siebenstern) zu finden, was dann tatsächlich auch gelang. Als er die berittene Bürgerwehr von Derbyshire befehligte, sorgte er dafür, dass das Lager für die Manöver jedes Jahr an einem anderen Ort aufgeschlagen wurde, womit sich für ihn die Chance erhöhte, eine kleine Rarität zu entdecken.

In einer Rede beim Dinner der London Society of Derbyshiremen am 12. November 1949 verkündete der Herzog, dass Derbyshire in diesem Jahr dem Atlas der britischen Flora eine neue Pflanze hinzufügen könne – *Ledum palustre* ssp. *groenlandicum* (Grönländischer Sumpfporst). Als die Leute fragten, wo diese Pflanze denn entdeckt worden sei, antwortete der Herzog, je weniger Menschen Geheimnisse dieser Art wüssten, desto besser sei es. Als der Eigentümer des Gebietes in Yorkshire, auf dem das einzig bekannte Exemplar der Frauenschuh-Orchidee *(Cypripedium calceolus)* wuchs, war er sich wohl bewusst, wie gefährlich es sein konnte, wenn zu viele den Standort solcher Seltenheiten kannten.

1930 wurde der Ertrag von einer von Clarence Elliott[56] geleiteten Pflanzen-Expeditionen nach Chile unter den Geldgebern verteilt, zu denen auch Eddie gehörte. Er war sehr großzügig und verschenkte eine beträchtliche Menge seines Anteils, einschließlich Zwiebeln von *Leucocoryne odorata*, die er durch Mr. Weston, seinen Obergärtner, Lady Spencer in Althorp Park schicken ließ.

Der Französische Garten, jetzt der Rosengarten, um die Jahrhundertwende, und wie er sich heute darstellt. Fast alle Statuen und Ornamente sind entfernt worden. Das mittlere Steinbeet ist jetzt ein Brunnen im inneren Hof des Hauses. Die ägyptischen Stelen der Sekhmet sind mehrfach versetzt worden und stehen jetzt im Haus, im Kapellendurchgang. Ein Teil des Säulenwaldes existiert nicht mehr *(oben und rechte Seite oben).*

Im Rosengarten wachsen unter anderem die Rosensorten (von links nach rechts) »Seagull«, »Buff Beauty« und »Felicia« *(rechte Seite unten).*

Der Rosengarten

1939 setzte »Moucher« ihre Zeichen, indem sie den bisherigen so genannten »Französischen Garten« vor dem Gewächshaus des ersten Herzogs umgestaltete. In jenen Tagen war es durchaus akzeptabel, Rosen allein und ohne die nackte Erde bedeckenden Unterwuchs zwischen den einzelnen Stöcken zu pflanzen. Wir haben ihren Gartenteil so belassen, wie sie ihn geplant hatte, und nur Erde und Rosen, wenn unbedingt nötig, ausgetauscht. Das hier vertretene Rosensortiment besteht hauptsächlich aus den Sorten »Felicia«, »Buff Beauty«, »Summer Lady« »Savoy Hotel«, »Mountbatten«, »Iceberg«, »The Queen Elizabeth« und den neueren wie »Polar Star« und »Korresia«; »Seagull« umrankt die Säulen. Die einzige Ergänzung waren Stiefmütterchen in jahreszeitlicher Folge mit Baummalven *Lavatera trimestris* »Silver Cup« und »Mont Blanc« als Unterwuchs, damit vor und nach der Rosenblüte noch etwas Blühendes vorhanden ist. Vor dem Gewächshaus sind Hochstamm-Stachelbeeren gesetzt. Da niemand erwartet, dass Stachelbeeren in dieser Form wachsen, werden sie nicht erkannt und daher nicht abgepflückt.

Die Eibenhecke war hier ungefähr einen Meter hoch. Moucher wollte sie höher haben, vergaß jedoch, alljährlich den Gärtnern zu sagen, dass man sie wachsen lassen solle und war ziemlich erregt, wenn sie von Churchdale herüberkam und sah, dass sie erneut geschnitten worden war. Für jemanden wie sie, die es regelmäßig fertig brachte, während der Schulzeit ihrer Söhne in Eton am 5. Juni zur Feier des 4. Junis dort zu erscheinen, waren diese kleinen Vergesslichkeiten mehr als unerheblich. Trotzdem ärgerte sie sich jeden August über sich selbst. (Wir ließen die Hecke auf zwei Meter Höhe wachsen.)

Im August 1939 gab es eine drei Tage währende Feier zur Volljährigkeit ihres ältesten Sohnes Billy Hartington. Tausende von Leuten waren zu Gartenpartys geladen, und meine Schwiegermutter schüttelte so viele Hände, dass sie am zweiten Tag den rechten Arm in der Schlinge tragen musste. Strahlendes Wetter herrschte die ganze Zeit, und diese Festlichkeit ist den Menschen als einmaliges Ereignis in Erinnerung geblieben.

Weniger als einen Monat später trat England in den Krieg ein, und Eddie und Moucher kehrten

400 Jahre auf einen Blick – der Jagdturm von 1850 über der Hangkante, das Gewächshaus des ersten Herzogs um 1690, der Uhrturm der Stallungen von 1760, der Rosengarten von 1939 und das Schau-Gewächshaus von 1970 (direkt hinter dem des ersten Herzogs).

nach Churchdale zurück. Chatsworth bot einem Mädchen-Internat, Penrhos College, bis 1946 Unterkunft. Im September 1944 fiel Billy Hartington. Die Devonshires kehrten nie wieder auf Dauer nach Chatsworth zurück. Sie verbrachten mehrere Monate des Jahres im wunderschönen Compton Place in Eastbourne, das näher an London lag. Das erleichterte es Eddie, mit den in Kriegszeiten unzuverlässigen Zugverbindungen zu seinem Arbeitsplatz zu gelangen.

Trotz des katastrophalen Arbeitskräftemangels während des Krieges war es durchaus riskant, einen blauäugigen Amateur auf den Garten »loszulassen«. 1941 wurde ein Freund Eddies, Eddie Marsh, früherer Privatsekretär von Winston Churchill, während der Verdunkelung in der St. James's Street von einem Taxi angefahren und übel zugerichtet. Unser Eddie hatte Mitleid mit ihm und lud ihn ein, sich in Churchdale zu erholen. Nach zwei Wochen war er wiederhergestellt, und wir nahmen alle an, er würde nach Hause zurückkehren. Stattdessen traf ein Lieferwagen mit dem Inhalt seines Weinkellers ein, einschließlich zahlreicher Flaschen seines Lieblings-Drambuie. In diesem Moment wurde allen klar, dass Eddie nicht die Absicht hatte, sich zu verabschieden.

Eddie Marsh hatte nichts zu tun und erbot sich daher freiwillig, im Garten zu helfen. Manchmal wurde er von Churchdale nach Chatsworth mitgenommen, wo er reichlich Schaden anrichtete, indem er Bäume und alles mögliche nach dem Zufallsprinzip beschnitt. Mein Schwiegervater, ein freundlicher Mann, der die Gefühle des Freundes nicht verletzen wollte, versuchte einfach, seine Energie auf anderes zu lenken und bat ihn, Schneeglöckchen zu versetzen. Da Eddie zwei Jahre blieb, hatte er reichlich Einfluss auf die Schneeglöckchenpopulation, pflanzte sie allerdings regelmäßig an so unpassenden Stellen, dass sie erneut versetzt werden mussten. Er mag ein guter Privatsekretär gewesen sein, aber im Garten war er eher ein Schädling.

Die Mädchen vom Penrhos College waren während des Krieges ideale Mieter in Chatsworth, und alle, die mit Haus und Garten zu tun hatten, waren den Schülerinnen und dem Lehrkörper sehr zugetan. Schulleiterin war die einmalige Miss Smith. Und mit dem Schulbetrieb änderten sich die Gepflogenheiten im Garten umgehend. In den Saatgutbestellungen tauchten von nun an nicht mehr Blumen und Sträucher, sondern nur noch Gemüse auf. Die Kräuterrabatten wurden zu Zwiebelbeeten, eingemischt mit Salatsorten, und wo immer Platz war, pflanzte man Kartoffeln. Unnötige Arbeiten wurden eingestellt. Die Rasenflächen blieben ungemäht, und die Heidepartien und Wildblumen wucherten. Lehrkörper und Schülerinnen von Penrhos engagierten sich mit großem Einsatz für das von der Regierung proklamierte Programm »Pflügen für den Sieg« und halfen den Gärtnern, die nicht zum Militärdienst eingezogen worden waren, bei ihren Bemühungen, Nahrungsmittel für die 300 Bewohner pro Schuljahr anzubauen. 1940 steckte die Sportlehrerin, Miss Bennet, mit Hilfe der im Garten Beschäftigten acht Rasentennisplätze auf dem Südrasen ab. Miss Bennet selbst mähte diese mit einem »Ransome 30 Automatic«, dem letzten Schrei unter den Rasenmähern. An den Luxus von Fangnetzen um die Plätze war nicht zu denken. Den Spielern mussten also entweder viele Bälle verlustig gegangen sein, oder sie hatten jüngere Mädchen dazu verdonnert, »Balljungen« zu spielen.

Die Devonshires erwiesen dem Garten einen großen Dienst, als sie Bert Link 1940 als Obergärtner verpflichteten. Seine vierunddreißigjährige Arbeitszeit in Chatsworth begann, vorsichtig ausgedrückt, wenig vielversprechend, denn als der Krieg ausbrach, waren die meisten gesunden Männer eingezogen worden. Lediglich zwei oder drei verblieben, die vom Militärdienst befreit waren, um Gemüse anzubauen. Bert betrieb das Obstgewächshaus fast allein und begann einen schwunghaften Handel mit Pfirsichen, Nektarinen und Weintrauben, die er (zu 2 Shilling die Traube) an die Mädchen verkaufte. Letztere sparten eisern ihr Taschengeld, um sich diese Leckereien kaufen zu können, hatten sie doch so lange auf importierte Südfrüchte verzichten müssen. Bei den späteren Klassentreffen erinnerte man sich stets an den allseits beliebten Mr. Link.

In der Zwischenzeit hatte mein Schwiegervater, damals im besten Mannesalter, in Churchdale und Compton Place seine Liebe zur Forstwirtschaft entdeckt und verbrachte seine Freizeit damit, Bäume zu fällen und sie zu Brennholz zu machen. Er war ein fleißiger Arbeiter und der penibelste Forstmann weit und breit. Seine Äxte, Sägen und Keile wurden im nächstgelegenen Schuppen aufbewahrt, und er verschwand jeden Abend nach dem Abendessen, mit einem uralten, sehr sägespänehaltigen Samtjackett bekleidet, um den Holzvorrat weiter zu vergrößern. Im November 1950 stellte sich heraus, dass er sich wohl zuviel zugemutet hatte. Er brach bei seiner Lieblingsbeschäftigung zusammen und starb mit erst 55 Jahren.

Die Mädchen vom Penrhos College, Mieter des Hauses in Kriegszeiten, beim Schlittschuhlaufen auf dem Kanal im harten Winter von 1940 *(oben)*.

Der Kanal und die Südfassade im Frühjahr. Die Zaren-Fontäne ist eine ideale Wind- und Wetter-Fahne.

»Ans Licht gebracht«

Die frühen Jahre des elften Herzogs

1950 – 1970

Mein Porträt von Pietro Annigoni.

Der Ring-Teich und die Schlangenhecke *(vorhergehende Doppelseite)*.

Ein Blick vom Südrasen über die in einander verschlungenen Linden auf den Kaskaden-Tempel an einem stürmischen Herbsttag.

Durch den plötzlichen und unerwarteten Tod meines Schwiegervaters Eddie im Jahr 1950 sah sich Andrew praktisch über Nacht dem Freud und Leid der Verantwortung für jenen ungewöhnlichen Besitz ausgesetzt, auf dem wir leben. Gleichzeitig bedeutete es das abrupte Aus für alle ehrgeizigen Pläne, die wir für den Garten hegten. Die Regierung Attlee hatte Steuergesetze durchgesetzt, die alles übertrafen, was man je in diesem Land gekannt hatte. Auf den gesamten Besitz meines Schwiegervaters wurde eine Erbschaftssteuer von 80 Prozent erhoben. 17 Jahre vergingen, bevor diese gigantische Rechnung, die man uns präsentiert hatte, endlich beglichen war, und die mir im übrigen als Belohnung für ein Leben im Dienst des Staates zumindest eigenartig erschien.

Am Tag nach Eddies Beerdigung bat mich Bert Link um ein Gespräch. »Haben Sie einen besonderen Wunsch? Ich meine, unsere Arbeit betreffend?« Ich war einigermaßen verblüfft. Zum ersten Mal dämmerte mir wohl, dass Andrew jetzt die Verantwortung für Chatsworth trug, und mir durch ihn ebenfalls eine maßgebliche Rolle zufallen sollte. An diesem Tag begann die 25 Jahre währende glückliche Zusammenarbeit zwischen Link und mir – nur war es für mich nie Arbeit, sondern das reinste Vergnügen.

Andrew und ich sowie unsere beiden Kinder (das dritte kam 1957 zur Welt) waren 1946 mit Vögeln und anderen Haustieren von Ashford in the Water nach Edensor House gezogen, nachdem Andrew aus dem Krieg heimgekehrt war. In Edensor hatten wir in unmittelbarer Nähe von Chatsworth gelebt, das wir praktisch zu Fuß erreichen konnten, und schon vor unserem Umzug in das große Haus 1959 verbrachten wir viel Zeit dort. Als dann Freunde kamen und über Nacht blieben, war es, was es heute noch ist, ein gastlicher, unterhaltsamer Ort, an dem es je nach Geschmack drinnen wie draußen viel zu sehen gibt.

Die Südfassade

Die ersten Veränderungen wurden 1951 vorgenommen und geschahen an der Südfassade. Andrew ließ die verspiegelten Glasscheiben gegen jene auswechseln, die Sie heute noch sehen. Die Fenster in den Prunkzimmern im zweiten Stock haben je 28 und die im ersten Stock jeweils 24 Scheiben. Die Fensterrahmen, seit dem 18. Jahrhundert mit Blattgold überzogen, und die schiebbaren Fensterteile wurden vom Hausschreiner aus dem Holz der gefällten Park-Eichen gefertigt, die Großmutter Evie schon Jahre zuvor für diesen Zweck trocken lagern hatte lassen. Und noch immer genügt der kleine Finger, um die Fenster auf und ab zu bewegen.

Obwohl dies mit dem Garten an sich nichts zu tun hatte, war es doch eine angenehme und längst überfällige Veränderung der Außenansicht. Das viktorianische Spiegelglas, vom Junggesellen-Herzog 100 Jahre zuvor als eine Art Offenbarung begrüßt, hatte dem Gebäude einen toten blinden Blick verliehen, und da die Menschen dazu neigten, von der Zaren-Fontäne angezogen zum Haus zurückzublicken, waren diese Fenster für Gartenbesucher von großer Bedeutung.

Eine weitere Änderung deutete sich für die Südseite an. Wir waren der Meinung, dass die erhabenen Beete auf dem Südrasen, von Tuffsteinen eingefasst und von Großmutter Evie mit einigen mageren Poulsen-Rosen bepflanzt, von den Proportionen her für die großzügige Anlage viel zu klein seien. Wenn eine Blütenpflanze überhaupt je deprimierend wirken kann, dann ist (oder war) es die Poulsen-Rose. Die kleinen Beete mit ihren kümmerlichen, nicht duftenden Pflanzen waren kaum angemessen für diesen wichtigen Gartenteil, also mussten sie weichen.

Seit Jahren schon hatte ich einen passenderen Rahmen für das Haus – vom Kanal her gesehen – im Sinn. 1952 sprangen wir ins kalte Wasser und bestellten 208 rotbezweigte Sommerlinden *Tilia platyphyllos* »Rubra« aus Holland, um zwei von Nord nach Süd verlaufende Doppelreihen entlang des Rasens zu pflanzen, wobei wir jeweils »Nischen« für die Statuen des Junggesellen-Herzogs aussparten. Die Linden wirkten klein und zierlich im Vergleich zu den kräftigen Pfählen, die wir jedem jungen Baum als Stütze beigaben. Und es waren anfangs eher die Stützen, die wie Bäume aussahen, während ihre jungen Schützlinge wie Schnüre wirkten, an die sie gebunden waren. Jahrelang fiel es schwer zu glauben, dass sich die Linden eines Tages in sich selbst stabilisieren würden, und niemand vermochte vorherzusehen, dass ihre Äste schließlich eine Spannweite von gut sechs Metern erreichen würden – also die Ausmaße, die wir als die richtige Proportion für ihre bedeutende Rolle in diesem Gartenteil auf dem Plan festgelegt hatten. Eine Kraft im Büro der Verwaltung, die um die exponierte Lage der Linden wusste, die ja den vorherrschenden Westwinden ausgesetzt waren, ordnete an, dicke Zement-Einlagen in die Pflanzlöcher der jungen Bäume zu geben. Die Idee dabei war, die Stabilität der Bäume zu sichern – was sicher auch richtig war –, allerdings ging dies auf Kosten der Wurzelausbreitung der jungen Linden, die nur in eine Richtung wachsen konnten. Die Drahtseile zwischen den Stützen, entlang derer die Äste gezogen werden sollten, sahen wie Hochspannungsleitungen aus, ein Anblick, mit dem wir jahrelang leben mussten. Als die Äste miteinander verschmolzen, hatten die Führungsdrähte ihre Schuldigkeit getan, und alles löste sich in Wohlgefallen auf.

Die Linden werden einmal pro Jahr geschnitten, und zwar Ende Juli. Zwei Männer arbeiten zwei Wochen daran. Sie stehen dabei auf einer fahrbaren Hebebühne und benutzen elektrische Hecken-

Porträt von Andrew von Theodore Ramos.

Der schlafende Endymion und sein Hund, eine Auftragsarbeit des Junggesellen-Herzogs, auf dem Südrasen.

Blick nach Südwesten über den Südrasen und den Westgarten zum Park mit dem New Piece Wood am Horizont.

Von Efeu überwachsener Kalktuff umgab die Rosenbeete auf dem Südrasen zwischen den Kriegen. Die dort platzierten Statuen wandten dem Seepferde-Brunnen den Rücken zu *(links)*.

Die ineinander verschlungenen Linden auf dem Südrasen, die wir 1952 als Ersatz für die Rosenbeete pflanzten. Die Statuen in den Nischen sind jetzt dem Seepferde-Brunnen zugewandt *(rechte Seite)*.

Der Treppenaufgang zur Südterrasse im Frühsommer. *Verbascum bombyciferum* (Broussa-Silberkerze) liebt den trockenen Kiesweg und die sonnige Lage. Die Lorbeerbäume in Kübeln überwintern im Haus.

Die Blumenkästen aus Eisen, gefüllt mit Geranien »Vera Dillon« und gesäumt von Pelargonien der Sorte »Madame Crousse«. Die blassrosafarbene »Cleopatra« ist in Kübeln gepflanzt *(links)*.

scheren. Die Hecke ist so breit, dass man selbst mit ausgestreckten Armen die Mitte nicht erreichen kann. Deshalb muss sich ein Mann mit Kopf und Schultern von unten durch die Äste zwängen, zur Überraschung derer, die aus den Fenstern der Prunkräume sehen. Das Erscheinungsbild der Linden für das kommende Jahr hängt vom Augenmaß und dem Geschick der Heckenschneider ab. Stets ist es ihnen gelungen, die lange Baumreihe so glatt wie eine Tischplatte zu scheren. Die scharfgeschnittenen Winkel auf einer Länge von knapp 160 Metern sind ein Ergebnis ihres Könnens. Frisch getrimmt, bieten die Linden ein sehr befriedigendes Bild. Im Frühjahr verstärkt der rote Schimmer ihrer Äste die Verheißung dessen, was noch kommen wird.

Eine weitere Besonderheit der Südfassade sind die Fensterkästen. Ich kann mich nicht erinnern, je diese Art von Schmuck an einem anderen großen Landsitz gesehen zu haben. Wir jedoch haben diese Fensterkästen, und sie müssen mit Erde gefüllt, bepflanzt und gewässert werden. Davon abgesehen, sind sie ausgerechnet aus Eisen und daher schrecklich schwer, aber da ihre Bepflanzung das einzig Blühende ist, das von den Fenstern der Salons und des Speisezimmers gesehen werden kann, bilden sie eine willkommene Abwechslung bei all dem Stein, Rasenflächen und Bäumen.

Der Goldlack, der von Oktober an den ganzen Winter hindurch einen grünen Blättersaum unterhalb der Fenster im ersten Stock bildet, ist von der Sorte »Blood Red« *(Cheiranthus cheirii* »Blood Red«). In einem Jahr hatten wir es mit der orangeroten Variante »Fire King« versucht, aber das war ein Missgriff, da sich die Blütenfarbe kaum vor dem Stein abhob, und wir kehrten zu unserem alten Favoriten zurück – zehn Kästen mit je 40 Pflanzen. Diese bieten gleichzeitig einen geschützten Nistplatz für Bachstelzen, und es vergeht kaum ein Frühling, da Pflanzen um ein Nest herum belassen werden müssen, bis die jungen Vögel geschlüpft und flügge geworden sind. Allerdings dürfte es einen Nicht-Eingeweihten recht seltsam anmuten, wenn er ein Tuff verblühten Goldlacks zwischen den frisch gepflanzten Pelargonien entdeckt.

Die Pelargonien, die dem Goldlack folgen, sind von der Sorte »Vera Dillon«, brillante Farbtupfer aus Braunrot und Scharlachrot, eine wahre Augenweide. Ich habe diese Sorte zum ersten Mal im Garten meines Vaters in Redesdale in Northumberland gesehen, und er sagte mir, er habe sie von einem Gärtner im Ort, der sie nach seiner Tochter benannt habe. 400 Stecklinge werden alljährlich im September davon für das folgende Jahr gemacht. Die blassrosafarbene, efeublättrige Pelargonie »Madame Crousse« pflanzen wir vor die »Vera Dillon« entlang der Fensterkastenränder. Sie wachsen kaskadenartig über die eisernen Kästen und lassen die harten Linien weicher erscheinen. Und wie Pelargonien heiße Sommer lieben! Ihre Blüten werden desto größer und voller, je mehr Sonne sie bekommen, und lassen prompt an Üppigkeit zu wünschen übrig, wenn das Wetter kühl und feucht ist. Das Wässern der Kästen entlang der Kapellenwand war eine Sorge, denn an den Stellen, wo Rost die Kästen angefressen hatte, tropfte ständig Gießwasser auf das Holz der Kapellenwand. Die unvermeidliche Trockenfäule war die Folge. Mittlerweile ist aller Schaden behoben. *Verbascum bombyciferum* (auch bekannt als *Verbascum broussa*), die Broussa-Königskerze, säht sich selbst überall an der Südfassade aus und würde bald aus dem breiten Kiesweg unterhalb des Hauses einen silbrig-gelben Kerzenwald machen, würden wir dem nicht Einhalt gebieten. Diese zweijährige Staude ist zu einer Art Wahrzeichen dieses Gartenteils geworden. Sie wird 1,80 bis 2 Meter hoch und hat fleischige, mit einem Wollflaum bedeckte Blätter. Der Stengel wächst aus einer perfekten Blattrosette, die sich aus der Saat des Vorjahres bildet. Die gelben Blütenstände kommen im Juni, reihen sich um einen silbrig glänzenden, wattigen Stengel, der sehr schnellwüchsig ist. Ihre Blütezeit ist lang. Je karger der Boden, desto wohler scheinen sich die Königskerzen zu fühlen. Es ist ein Wunder, dass sie genug Wasser bekommen, um zu überleben, wenn sie aus den Lücken zwischen den Pflastersteinen wachsen. Ich liebe sie, aber andere finden, dass sie unordentlich aussehen und sind wenig begeistert, sie an solch prominenter Stelle zu entdecken. Ich habe schon gehört, wie die Leute gesagt haben »Schon komisch, dass sie die Disteln vor dem Haus nicht rausreißen.« Andere wiederum bitten um Samen, und wenige wissen, dass sie wie die Pflanzen im Märchen »Dornröschen« ungeheuer wuchern und alles andere verdrängen.

Es ist mir ein Rätsel, was den Junggesellen-Herzog bewegt haben könnte, den wunderbar geschwungenen Treppenaufgang aus den Neunzigerjahren des 17. Jahrhunderts an der Südfassade abzureißen. Der Ersatz ist der der Treppe von Chiswick House in London nachgebildete Aufgang, der

Die rosarote Kletterrose »Seven Sister Rose« *(Rosa multiflora platyphylla* »Grevillei«, auch bekannt als »Platyphylla«), an der Elisabethanischen Balustrade über dem Westgarten und Park *(folgende Doppelseite).*

Der Kopf von Cibber neben den Stufen der Südterrasse, der meiner Schwester Unity so ähnlich ist.

Blick auf die Büste des sechsten Herzogs durch die Schlangenhecke Ende April, wenn die Buchen frisch austreiben *(folgende Doppelseite)*.

Der Junggesellen-Herzog, Büste von Thomas Campbell. Er blickt von seinem griechischen Sockel über die Schlangenhecke hinweg.

sich dort als Teil des Originalplans durchaus harmonisch eingefügt hatte. Hier jedoch wirkt die steinerne Masse eher klobig und unelegant und irgendwie plump an das Gebäude geklebt. Ganz abgesehen davon macht die Treppe die Räume im Parterre ausgesprochen dunkel. Vielleicht eines Tages ... Der Junggesellen-Herzog behielt die *»zwei Schlusssteine, in die Phantasieköpfe modelliert waren, vermutlich von Cibber, einmal der eines Satyrs, während der andere wie der Versuch eines Porträts von Lady Jane Montague wirkt, deren frühen Tod wir in unserer Jugend betrauerten«* und fügte sie in den neuen Treppenaufgang mit ein. Der Kopf, der ihn an Lady Jane Montague erinnerte, sieht meiner Schwester Unity sehr ähnlich, deren kürzlichen Tod ich betrauere.

Unterhalb der Treppe, die aus den Salons hinunter zum südlichen Rasenstück führt, ist eine *»Bronzestatue des Endymion«* schrieb der Herzog, *»von Chantrey nach einem Abguss gearbeitet, der in Rom gemacht wurde: scheint mir, dass die Kunst, Bronze zu gießen, die geeignet ist, unser Klima zu ertragen, in England unbekannt ist.«* Bei einer Veranstaltung des »Women's Institute« im Garten in den Dreißigerjahren stand meine Schwiegermutter neben zwei Mitgliedern der Vereinigung, die den nackten Endymion anstarrten. »Wer ist denn das?« fragte die eine ihre Freundin. »Ach, das ist Sir Walter Scott«, war die wegwerfende Antwort.

Vom Haus aus nach Süden parallel zu den ineinander verschlungenen Linden verläuft die *»ehrwürdige* (Elisabethanische) *Balustrade«*, die der Junggesellen-Herzog *»ans Licht brachte, nachdem sie unter einer Stechpalmenhecke fast völlig verborgen gewesen war. Die Hecke war ein ziemlicher Verlust, aber sie ist wohl ersetzt durch getrimmten Pyracantha* (Feuerdorn).« Mittlerweile hat sich auch dies geändert. Die Balustrade stützt nun die höchst modischen Kletterrosen, die bis zu den Eiben am Pfad darunter reichen. Als diese zügellos wuchernden Kletterer in den Siebzigerjahren praktisch zu einem unabdingbaren Bestandteil eines jeden schicken Gartens gehörten (oft auf Kosten alter Obstbäume als Wirtspflanze, die sie bald mit ihrem schnellen Wachstum und dem daraus resultierendem Gewicht zum Einsturz brachten), erzählte mir der Fotograf Derry Moore, dass in jedem Garten, den er fotografiere, die Dame des Hauses gefragt werde: »Ist das eine ›Bobbie James‹?« Wenn nicht, dann war es »Kiftsgate«, »Wedding Day«, »Rambling Rector« oder »Seagull«. Als Sklavin der Mode, die ich nun einmal bin, habe ich sämtliche diese Rosen gepflanzt, einschließlich der Sorte »Grevillei«.

Die Schlangenhecke

Die nächste große Aufgabe war die Pflanzung der Schlangenhecke im folgenden Jahr 1953. Ich hatte eine geschwungene Gartenmauer in Hopton Hall in der Nähe von Wirksworth gesehen und wollte etwas Ähnliches in unserem Garten schaffen. Eine Mauer stand außer Frage, also schien eine Hecke die richtige Alternative zu sein. Gleichzeitig waren wir alle der Meinung, dass die Bronzebüste des Junggesellen-Herzogs von Campbell einen schöneren Zugang verdiene als den einfachen Waldpfad. Außerdem sollte es einer sein, der die Aufmerksamkeit besser auf die Büste lenken konnte. Drei große Bäume mussten gefällt werden, um eine Schneise auf der vollen Länge zu schaffen, ohne Unterbrechung oder überhängende Ästen, die den Wuchs der neuen Buchen behindern würden. Doch dieses Opfer schien die Sache wert zu sein.

Die Büste selbst steht auf *»einer Säule oder einem Sockel, bestehend aus vier runden Marmorscheiben, insofern von Interesse, als sie Teil des Tempels der Minerva Sunias waren. Sir Augustus Clifford hatte sie mit nach Hause gebracht. Wobei er diese natürlich nicht aus dem Heiligtum entwendete, denn die Säulen waren bereits zum Strand hinunter gerollt, wo Sand und Wellen sie bald verschüttet hätten«*, schreibt der Junggesellen-Herzog. Bei einem gewissen Licht bekommt der Marmor einen meergrünen Schimmer, so als sei er erst vor kurzem dem Meer entrissen worden. Der Herzog fuhr fort: *»Die Büste wurde von Campbell ohne Auftrag geschaffen und hatte zwanzig Jahre lang, oder mehr, den Platz in seinem Atelier verstellt. Schließlich habe ich ihn davon befreit, und in ihrer exponierten Stellung muss sie nun den Stürmen des Peak District trotzen. Eines allerdings ist sicher: Noch keine Büste zuvor hatte wohl einen so großartigen Sockel.«*

Sie musste 1962 einen verheerenden Sturm über sich ergehen lassen, der sie von ihrem so überaus »großartigen« Sockel riss und unter einem Gewirr aus Ästen und Zweigen begrub ... ein trostloser Anblick. Aber Bronze ist ein hartes Material, und sie überlebte unbeschädigt. Fünf Waldbäume fielen in jener Nacht über die neun Jahre alte Hecke. Die umgeknickten jungen Buchen wurden sofort ersetzt, und ein Jahr später war das angerichtete Chaos kaum noch vorstellbar.

Die geschwungenen Linien für die Pflanzung der Hecke abzustecken, war kompliziert. Wir zogen Dennis Fisher, den damaligen Verwalter, hinzu, der uns bei den mathematischen Problemen helfen sollte. Er und Bert Link pflockten die Pflanzlinien in drei oder vier unterschiedlichen Breiten aus,

versahen den Streifen mal mit stark geschwungenen, mal mit sanfteren Kurven, bis alle zufrieden waren, sodass 1500 Buchen in einem gestaffelten Abstand von 45 Zentimetern gepflanzt werden konnten. Der Vorteil von Buche (wie übrigens auch der Hainbuche) ist, dass sie ihre Blätter den Winter über behält, sodass die gestalterische Form der Pflanzung stets sichtbar bleibt – sommergrün oder winterbraun, aber niemals nackt. Die Pflanzen waren 45 Zentimeter hoch und wirkten in ihrer Jugend geradezu lächerlich, fast, als habe ein Kind einen Garten für Zwerge gebastelt. Bei der Gartenarbeit braucht man einen festen Glauben und Geduld, wobei Geduld weitaus schwieriger aufzubringen ist.

Im folgenden Jahr, 1954, pflanzten wir mehr Buchen, um den Kreis zu vervollständigen, der den Ring-Teich umgab, und um eine Avenue als Verbindung zur Promenade zu schaffen. Bis dahin war nur die Hälfte des Teichs eingefasst gewesen, und diese Halbheit sollte ein Ende haben. Ein oder zwei Jahre später las eine Frau die Plakette, die in Erinnerung an die Pflanzung von 1953 angebracht worden war, und ich hörte, wie sie sagte: »Stellt euch vor, da bringen sie großartig ein Hinweisschild auf eine Hecke an, die erst vorgestern gepflanzt worden ist.« Je länger ich hier lebe, desto mehr wird mir bewusst, wie wichtig es ist, exakt dies zu tun. Anderenfalls wird alles im Nebel unserer schnelllebigen Zeit untergehen. Die mobile Arbeitsplattform mit dem Team der Heckenschneider trifft hier im August ein, sobald sie mit den Linden fertig sind. Die Buchen werden auf den Längsseiten auf vier Meter und um den Teich auf fünf Meter Höhe geschnitten.

An der ursprünglich bereits vorhandene Hecke am Ring-Teich stehen die Hermen (auch unter dem Begriff »Kultsteine« bekannt), pfeilerartige Säulen mit Köpfen, entworfen von William Kent und 1893 von Chiswick House nach Chatsworth versetzt. Ich bin sicher, Sie finden einen Bekannten unter ihnen ..., alle haben die Gesichter von Menschen, die wir kennen, und sie sind verblüffend modern, trotz ihrer Haartracht und ihres Kopfschmucks.

Der Ring-Teich, umgeben von an Trimmhilfen geschnittenen Eiben und einer hohen Buchenhecke. Die steinernen Hermen, die an der Hecke stehen, kamen aus Chiswick House.

Das Schneiden der Buchenhecke.

Blei-Urne aus dem 18. Jahrhundert an der Südfassade *(oben)*. Darunter eine französische oder flämische Marmorurne aus dem frühen 18. Jahrhundert. Englische Bleiguss-Gruppe aus dem späten 17. Jahrhundert – Samson, den Philister erschlagend – im Rosengarten *(Mitte)*. Zwei Marmorstatuen aus dem 19. Jahrhundert nach antiken Vorbildern an der Promenade: Venus Pudica und Germanicus *(rechts und rechte Seite)*. Englische Steinbüste aus dem späten 17. Jahrhundert am Gewächshaus des ersten Herzogs *(rechte Seite oben)*.

Mitten zwischen den Felsen im Ring-Teich gibt es eine Fontäne, die aus dem Schnabel einer Blei-Ente sprüht, berühmt und erwähnenswert aufgrund ihres Entstehungsjahres 1692. Im Frühling müssen wir vom Rand aus ein Brett bis zur Brunnenmitte legen, um es den Wildentenkücken zu ermöglichen, nach einem Badeausflug wieder festen Boden unter die Füße zu bekommen. (Einen ähnlichen Lebensretter in Brettform gibt es auch im Tulpen-Springbrunnen im Westgarten.)

Die Hermen und die Ente sind nur einige der zahlreichen von Menschenhand geschaffenen Ausschmückungen im Garten. Einige sind speziell für den Garten angefertigt worden, etliche stammen ursprünglich von anderen Besitzungen der Cavendishs und haben sich hier so eingefügt, dass sie aus unserem Garten nicht wegzudenken sind: Säulen, Steintreppen, ein griechischer Altar, Löwen, Hunde, Ziegen, Wildschweine, Schlangen, nackte Erwachsene und Kleinkinder, die in der rauen Luft Derbyshires frieren müssen, ein römischer Sarkophag, schmiedeeiserne Arbeiten und Pavillons sind feste Bestandteile der Freuden eines Gartenspaziergangs.

Und es gibt Vasen, Wasserbecken und Tazzas in rauen Mengen. John Betjeman sagte gewöhnlich: »Bist du in Chatsworth, versuche die Urnen zu zählen.« Machen Sie sich da auf etwas gefasst: Es gibt Dutzende davon aus allen Zeiten, in jeder Form und Größe, ob einheimisch oder fremdländisch, ob aus Stein, Blei oder Marmor, ob groß und schlank, klein und rundlich, verziert oder schlicht – überall und wohin das Auge fällt.

Eine Hermenstele am Ring-Teich *(oben)*.
Die Cavendish-Schlange, um 1820 in Stein gemeißelt, im Sockel einer Statue an der nördlichen Umfahrung *(unten)*.

Innenansicht des Schau-Gewächshauses. Die Ersatztischplatte aus Sheldon-Marmor, der ungefähr acht Kilometer von Chatsworth entfernt abgebaut wird, trägt Daturas in Töpfen, die ins Haus verlegt werden, sobald sie blühen. Ein Baumfarn (*Dicksonia antartica*), Zitronenbäume und *Brunfelsia pauciflora* (Brunfelsie) gedeihen hier im mediterranen Klima.

Das Schau-Gewächshaus

In den späten Sechzigerjahren fanden wir, dass die Zeit gekommen sei, um etwas Neues im Garten zu schaffen, ein Gebäude, das sich harmonisch einfügt und doch etwas vom Geist der letzten Hälfte des 20. Jahrhunderts ausströmt. Dafür bot sich ein Platz ganz besonders augenfällig an, nördlich des Gewächshauses des ersten Herzogs, wo eine schreckliche Schlachtschüssel aus Sträuchern wuchs und eine hässliche Hütte stand, einst die Kantine der Gärtner. Unsere Vorstellungen nahmen konkrete Formen an, als wir 1968 das neue Gewächshaus im Königlichen Botanischen Garten von Edinburgh sahen. Es machte einen unauslöschlichen Eindruck auf uns. Die Glashauskonstruktion kam ohne innere Stützen oder Verstrebungen aus, wirkte von außen geradezu zierlich und luftig, und die Pflanzen im Inneren gediehen prächtig. Der Architekt war George Pearce. 1970 baute er für uns das Schau-Gewächshaus in Chatsworth.

Das Schau-Gewächshaus. Es wurde 1970 ohne innere Stützkonstruktion erbaut. Kamelien sind im März die Hauptattraktion.

Lastwagenladungen von Schwemmlanderde, die Hinterlassenschaft der Überschwemmungen vieler Jahrhunderte, wurden vom Flussufer heraufgebracht, um die Beete zu füllen, und die Ziegelsteine für die Wege kamen aus dem alten Küchengarten. Als es fertiggestellt war, sah es so aus, als habe man drei riesige leere Räume, die möbliert werden wollten. Sie waren dazu vorgesehen, Pflanzen aus drei verschiedenen Klimazonen aufzunehmen: die tropischen im sogenannten »Backofen« an einem Ende, die mediterranen in der mittleren Sektion und die aus den gemäßigten Zonen am Ost-Ende. Es war aufregend, zu sehen, wie schnell die tropischen Pflanzen wuchsen. Der Mühe Lohn stellte sich umgehend ein – wie bei jenen Pflanzen, die schon den Junggesellen-Herzog in seinem Großen Gewächshaus verblüfften. Innerhalb von drei Jahren war das Gewächshaus gut bestückt, und das Ergebnis erfüllte unsere höchsten Erwartungen. (Allerdings findet das Schau-Gewächshaus nicht immer uneingeschränkte Zustimmung: »Das ist die Scheußlichkeit, von der ich dir erzählt habe«, hörte ich eine Besucherin zu ihrer Freundin sagen.)

Kamelien wachsen am kühlen Ende, wie auch die herrliche gelbe *Mahonia lomariifolia* (chinesische Mahonie), die trübe Novembertage erhellt. Es gibt Fuchsienbögen, eine Aprikose, und die Esskirsche »White Heart«, die bei uns im Freien nicht gedeihen würde. Zitrusbäume wachsen in der Mitte der mediterranen Abteilung: Orangen und Zitronen wie auch Limonen, die ihren reinen, frischen Duft

Hibiscus waimeae (oben).

Passiflora x violacea (darunter).

Datura »Grand Marnier« *(oben).*

Die Zwergbanane *Musa acuminata* »Cavendishii« *(darunter).*

Die sitzende Figur der ägyptischen Göttin Sekhmet aus Karnak. Sie gehört zu einem Paar, das vom sechsten Herzog um 1830 nach London gebracht wurde. Obwohl aus Granit, hat man uns empfohlen, sie ins Haus zu verlegen, sodass sie 1991 die Schlangenterrasse verlassen haben.

verströmen, sobald sie in die Küche gelangen. Marienkäfer und Wespen wurden als biologische Kontrolle gegen Schildläuse und Mottenschildläuse eingesetzt. Jim kauft diese »guten« Insekten. Thunbergien (Schwarzäugige Susanne, Schlingpflanze) ranken, und Brugmansien (Engelstrompeten) recken sich zwischen ihnen hoch. Von den Engelstrompeten mag ich eigentlich nur die weiß blühenden, aber die orangeroten schmuggeln sich immer wieder ein. Eine der vielen Gouvernanten, die meine Schwestern und mich unterrichteten, warnten uns stets, unter einer Engelstrompete zu schlafen, da man sonst verrückt werde. Ich habe es nie probiert, aber nach der Erziehung zu urteilen, die wir genossen, glaube ich, dass die Dame vermutlich recht hatte.

Einer der Stars der mittleren Abteilung ist der nachtblühende Saguarokaktus, *Selenicereus giganteus* (bekannt als *Carnegiea gigantea*), ein enger Verwandter des *Selenicereus grandiflorus* aus Jamaika. Er schlägt stets alle in seinen Bann, die ihn zum ersten Mal blühen sehen. Vielleicht ist er auch durch die Illustration von Philip Reinagle in Thorntons *Temple of Flora* bekannt, auf der eine Uhr auf einem sehr englischen Kirchturm zu sehen ist, deren Zeiger auf Mitternacht stehen, während die bleiche Blüte des Kaktus in der Dunkelheit leuchtet. Dieser *»Sukkulent bietet sich dem Betrachter grotesk und phantastisch zugleich dar, hat er doch Blüten, die tatsächlich die Leuchtkraft einer Taschenlampe besitzen … und den feinen Duft von Balsam verbreiten.«*[57] Wie schon der Name sagt, blüht er nur nachts. Am darauffolgenden Morgen hängen die cremefarbenen Blüten, einige davon erreichen einen Durchmesser von 15 Zentimetern, schlaff und leblos wie alte Handschuhe an der Pflanze. Bei einer einzigen großartigen Nachtvorstellung kann er bis zu 80 Blüten hervorbringen, wobei sich einige vorwitzige und einige Nachzügler in der Nacht davor und danach zeigen. Der Kaktus wiederholt seine Juni-Mitternachtsschau, allerdings mit weniger Blüten, vielleicht noch zweimal während des Sommers.

Kommt man im Dunkeln, um den nachtblühenden Kaktus zu erleben, sollte man darauf achten, sich die Schienbeine nicht an den Kanten der riesigen grau-weißen Sheldon-Marmorplatte zu stoßen, die wie ein niedriger Tisch inmitten der Blumenbeete liegt. Dieser Stein, 340 Millionen Jahre alt – voller Versteinerungen von Krustentieren aus der Zeit, als der Peak District von einem warmen Meer bedeckt war, und wie er noch heute 1,5 Kilometer von Ashford in the Water entfernt abgebaut wird –, wurde vom Junggesellen-Herzog als Erzatzplatte für den Tisch erworben, der jetzt in der Bildhauer-Galerie steht. Chatsworth besitzt demnach gleich zwei Platten für den größten Tisch, den Sie je gesehen haben.

Die »Backofen«-Abteilung des Schau-Gewächshauses konzentriert sich um ein rundes Bassin, in dem die *Victoria amazonica* (aus Saatgut gezogen) im Sommer im Akkord wächst. Papyrus und Zuckerrohr gedeihen hier ebenfalls, wie auch einige epiphytische Orchideen und die seltsam schöne Kletterpflanze Jadewein *(Strongylodon macrobotrys)* mit ihren hängenden Blütentrauben, ähnlich der Wisterie (Blauregen). Gardenien verströmen ihren betäubenden Duft. *Jasminum nobile* ssp. *rex* ist groß, aber geruchlos, und das gilt auch für die gelbe *Allamanda* (Goldtrompete, kletterndes Hundsgiftgewächs). Der schönste tropische Duft von allen jedoch kommt von den Blüten des Frangipani-Baumes *(Plumeria rubra)*, der seine Berühmtheit durch die hawaiianischen Blütenkränze erlangte.

Eine ungewöhnliche Pflanze im tropischen Sektor ist die *Pamianthe peruviana* (Amaryllisgewächs), die wie zu groß geratener Lauch aussieht. Sie bringt im Frühling süß duftende, rein weiße Lilienblüten hervor, die ein wunderbares Pendant zu den Hyazinthen im Haus abgeben. Die *Pamianthe peruviana* wurde von Major Pam entdeckt, der sie an einige Freunde verschenkt hat, darunter auch an meinen Schwiegervater, und ich meine, diese Schönheit ist im Handel noch immer nicht erhältlich. *Tacca aspera* (samoanische Teufelsnarzisse oder Teufelsblume, schwarz), sogar noch schwärzer als die Tulpe »Queen of Night«, wächst hier ebenfalls. Sie würde den perfekten Strauß für Cruella De Vil und einige andere Bekannte abgeben. Neben ihr wächst die schneeweiße *Eucharis x grandiflora* (Amazonaslilie, Herzkelch, weiß), eine Verwandte der Narzisse.

Ebenfalls in der Backofen-Sektion gedeihen Mangobäume, Papaya *(Carica papaya)* und die Zwergbanane *(Musa acuminata* »Cavendishii«), die allesamt ausgezeichnete Früchte tragen. Die mehrjährige Ipomoea oder Trichterwinde *(Ipomoea indica)* von reinem Blau, Passionsblumen – die viereckigstielige Tumbo-Riesenpassionsblume *(Passiflora quadrangularis)* und die strahlend scharlachrote *»Imperatrice Eugenie«* (bekannt als *Passiflora x belotti*) – ranken sich lange Drähte hinauf, wie auch die *Stephanotis floribunda* (Kranzschlinge).

Die Cavendish-Zwergparadiesfeige oder Zwergbanane *(Musa acuminata »Cavendishii«)* ist eine Pflanze von historischem Interesse, und das nicht nur für Chatsworth. Obwohl ursprünglich aus China stammend, wuchs sie 1829 in Mauritius. Von dort aus gelangten zwei Stauden nach England. Die eine erwarb Paxton für den Junggesellen-Herzog. Die andere verschwand. Paxton hegte und pflegte seine Pflanze, und zu seiner großen Freude trug sie innerhalb eines Jahres bereits reichlich Früchte. Sie wurde nur 1,5 Meter hoch und war nicht allein für englische Gewächshäuser, sondern auch für die Tropen wie gemacht, da ihr aufgrund ihres Zwergenwuchses Wirbelstürme wenig anhaben können. 1836 stellte Paxton die Banane bei der Schau der Royal Horticultural Society in London aus, wo die exotische Frucht mit ihrem zarten Aroma die absolute Sensation war.

Ungefähr um diese Zeit machte der Herzog die Bekanntschaft von John Williams, dem überzeugendsten und erfolgreichsten Missionar, der je die Südsee bereist hat. Williams verbrachte einige Tage in Chatsworth. *»Es lag viel Charme in der Einfachheit seines Charakters, seiner ungekünstelten Gläubigkeit und Uneigennützigkeit«*, schrieb sein Gastgeber. Über die pazifischen Inseln war ein verheerender Wirbelsturm hinweggefegt, und als der Missionar Chatsworth verließ, nahm er mit sich *»viele Pflanzen, von denen wir annahmen, dass sie in den Gegenden, für die sie bestimmt waren, geeignet seien.«* Die Fracht schloss die Cavendish-Banane ein, verpackt in Ward'sche Kisten. Später sollte der Herzog schreiben: *»Das Schicksal des armen Williams ist wohl bekannt.«* Zweifellos war sein Schicksal zu jener Zeit eine Schlagzeile wert, aber der Leser von heute weiß vermutlich nicht, dass er von den Heiden in Erromanga auf den Neuen Hebriden getötet wurde und in deren Kochtopf wanderte; allerdings erst, nachdem er und ein anderer Missionar namens Charles Hardie die Bananenstaude auf den Salomoninseln eingeführt und angebaut hatten.

Die Schlangenterrasse

Unterhalb des Westeingangs des Schau-Gewächshauses – und gleich hinter dem Gewächshaus des ersten Herzogs – befindet sich eine Terrasse aus Pflastersteinen, Ziegeln und Kieseln über zwei Ebenen, die in den frühen Siebzigerjahren angelegt wurde. Das Steinmaterial kam aus Paxtons Seerosenhaus, wo es den Rand des ersten Bassins für die *Victoria amazonica* säumte, und die Ziegelsteine waren 1840 in Chatsworth gebrannt worden. Die Wände, die die Terrasse einfassen, sind aus Steinen, die vom Fundament des alten Orchideenhauses gerettet wurden, das sich neben dem noch vorhandenen Gewächshaus für Weinreben befand.

Unterhalb dieser Terrasse fanden wir Rohre, die ihre eigene Geschichte hatten. Als noch Bier ein Teil der Entlohnung war, wurde es fünfmal täglich von all jenen getrunken, die im Haus arbeiteten, vom Butler bis zu den vierzehnjährigen Hausmädchen. Damals verfügte Chatsworth über eine eigene Brauerei. Die Geschäftsbücher sagen uns *»Das Bier, über den Stallungen gebraut, wurde über eine unterirdische Rohrleitung in die Keller gepumpt, 1059 Fuß lang, von 3 Inches Durchmesser, ein System, das in mir den Wunsch erregt, bei einem großen Anlass einen Brunnen zu schaffen, aus dem diese Flüssigkeit fließt.«* Ein Bierbrunnen wäre für die Gärtner zu öffentlich gewesen, denn sie hatten offenbar eine heimlichere Quelle aufgetan: Die erwähnte Rohrleitung verlief unter dem Gewächshaus des ersten Herzogs, also ein mehr als günstiger Ort, um die Leitung dezent anzuzapfen. Diese Quelle sprudelte fröhlich weiter, bis das teilweise seltsame Verhalten der Gärtner auffiel und ihnen der Hahn zugedreht wurde.

Ein Stern, die Schlange der Cavendishs und Steinplatten, die einst Paxtons Seerosenhaus umgaben, bilden heute die Terrasse unterhalb des Schau-Gewächshauses.

Der Goldregen-Laubengang Ende März. Er führt von der Schlangenterrasse hinunter zum Mittelteil der Gewächshauswand. Die Eiben, die man noch auf der Terrasse am Ende sieht, wurden dort belassen, während der Rest der Büsche gerodet wurde, um Platz für das Schau-Gewächshaus zu schaffen.

Die untere Ebene, die sogenannte Schlangenterrasse, ist nach dem Wappentier der Cavendishs benannt, das nach einer Zeichnung von Dennis Fisher dort aus Kieselsteinen vom Strand in Eastbourne in den Steinboden eingefügt wurde.

Die Zunge der Schlange ist aus »Duke's Red«, dem einzigen roten »Marmor«, der in England vorkommt und der vor vielen Jahren im herzoglichen Steinbruch in der Nähe von Chatsworth abgebaut worden war. Andrew erbte einen kleinen Vorrat davon, und Giles Downes, der Architekt, der für die Renovierung von Windsor Castle verantwortlich ist, kam 1996 zu uns, um einen Teil davon mitzunehmen, um das Kreuz im »Garter Star« (dem Stern des Hosenbandordens) damit auszulegen, der sich auf dem Fußboden des »Octagon Room« in Windsor befindet ..., ein kleines Stückchen Derbyshire also hat einen Ehrenplatz gefunden. Bis 1991, als wir sie ins Haus verfrachteten, standen hier zwei Granitstatuen der ägyptischen Gottheit Sekhmet von 1350 v. Chr., aus dem Tempel Mut in Karnak. Sie sind weit im Garten herumgekommen, seit der Junggesellen-Herzog sie 1830 gekauft hatte – *»nach Hause geschickt von einem berühmten Reisenden und von mir in der New Road erworben.«* (jetzt als New King's Road bekannt). Er stellte sie in den Französischen Garten vor das Gewächshaus des ersten Herzogs. Ihr Umzug ins Haus 1991 war hoffentlich ihr letzter Ortswechsel. Halb Löwe, halb Frau, dominieren diese kostbaren Schwergewichte jetzt den Kapellengang, wo ihre energiereiche Präsenz deutlich zu spüren ist.

Von der Schlangenterrasse führt in nördliche Richtung eine Treppe hinunter zur Gewächshauswand unter einem Goldregentunnel hindurch, der 1974 gepflanzt wurde (fast ebenso ein »Muss« wie eine Wildblumenwiese, will man im Mainstream der Gartenkunst mitreden). Der Duft, die Bienen und das dichte Gelb sind alljährlich eine Freude. Von der höher gelegenen Terrasse aus mit ihrem Stern aus Kieselsteinen, den wir nach einem Ornament im Haus von Freunden kopiert haben, ist der Blick frei durch den Gang im von Säulen getragenen Mittelteil des Gewächshauses des ersten Herzogs, über den Rosengarten meiner Schwiegermutter und die Salisburys hinweg bis zur Schlangenhecke und der Büste des Junggesellen-Herzogs.

Kamelien in Chatsworth

Das Gewächshaus des ersten Herzogs ist mittlerweile ganz den Kamelien gewidmet. Sie sind eine Spezialität von Chatsworth, einer der Glanzpunkte des Gartens. Die eine oder andere Kameliensorte blüht von Oktober bis Mai immer, eine Blütezeit, die sie doppelt willkommen machen, da sie vor allem die düsteren Monate erhellen. Die erste, die blüht, ist *C. sasanqua* »Natrumigata«, eine zart weiße, süß duftende ungefüllte Kamelie, die die Saison im Oktober einläutet. Ihr folgen den ganzen Winter und das Frühjahr hindurch Blüten jeder Farbschattierung von Weiß über alle Pinktöne bis hin zu Weinrot. Wir besitzen eine verwirrend große Zahl dieser Spezies, aber zwei ragen heraus: *C. japonica* »Mathotiana« von einem uralten Busch, der bereits gefährlich zur Seite geneigt wächst und von einer Holzstütze gehalten werden muss, und die gute alte *C. reticulata* »Captain Rawes«, die im Mittelteil der Gewächshauswand gedeiht. Die Blüten der ersteren, vom tiefsten Weinrot, und die rosaroten, leicht gewellten Blütenblätter der letzteren mit einem Anflug von goldenen Staubgefäßen erzeugen gemeinsam hinter dem Glas ein rosafarbenes Glühen.

Wir haben auch einige Kamelien in Kübeln, die hierher kamen, nachdem Ronald Tree[58] Ditchley Park in Oxfordshire in den Fünfzigerjahren verlassen hatte. Wie alles, was er und seine Frau

Nancy in Haus und Garten sammelten, waren auch sie die schönsten ihrer Art, kleinblütig, aber von der alten Sorte *japonica,* einige davon gestreift oder rosa, rot und weiß gefleckt, eine Schönheit, genannt »Lavinia Maggi«, eingeschlossen.

Kamelien blühen hier nicht im Freien, sondern werden in diesen Kalthäusern gehegt und gepflegt und machen viel her, wobei sie ihren Höhepunkt in den perfekten Blüten erreichen, die alljährlich zum Kamelienwettbewerb der Royal Horticultural Society Show in London im März gebracht werden. Die ungefüllten – die dunkelrote *C. japonica* »Jupiter«, die weiße *C. j.* »Charlotte de Rothschild« und die gefleckte *C. j.* »Tricolor« – gedeihen gut. Von den halbgefüllten sind die rote *C. j.* »Bob Hope«, und die blassrosafarbene C. j. »Billie McFarland« erste Wahl hier in Chatsworth. Von den peonienartigen gewinnt normalerweise *C. j.* »Elegans« in ihrer Klasse, und unter die rosenblütigen gehört eine unserer Spezialitäten, die *C. j.* »Mathotiana«, eine tiefrote Kamelie von perfekter Blütenform, die sich selten geschlagen geben musste. Von den konventionellen gefüllten kann die weiße *C. j.* »Mrs. D.W. Davis« 20 bis 23 Zentimeter Durchmesser erlangen. Ich würde schrecklich gern die richtige Mrs. Davis kennenlernen, wo ich ihre Namensvetterin doch seit Jahren jedes Frühjahr bewundere.

Wir räumten den Gang durch die Mitte des Gewächshauses des ersten Herzogs 1970 frei, um diesen Blick zu schaffen. Seither hat man ungehinderte Sicht über die Salisbury-Rasenstücke bis zur Büste des sechsten Herzogs am Ende der Schlangenhecke *(oben links).*

Camellia japonica »Latifolia« und *Camellia japonica* »Emperor of Russia«, und *Eucalyptus globulus* (blauer tasmanischer Fieberbaum) im Gewächshaus des ersten Herzogs *(oben rechts).*

Ian Webster schneidet Kamelien fürs Haus.

Einlieferungen für den Kamelien-Wettbewerb der Royal Horticultural Society, in mit Moos ausgelegten Kartons verpackt und ausgezeichnet *(links)*.

Camellia reticulata-Hybride »Francie L.« *(unten)*.

Rechte Seite oberste Reihe: Zwei Kartons mit Kamelien der Sorte *Camellia* »Grand Slam«, *C.* »Grand Prix«, *C.* »Lily Pons«, *C.* »Billie McFarland«, *C.* »Drama Girl«, *C. japonica* »Hawaii«, *C. x williamsii* »Debbie« und *C. x williamsii* »E.G. Waterhouse«. Weitere Kamelien (oberste Reihe von links): *C. x williamsii* »Water Lily« und *C. x williamsii* »Ballet Queen«. Mittlere Reihe: *C. japonica* »Gwenneth Morey«, *C. j.* »Mme Lebois« und *C. japonica* »Latifolia«. Unterste Reihe: *C. j.* »Tricolor« und *C. j.* »Alba Plena«.

PONS

»Quellen des Glücks«

An der Schwelle zum 21. Jahrhundert

Der Blick vom Küchengarten über das Dach von Paines Stallungen aus dem Jahr 1760 hinüber zum Park. Der Küchengarten entstand Anfang der Neunzigerjahre auf dem Gebiet der Koppeln, früher Auslauf der Kutschpferde *(vorhergehende Doppelseite)*.

Fünfunddreißig Jahre lang stand der Garten im Radius von wenigen hundert Metern um das Haus im Mittelpunkt unserer Aufmerksamkeit. Dann war es an der Zeit, in die Weite zu schweifen.

Mehr oder weniger parallel zur Gartenmauer verläuft die Grüne Umfahrung, die alle Landmarken berührt, die wir bereits betrachtet haben. Beginnend am westlichen Vordereingang endet sie am Gewächshaus für die Weinreben in der Nähe des oberen Parkausgangs und schlängelt sich durch Waldpartien und jene »wildwüchsigeren« Teile des Gartens, die am weitesten vom Haus entfernt liegen. Wege zweigen davon ab, von denen viele bis zu den Achtzigerjahren hoffnungslos überwuchert waren. An einigen Stellen war die Grüne Umfahrung selbst nur ein schmaler Weg zwischen hohen Mauern aus immergrünen Gehölzen der unattraktivsten Sorte. Es drang kaum Licht nach unten, und obwohl die großen Bäume weit über das Unterholz hinausragten, gingen ihre Stämme vollkommen darin unter, und junge Bäume kamen gar nicht erst hoch. Regenerierende Maßnahmen gegen die ewig schattenmachende Masse an Unterholz waren zwingend notwendig. Dennis Hopkins war der Obergärtner und Jim Link der Vorarbeiter der kleinen Armee, die sich daran machte, viele Hektar von der Wildnis aus undurchdringlichem Kirschlorbeer, Stechpalmen und Rhododendren zu befreien, deren Wildwucher man bislang geduldet hatte.

Wie die Eroberer und Forscher früherer Jahrhunderte – mit Macheten bewaffnet – gingen Jim und seine Männer an ihre harte, mühevolle Arbeit. Sie waren allein die Wintermonate der Jahre 1985, '86 und '87 damit beschäftigt, die schlimmsten Auswüchse der sich eigenständig vermehrenden Problemfälle zu beseitigen, und je weiter wir in die Wildnis vordrangen, desto mehr kam von dieser versunkenen Welt ans Licht. Ich kenne den Garten seit 1941 und dachte, mit allem vertraut zu sein, aber dann tauchten Wege, Bäche und Felsen aus dem vier Meter hohen Dschungel auf, die ich nie zuvor gesehen hatte.

Der griechische Altar, im Handbuch des Junggesellen-Herzogs erwähnt, war eine der aufregendsten Entdeckungen, die wir im Zuge dieser Rodungsarbeiten gemacht haben. Wir waren davon ausgegangen, der Altar sei längst verloren, gestohlen oder zu einem anderen Ort verbracht worden. Oft hatte ich mich gefragt, was damit wohl geschehen sein mochte. Und natürlich hatte ich keine Ahnung, dass er gleich dort vor meiner Nase lag, nur wenige Meter von der Grünen Umfahrung entfernt. Eingewoben in Wurzelwerk, Zweige und Blätter kam er zum Vorschein und – günstigerweise – direkt über der Böschung am Bambusweg.

Wie dicht verfilzt das Unterholz wirklich war, zeigte sich schließlich wieder, als ein Spaten zwischen Rhododendronwurzeln auf Blei stieß – auf das Blei einer Statue, die umgekippt im Unterholz lag, da sie offenbar von wuchernden Zweigen von ihrem ehrwürdigen Sockel gestürzt worden war. Im Sturz war ihr Kopf abgebrochen, den wir, wie bei der Leiche eines gruseligen Verbrechens, etwas weiter entfernt liegend auffanden.

Während dieser Forschungs- und Rodungsarbeiten in den Wintern der Achtzigerjahre wurde jeden Tag ein neues Feuer angezündet, und die blauen Rauchschwaden, vom Fahrweg durch den Park deutlich sichtbar, wiesen den ständig fortschreitenden Weg ins Unbekannte. Allmählich entstanden wieder Freiräume für neue Bäume und Sträucher. Die Versuchung, diese Stellen aufzufüllen, war groß, doch wir mussten ihr widerstehen, um uns nicht in wenigen Jahren erneut mit derselben erstickenden grünen Hölle konfrontiert zu finden. Obwohl wir uns in dieser »Wildform« des Gartens jeder formalen Gestaltung enthielten, sorgten wir dafür, dass Lichtungen und geschlossene Bestände erhalten blieben, damit das Interesse des Betrachters auf seinen selbstgewählten Wegen durch stets wechselnde Ausblicke, Formen und Farben wachgehalten wurde.

Eine der Markierungen an der Grünen Umfahrung, an denen man ablesen kann, wie weit man gegangen ist.

Die Grüne Umfahrung war vom Junggesellen-Herzog gegen Ende seiner Regentschaft mit Kies über einem Schotterbett angelegt worden. Große Teile davon hatte später Gras überwuchert, wodurch der Weg seinen Namen bekam. Jetzt jedoch hat er seine ursprüngliche Kiesdecke wieder, womit auch Menschen im Rollstuhl das Fortkommen einfacher gemacht ist. Der Junggesellen-Herzog ist es auch gewesen, der den Besucher auf seinem Weg durch den Garten alle vierhundert Meter mit an Kantsteinen befestigten Bleiplaketten auf die Entfernung hinwies, die er mittlerweile zurückgelegt hatte. Sollte der Arzt jemandem also einen Spaziergang von drei Kilometern täglich verschrieben haben, kann dieser nichts verkehrt machen, wenn er sich vom Junggesellen-Herzog

an die Hand nehmen lässt (für lange Pausen habe ich gesorgt) – entlang der Umfahrung, mit dem Beginn unterhalb des Kanals.

»Wir fangen an, indem wir ein paar alte Stufen bei den Linden hinuntersteigen; und, nachdem wir der Loyalität genüge getan und die 1832 von der Königin gepflanzte Eiche sowie die Kastanie ihrer Mutter und die Platane ihres Gatten betrachtet haben, beginnen wir mit unserer botanischen Exkursion.« Sind wir dem Junggesellen-Herzog die alten Stufen (oder die so genannte Sommertreppe) bei den Linden hinunter gefolgt und haben pflichtgemäß die königlichen Bäume bewundert, kommen wir zu einer Esskastanie auf dem »Aha«, in die im Juli 1991 der Blitz eingeschlagen war. Die Splitter von Borke und Ästen haben wir als Warnung vor den grausamen Tücken der Natur im Sommer liegen gelassen. Nach einigen Jahren allerdings sah die Bescherung einfach nur hässlich aus, sodass wir sie schließlich doch entfernten. Neben der vom Blitz getroffenen Esskastanie ragt die acht-höchste Blutbuche des Königreichs auf. Viel mehr ist über diesen Baum nicht zu sagen.

Am Südende des Kanals steht Elisabeth Frinks großes »War Horse«, ein Schlachtross aus Bronze aus dem Jahr 1991, und Angela Conners Porträtbüste dieser Künstlerin, ebenfalls in Bronze. Diese beiden Skulpturen lenken das Auge von der unverfälschten Natur ab, die, wenn auch klug arrangiert, etwas eintönig werden kann. Man stelle sich den Garten in Stourhead ohne seinen Tempel oder Rousham ohne seinen Blickfänger vor. Die Wichtigkeit solcher architektonischen und bildhauerischen Kunstwerke steht außer Frage, und wir sind glücklich, so viele dieser Werke bei uns zu haben. Das »War Horse« und die Büste von Lis jedoch sind längst nicht alles. Weitere Skulpturen finden bereits ihren Platz im Garten.

Angelas Porträt von Lis, mit dem am Kopf glatt anliegenden Haar, erinnert an ihre Männer mit Helm und steht so auf einem 200 Jahre alten Torpfosten aus Stein, dass ihr Blick hangabwärts auf ihr Streitross gerichtet ist. Auf diesem wird so oft geritten, dass die Bronze auf seinem Rücken ihren ursprünglichen Glanz behalten hat. Das Ross allerdings ist hohl wie ein Osterei, und in seine Augen

Die Esskastanie (*Castanea sativa*), 1816 von Großfürst Nikolaus gepflanzt, der 1825 als Nikolaus I. russischer Zar wurde.

Narzissen in der Umgebung von Blanches Vase. Viele tausend Narzissen wurden in verschiedenen Teilen des Gartens im Laufe der Jahre gesetzt.

sind Hufe eingeprägt. Die angelegten Ohren verleihen ihm einen bösen Ausdruck, so als wolle es jeden Moment und ohne Vorwarnung zubeißen und mit beiden Vorderbeinen ausschlagen.

Das Riesentier reiste im Pferdetransporter (womit auch sonst) von der Gießerei bis zum Eingang von Chatsworth und beendete die Reise vom Pförtnerhäuschen bis ans andere Ende des Kanals in der Schaufel unseres Baggers. Lis Frink kam, um den Standort ihres Werks zu begutachten, und ich glaube, sie war zufrieden.

Lis und ich wurden Freundinnen, nicht durch die Liebe zur Kunst, sondern durch unser Faible fürs liebe Federvieh. Ich besitze einige Briefe von ihr, in der sie sich um die Gesundheit eines Hahns namens »Reggie« sorgt, und eine Beschreibung der Fahrt mit ihm zum Tierarzt liefert. Ich finde die Vorstellung sehr amüsant, wie diese berühmte Bildhauerin, »Companion of Honour«, »Dame of the British Empire« und Mitglied der Royal Academy brav im Wartezimmer eines Tierarztes mit einem Hahn auf dem Schoß sitzt.

Das »War Horse« ist auf den darunterliegenden Park ausgerichtet. Die leichte Neigung seines Kopfes weist exakt in Richtung der alten Mühle, die James Paine in den Sechzigerjahren des 18. Jahrhunderts westlich des Flusses gut 1000 Meter vom Haus entfernt gebaut hat. Die Mühle liegt in einer Fluchtlinie mit dem Kanal und sollte deshalb von der Südfront des Hauses sichtbar sein ..., eine wichtige Tatsache, der ich mir nicht bewusst war, da Bäume jetzt den Blick verstellen. Daraufhin habe ich den Standort des Pferdes mit anderen Augen gesehen. Die Riegel der Erlen, die sich zu beiden Ufern des Flusses selbst ausgesät hatten, sollen entfernt werden, und dann können endlich auch wir den von Brown so sorgfältig und hintersinnig geplanten Ausblick genießen.

Narcissus »Mount Hood«, die creme-gelb erblüht und später verblasst.

Paines Mühle sollte nach dem Sturm 1962 abgerissen werden, da zwei riesige Buchen darauf gestürzt waren und das Dach schwer beschädigt hatten – wäre Tony Snowdon nicht gewesen. Wir müssen sie opfern, war die einhellige Meinung. Aber Tony stand nur da und sagte: »Reißt sie nicht ab. Lasst sie als Ruine stehen.« Das haben wir getan, zur Erbauung aller, die sie sehen – ein schönes altes Gebäude, das einen Anziehungspunkt am Fluss für Spaziergänger und für all diejenigen darstellt, die aus ihren Autofenstern schauen.

Der Brauch, halbzerstörte Bauwerke als Ruine stehen zu lassen, hat der Nachwelt schon viele Wunder beschert. Was für eine Tragödie wäre es gewesen, hätte man die Überreste so berühmter Abteien wie die von Fountains, Rievaulx, Bolton und viele andere dem Erdboden gleichgemacht! Es ist, als kappe man Bäume, die anfangen, Äste abzuwerfen – man lasse stattdessen das Fundament und

einige Mauern eines Gebäudes oder die Wurzeln und den Stamm eines Baumes stehen, dann erhält man zumindest die groben Umrisse dessen, was einst das Gesamtbild ergeben hatte. Eichen reagieren gut auf diese Behandlung. Mehrere wichtige Bäume, die große Äste verloren haben, wurden drastisch beschnitten, und seither geht es ihnen wieder bestens. Eine dieser Eichen steht beim Verwaltungsbüro, die andere gegenüber dem Eingang zum Dorf Edensor, und es gibt noch etliche andere im Park. Es wäre ein Verbrechen gewesen, sie zu fällen.

Steht man auf halber Strecke zwischen dem »War Horse« und dem Südende des Kanals und sieht zum Haus zurück, entdeckt man, dass irgendein genialer Kopf Ende des 17. Jahrhunderts den Südrasen einige wenige Zentimeter tiefer gelegt haben muss, so dass das Haus praktisch aus dem Wasser zu ragen scheint.

Der große mit Gras überwachsene Hügel an der Grünen Umfahrung birgt das so genannte Eishaus. Der Eingang befindet sich in der steilen Böschung. Eishäuser waren früher wichtige Einrichtungen für Küche und Meierei großer Häuser. Mrs. Tanner, eine berühmte und hervorragende Köchin, die für Großmutter Evie in den Zwanziger- und Dreißigerjahren gearbeitet hat, war nicht zufrieden mit dem Eis, das dort lagerte und aus dem Kanal kam. Ich fragte ihre Tochter, was der Grund gewesen sei. »Weil es voll Schwanendreck war«, lautete die Antwort. Trotzdem kamen sie gut damit aus, Schmutz und alles inbegriffen, bis Kühlschränke und Kühltruhen erfunden wurden.

Das Gras am Steilhang, der zu Blanches Vase hinaufführt, ist bei sehr feuchtem oder sehr trockenem Wetter gefährlich glitschig, wie schon zu Zeiten des Junggesellen-Herzogs. Er schrieb dazu: *»Wir kommen nun zu einer Hangkante, einst Kulisse großartiger Vergnügungen wie Schlittenfahren, nicht auf Schnee, sondern auf blanker und ebenso glatter Erde. Der Kiesweg darunter war ein wirksames Mittel, der schnellen Fahrt Einhalt zu gebieten, die durch den versenkten Zaun durchaus mit Gefahr behaftet war.«*

Die Grüne Umfahrung windet sich anschließend zum kleinen Azaleental hinauf. Zweimal pro Jahr bieten diese Sträucher ein denkwürdiges Schauspiel. An einem stillen Tag Ende Mai tut sich diese fast undurchdringliche Masse an »Ghent«, die so genannten »Double Ghent-Azaleen« und *Azalea ponticum* (bekannt auch als *Rhododendron luteum*/Pontische Azaleen), zusammen, um einen schwindelerregenden Duft zu verströmen, der angenehmer ist als jedes Parfüm. Und im Herbst haben die Blätter eine schöne Färbung. Bleibt man auf der Höhe der Azaleen in der Senke stehen, hat man beinahe den Eindruck, sich in den Vorbergen eines weit entfernten Gebirgszuges zu befinden. Der Felsabbruch hinter dem Betrachter ist noch immer von einer dichten Decke *Rhododendron ponticum* (Pontischer Rhododendron) überzogen, und auf der gegenüberliegenden Seite in südlicher Richtung hinunter zum Derwent-Tal ist der steile, waldige Hang, der Lindop Wood genannt wird. Erst wenn man sich nach Westen wendet, findet man sich mit einem Mal wieder nach England zurückversetzt – nämlich sobald der Blick auf den nadelspitzen Kirchturm von Edensor fällt, der dort wie aus dem Nichts aufzuragen scheint.

Der mit Pontischem Rhododendron bedeckte schroffe Fels verführt auf Grund seiner südlich geschützten Lage zu Gedanken an Rodung und Neupflanzung. Trotzdem zögere ich, ein so ausgeprägt viktorianisches Element des Gartens einfach zu zerstören, das steil und groß genug ist, seinen eigenen Charakter zu wahren, auch wenn dieses Tälchen elf Monate des Jahres langweilig und zur Blütezeit reichlich hässlich ist.

Bambus ist hie und da und aller Orten. Obwohl der Bambus aus den entlegensten Teilen der Welt stammt, wirkt er meines Erachtens in diesem Garten geradezu heimisch. Die Zeitgenossen von Königin Victoria liebten ihn, und er gehört praktisch zu den Landschaftsbildern des 19. Jahrhunderts, als er neben dornigen, immergrünen Bäumen wie der Hemlocktanne, Mammutbäumen,

Das Streitross *War Horse*, 1991 von Dame Elisabeth Frink. Dies war die erste bedeutende Skulptur, die nach 150 Jahren wieder ihren Platz im Garten fand. Sobald die Sonne seinen Bronzerücken wärmt, reiten die Kinder auf ihm, um sich fotografieren zu lassen.

Posthume Porträtbüste von Dame Elisabeth Frink von Angela Conner, 1992. Lis blickt zu ihrem Pferd hinunter, das wiederum über den Park schaut.

Lawsons Scheinzypressen und Douglasien gepflanzt wurde, oder zusammen mit seinen Landsleuten, den japanischen Sicheltanne als Nachbarn vorkam.

1896 schrieb mein Großvater[59] *The Bamboo Garden*, das maßgebliche Buch über Bambus, welches er Sir Joseph Hooker, Direktor (und Sohn des früheren Direktors Sir William) des Royal Botanic Garden in Kew, widmete. Als junger Mann im diplomatischen Dienst nahm er 1865 an der Garter-Mission nach China und Japan teil, wo er von 1866 an vier Jahre als Attaché diente. Land, Leute und die Gärten faszinierten ihn und er schrieb mehrere Bücher darüber, unter anderem *Tales of Old Japan*, 1871, eine Anthologie japanischer Literatur, in der er auch Bräuche und mittelalterliche Traditionen beschrieb, die es ihm angetan hatten. Zu Hause in Batsford in Gloucestershire pflanzte er ein Arboretum. 1919 verkaufte er den Besitz an Lord Dulverton, Oberhaupt der Wills-Zigarettendynastie. Seither ist das Arboretum bereits von drei nachfolgenden Generationen erweitert und wunderbar gepflegt worden.

Obwohl Bambus hie und da hübsch anzusehen ist, und, wenn gut gewachsen, einen passablen Windschutz abgibt, kann ich mir kaum vorstellen, all die winterharten Arten zu pflanzen, die jetzt erhältlich sind, es sei denn, der Garten wäre unbegrenzt erweiterbar. Vielleicht hat meine Abneigung ihren Ursprung in Unwissenheit, und sollte ich lange genug leben, gelingt es mir vielleicht eines Tages noch, die Begeisterung meines Großvaters für den Genus *Arundinaria* zu teilen. In diesem Gartenteil gibt es viele Dachse. Nach Regenfällen graben sie die Grasnarbe auf der Grünen Umfahrung mit ihren Schnauzen auf der Suche nach Würmern und anderen Köstlichkeiten um, und im Sommer machen sie kurzen Prozess mit Wespennestern. 1997 hatte einer der Dachse die Angewohnheit entwickelt, tagsüber in der Rabatte im Westgarten sein Schläfchen zu halten, und da er groß und schwer und reichlich tapsig war, waren Jim Link und Konsorten darüber wenig erfreut, sodass wir die Tür am Fuß der Treppe schlossen, und er sich mittlerweile tagsüber einen anderen Schlafplatz suchen muss.

Es mutet seltsam an, dass ausgerechnet der Dachs das liebste Wildtier der Briten sein soll, wenn man bedenkt, wie wenig Menschen je einen lebendigen Dachs tatsächlich nachts auf der Pirsch gesehen haben. Ich schätze, der Grund ist, dass Dachse den Charme von Schweinen und obendrein einen schwarz-weiß gestreiften Kuschelpelz haben. Was mich angeht, sind Dachse jederzeit herzlich willkommen, das Unkraut auf den Wegen umzupflügen, die Wespen zu fressen und sich zwischen die Blumen zu legen. Problematisch werden sie, wie beim Menschen, dann, wenn sie zahlenmäßig überhand nehmen.

Die Grüne Umfahrung windet sich weiter ostwärts. Die Narzissen hier sind diejenigen, die früher für das Haus vorgezogen wurden. Sobald sie drinnen verblüht sind, werden sie überall in die ungemähten Wiesen gesetzt. Im ersten Jahr nach der Pflanzung passiert gar nichts, aber sobald sie sich akklimatisiert haben, benehmen sie sich, wie wir es von Narzissen erwarten. (Leider verweigern ausgerechnet die »Paper Whites«, welche im Haus von Oktober bis Weihnachten so süß duften, die Blüte im Freien.) Glücklicherweise machen sich weder Vögel noch andere Tiere über die Narzissen her, sodass sie im April ein schönes Bild bieten, und es kommen jedes Jahr mehr hinzu. Ich ziehe die weißen Narzissen vor – »Mount Hood« ist jetzt mein Liebling – aber alle, einschließlich »Cheerfulness«, kommen ins Freie.

Der Weg schlängelt sich zwischen hohen Böschungen hindurch, an denen zu beiden Seiten Eiben und die altmodischen, duftenden Mahonien wachsen. Bei der Rodungsaktion 1998 wurde ein *Sequoiadendron giganteum*, ein Mammutbaum, gepflanzt, einer von hundert »Redwoods«, die die Organisation TROBI (Tree Register of the British Isles – eine wohltätige Vereinigung, die Baumkataster von allen wichtigen Bäumen im Vereinigten Königreich und Irland erstellt und auf den neuesten Stand hält) überall im Land verschenkt und gepflanzt hat, um 100 000 Bäume zu kennzeichnen, die sie vermessen und in ihre Datenbank eingegeben hat.

Der Hang, der hinunter zum Bach in der »Schlucht« führt, ist voller Schneeglöckchen. In der Hoffnung, für das Frühjahr einen blauen Fleck zu schaffen, haben wir den zweiblättrigen Blaustern *(Scilla bifolia)* und Schneestolz *(Chionodoxa)* gepflanzt, aber fast alle sind von den Fasanen, Eichhörnchen und Mäusen aufgefressen worden, sodass wir uns geschlagen geben und einfach nur die Schneeglöckchen genießen, die aus irgendeinem gastronomischen Grund von diesen Feinschmeckern ausgespart werden. Die Steintritte und ein großer Teil der ursprünglichen Vegetation

Das Azaleen-Tal, von Großmutter Evie gepflanzt, Ende Mai. Der Kirchturm von Edensor ist in der Ferne sichtbar *(linke Seite)*.

Bambus *(Sinarundianria nitida)*. Es gibt viele große Bambuspartien in der Nähe der Grünen Umfahrung, einschließlich derer am Bambusweg.

in der so genannten »Schlucht« verraten Großmutter Evies Handschrift aus den Dreißigerjahren, die während der Aufräumungsaktion (siehe Seite 105) wieder zum Vorschein kamen.

Der Trog-Wasserfall

Der Überlauf vom Grotten-Teich wurde einige Meter weit in Rohre gefasst und den Steilhang neben Großmutter Evies altem Pfad hinuntergeleitet. Dies erschien uns eine verpasste Gelegenheit, und ich sah eine Möglichkeit, Besseres daraus zu machen.

1997 sammelten wir Viehtränken aus Stein und brachten sie zu dieser Stelle, um den in Rohre gefassten Wasserüberlauf vorteilhafter zur Geltung zu bringen. Da wir hier in der Gegend der Steinbrüche sind, gibt es auf jeder Weide oder jedem Feld, durch die kein Bach fließt, ein oder zwei Viehtränken aus Stein in allen Größen und Formen. Da eine große Anzahl mittlerweile durch moderne Wassertanks ersetzt worden war (obwohl es noch etliche schöne Exemplare aus Stein im Park und anderswo gibt), stand uns eine stattliche Auswahl für unseren Plan zur Verfügung.

Ein Trog nach dem anderen wurde mit dem Bagger neben der Grünen Umfahrung abgestellt. Nun mussten wir entscheiden, wie wir sie aneinander reihen wollten. Sie sind groß und schmal, rechteckig und klein, tief und flach. Einer ist wie ein Hufeisen, ein anderer wie eine übergroße runde Tasse geformt. Das letztere runde Steinbecken verursachte viel Kopfzerbrechen. Brian Gilbert und George Morris, die Männer, die alles wissen, was über das weitverzweigte Netzwerk von unterirdischen Abwasserrohren und Wasseradern in unseren Wäldern, in Park und Garten zu wissen ist, schworen, irgendwo einen Unterteller gesehen zu haben, der zu der riesigen Tasse gehören müsse. Die Zeit verging, ohne dass sie jemand aufgetan hätte. Also machten wir uns auch ohne dieses Stück an die Arbeit. Ich bin sicher, dass sie eines schönen Tages auftauchen wird, und ich hoffe, Brian ist dann noch da, um sie unter die tonnenschwere Tasse zu schieben.

Jeder Trog musste leicht nach vorn gekippt platziert werden, damit das Wasser über den vorderen Rand in das nächste Steingefäß fließen konnte – der Winkel durfte nicht zu flach und nicht zu steil sein. Da die größten Tröge fast eine Tonne wiegen, ist dies längst nicht so einfach, wie es klingt. Aber Brian ist ein wahrer Artist im Umgang mit dem Bagger. Er bringt ihn stets in die richtige Position, um die schwere Last exakt dort und im gewünschten Winkel auf einem Fundament ablegen zu können, das Chris Hubbuck und Tony Bird dafür vorbereitet hatten. Manchmal ergießt sich das Wasser direkt von einem Trog in den nächsten; manchmal fließt es über einen umgekehrten Firststein wie bei einem Miniaturaquädukt.

Der Trog-Wasserfall. Er fließt vom Grotten-Teich die Schlucht hinunter und wird dann unterirdisch verrohrt wieder in den Fluß Derwent geleitet. Schlüsselblumen beginnen sich in der Nähe des Wasserlaufs auszusamen, und auch die Sumpfdotterblumen nehmen stetig zu *(unten und rechte Seite)*.

Insgesamt reihen sich 13 Tröge aneinander. Am schönsten sieht der Wasserfall im Winter aus, wenn die Tröge voller sprudelndem Wasser und kaum von Vegetation verborgen sind. Von Juli bis zum Sommerende, wenn das Gras geschnitten wird, um ihn wieder freizulegen, ist er zeitweise überhaupt nicht zu sehen. Im Frühjahr müssen wir den Überlauf aus dem Teich mit Hühnerdraht versehen, um zu verhindern, dass die Entenjungen mit dem Wasserfluss hinuntergeschwemmt werden. Der Trog-Wasserfall ist ein Beispiel für das Können der Gärtner und Drainagearbeiter von Chatsworth. Und das alles ohne die mehr oder weniger wohlmeinenden Ratschläge eines »Gartendesigners« von außerhalb. Tony Bird hatte das System im Handumdrehen zeichnerisch festgehalten, und die mit örtlichen Gegebenheiten und Material vertrauten Männer haben die für sie neuen Vorschläge praktisch gelöst und ausgeführt. Erfindungsgeist und Begeisterung unseres Gartenteams verwundern mich immer wieder.

Wir rufen selten Außenseiter zur Hilfe. Selbst die Baumchirurgie – es sei denn, sie wäre ungewöhnlich gefährlich, denn in diesem Fall beauftragen wir die Spezialisten der Firma »Bob Anderson Tree Surgeons« – wird von unseren Gärtnern mit entsprechender Ausbildung

durchgeführt. Drainagearbeiter, Mauerbauer und der Baggerführer stehen stets zur Verfügung und haben auf ihrem Gebiet nie versagt.

Das Prachtexemplar *Pinus peuce* (Rumelische Kiefer) von den Britischen Inseln. Sie wurde am Rande des Pinetums von Paxton und dem sechsten Herzog gepflanzt *(unten)*.

Der Grotten-Teich

Bevor der Teich selbst in Sicht kommt, geht man zwischen hohen Exemplaren der *Crytomeria japonica* (Sicheltanne) mit rissiger Borke und federgleichen, zarten und immergrünen Nadeln hindurch. Wie so viele Koniferen, die in ihrer Jugend ziemlich unansehnlich sind (und noch hässlicher in der Bonsai-Version), werden sie, wenn ausgewachsen, recht akzeptabel. Diese Sicheltannen jedenfalls liefern nun die Kulisse für den Baum, der ein Wahrzeichen des Gartens auf dem gegenüberliegenden Teichufer darstellt – die *Pinus peuce* (Rumelische Kiefer), mittlerweile über 46 Meter hoch und ein Prachtexemplar ihrer Art. Seit einer stürmischen Nacht hat sie leichte Schlagseite, und ich habe ständig Angst, dass sie eines Tages umbrechen wird.

Der Teich und seine Umgebung sind eine eigene Welt. Der Junggesellen-Herzog beschreibt die-

se Stelle als die wärmste im Garten. Ich kann dem leider nicht beipflichten. Nirgendwo bleibt die Wasserfläche solange mit Eis bedeckt wie auf diesem Teich, doch wenn er mit warm »geschützt« meinte, muss ich ihm recht geben. Es hat alle Vorzüge eines in eine geschlossene Kulisse eingebetteten Ortes mit Ausblicken und dem überaus wichtigen Element Wasser. Im März ächzt der Teich unter der Last des Froschlaichs, und noch früher im Jahr, in einem milden Januar zum Beispiel, schimmern hier die Zaubernüsse wie Lichtreflexe in der Umgebung. Von den Zaubernüssen besitzen wir mehrere Varianten, aber die schönste ist die *Hamamelis x intermedia* »Pallida«, mit Blüten von reinem Zitronengelb. Solange alles andere noch in Beige und Grau verharrt, ist sie alljährlich die reinste Augenweide. Der einzige Vorzug der rotbraunen Zaubernuss ist in meinen Augen ihre seltsame und ungewöhnliche Blütenform. Die Farbe ihrer Blüten allerdings geht völlig im Farbton der Rinden und des Laubs anderer Bäume unter, sodass man schon sehr genau hinsehen muss, um sie zu entdecken. Ich ziehe die Sorten vor, die die Aufmerksamkeit regelrecht auf sich ziehen, wie im Fall der »Pallida«.

Eines Tages werden auch die Sumpfzypressen *(Taxodium distichum)*, vor einigen Jahren auf der Nordseite des Teichs gepflanzt, im Herbst ihr Farbzeichen setzen – rot und rostbraun wie ihr Spitzname »Fuchsschwanz« schon sagt. Am Teich steht eine hohe Eiche. An ihr ranken sich Kletterrosen

Hamamelis x intermedia »Pallida«. Am Ostrand des Teichs befindet sich eine größere Gruppe dieser Zaubernüsse *(oben links)*.

Die Grotte aus dem 18. Jahrhundert mit dem Musikpavillon obenauf, vom Teich aus Ende September gesehen. Dieser abgeschiedene Ort ist ein Paradies für Insekten und Wasservögel *(linke Seite)*.

empor; »Bobbie James« (natürlich) an einer Seite, die sich mit »Kiftsgate« auf der anderen umschlingt. Die Rosen haben sich bereits bis hoch in die obersten Äste hinauf gearbeitet und sind Anfang Juli einen Besuch wert, wenn der Baum von ihren cremefarbenen Blüten eingesponnen ist. Später im Jahr übernimmt die Waldrebe mit ihren silbrig-buschigen Samenköpfen ihre Rolle und breitet sich über die absterbenden Rosenblätter aus.

Die Grotte hinter dem Teich ist zwar sichtbar, doch der Weg wendet sich südlich am Teich auf das Pinetum zu, bevor er im Kreis und zum anderen Ufer führt.

Das Pinetum

»*Dieser Bereich*«, so schrieb der Junggesellen-Herzog, »*ist eine neue Ergänzung des Parks* (1829 wurden 3,2 Hektar abgezweigt und bepflanzt), *und er wird sehr bewundert, aber schon bei nur zwei Betrachtern herrscht kaum eine einhellige Meinung darüber. Der eine preist die Landschaft, der andere schwelgt in Begeisterung für die alten Eichen, und ein dritter fragt verwundert, warum ich die Tannen so spärlich pflanze.*« Die alten Eichen sind der nordwestliche Saum vom Sherwood Forest. Noch viele weitere befinden sich im Alten Park. »*Die Hemlocktannen sind sehr schön*«, und sie sind es noch. »*Am Wasser steht eine großartige Vertreterin der Araucaria imbricata* (Andentanne), *die älteste, die ich besitze; dabei kam sie nie in den Genuss von gutem Mutterboden und Kompost, die sich bei anderen Bäumen ihrer Art als so wohltuend erwiesen haben.*« Die Araucaria, im Englischen »monkey puzzle tree« genannt, ist offenbar völlig anspruchslos, wächst höher und gedeiht besser denn je.

Alan Mitchell[60], der Baumkenner par excellence, ist mit Vicki Hallet (später Schilling)[61] 1993 hier gewesen, und sie sind mit erstaunlicher Geschwindigkeit im Garten herumgejagt und haben alle Bäume vermessen, die sie für wertvoll hielten. 1996 hat TROBI hier eine *Pinus strobus* (Weymouthkiefer oder Strobe) zum Andenken an Alan gepflanzt, die bis heute prächtig gedeiht. Ich hoffe, sie erweist sich seiner als würdig. »*Dies ist der Anfang des Pinetums, allerdings in Abweichung von der klassischen botanischen Anordnung, bedingt durch die Eigenheiten des Standortes ... mit der Douglasie, dem Stolz Kaliforniens: 1829 kam sie zu uns in Mr. Paxtons Obhut, und 1845 ist sie über 11 Meter hoch. Der grüne Stamm und die duftenden Nadeln sind ihre charakteristischen Merkmale, und es wird behauptet, sie erreiche eine Höhe von 70 Metern, was aufgrund des Fortschrittes, den sie hier macht, leicht zu glauben ist.*« Heute, gut 170 Jahre später, ist der Stolz Kaliforniens *(Pseudotzuga menziesii)* noch recht gesund, hat jedoch ihren Gipfel mehr als einmal im Sturm verloren, sodass sie die erhofften 70 Meter natürlich nicht erreicht hat. Ihre Äste stehen im rechten Winkel vom Stamm ab, womit sie ein abenteuerliches Versteck für wagemutige Kinder bietet. Wir haben noch einen anderen Riesen derselben Art und desselben Alters im Stand Wood, der einen Stammumfang von nahezu vier Metern besitzt und 36 Meter hoch ist. Ich kann die Aufregung verstehen, die diese »neuen« Bäume und ihr schnelles Wachstum damals verursachten, und wie befriedigend dies für diejenigen sein musste, die sie in unser Land brachten.

Unglücklicherweise haben wir den ursprünglichen Bepflanzungsplan nie gefunden, sondern mussten einfach mit den großen Bäumen Vorlieb nehmen, die zurückblieben, und Neuanpflanzungen nach Gutdünken vornehmen – *Pinus coulteri* (Coulter-Kiefer), *Pinus heldreichii* var. *leucodermis* (Schlangenhautkiefer) und *Pinus strobus* (Strobe) unter anderem. Ich habe eine Vorliebe für die Siskyou-Fichte *(Picea breweriana)* und habe vielleicht zu viele dieser Sorte an dieser Stelle gepflanzt. Ich liebe jedoch ihre melancholische Erscheinungsform mit den leicht hängenden Ästen, den Farbkontrast der harten, dunkelgrünen Nadeln und die weichen, blassgrünen Triebe im Frühling. Ich glaube, es gibt eine lange Allee aus diesen Fichten in einem schottischen Garten. Es muss ein seltsamer Anblick sein und eine wunderbar schwermütig anmutende Zufahrt zu einem Haus.

Nur wenige Menschen erreichen diesen entlegensten Bereich des Gartens, und die Bäume des Pinetums sind vermutlich Geschmackssache. Aber wenn man gern allein sein möchte, hohe Exemplare von *Pinus ponderosa* (Gelb-Kiefer) oder Raritäten wie *Chamaecyparis obtusa,* die Hinoki- oder Feuer-Scheinzypresse sehen möchte, der am meisten verehrte der fünf heiligen Bäume Japans, und einen herrlichen Ausblick genießen möchte über das »Aha« hinweg zum Alten Park, auf den Fluss, den New Piece Wood und den nächsten Höhenrücken, der schon Lindop ist, dann ist es den langen Spaziergang wert. Von hier ist auch die Buchengruppe auf dem höchsten Punkt über dem Dorf Pilsley in der Nähe des Farm Shops zu sehen. Paxton hat seinen Namen in den Stamm einer dieser Buchen

Pinus Strobus (Strobe); Westl. Hemlocktanne (*Tsuga heterophylla*) und Siskyou- oder Brewer-Fichte (*Picea breweriana*), ein melancholisch aussehender Baum mit hängenden Ästen, den ich liebe *(linke Seite, von oben nach unten)*.

Schlüsselblumen in der Nähe des Pinetums. Es gab nur wenige im Garten, bis wir sie an neuen Plätzen einbrachten. Mittlerweile nehmen sie zu.

Sternhyazinthen, millionenfach im Pinetum zu finden – und dies zu meiner liebsten Jahreszeit *(links)*.

geritzt, die noch immer steht. Longstone Edge, von meinen Kindern als »Rand der bekannten Welt« bezeichnet, bildet den fernen Horizont. Das ist dann der echte Peak District mit Sandsteinfelsen und Höhlen, tiefen Senken und alten Blei-Minen – in einer Entfernung von fünf Kilometern Luftlinie.

Rhododendron »Loderi King George«, dessen rosafarbene Knospen sich weiß öffnen.

Im Frühling blüht hier ein dicht gedrängt stehender Placken mit Sternhyazinthen. Nur wenige Fotos zeigen sie, wie sie wirklich sind. Sternhyazinthen sind ein charakteristisches Merkmal der Wälder Derbyshires und wiegen das völlige Fehlen von Primeln auf. Im Oxfordshire meiner Kindheit waren die Eichenwälder voll von beiden, und ich vermisse die Primeln so sehr, dass wir einige am Rand unterhalb des Kanals und anderswo gepflanzt haben. Ich schäme mich ein wenig, so zu tun, als wüchsen sie hier wild, aber die Freude, sie zu sehen und zu riechen, übertrifft meine Schuldgefühle bei weitem.

Bevor man das Pinetum verlässt, hat man die Qual der Wahl, welchen Weg man einschlagen soll: Entweder man folgt weiter der Grünen Umfahrung oder wendet sich bei einer großen Wellingtonie, dem Mammutbaum, nach rechts und spaziert in Sichtweite der Gartenmauer weiter, die hier die Grenze zum Stand Wood bildet. An dieser Strecke stehen einige alte, nach dem Pflanzenjäger Kingdon-Ward benannte Rhododendren, die sich in den von Blättern verfüllten Vertiefungen zwischen umgestürzten Bäumen und Felsen selbst versamen. Wir haben etliche Sämlinge in die Baumschule aufgenommen, um zu sehen, ob sie etwas taugen.

Ein *Rhododendron* »Loderi King George« wächst am Stammstumpf einer längst abgestorbenen Eiche, ein herrlich anschaulicher Kontrast von Jung und Alt, sobald die süßlich duftenden Blüten im Mai aufgehen. Er enttäuscht uns nie. Die Blüten sind groß und riechen betörend. Sir Edmund Loder hat diese Sorte in seinem berühmten Garten Leonardslee 1901 gezogen, eine großartige Ergänzung der verwirrenden Anzahl von Rhododendron-Züchtungen.

In unserem Garten in Lismore in Irland blühen sie pünktlich zum 6. Mai, gleichgültig, ob das Wetter kalt, warm oder trocken ist. Da wir viele Jahre hindurch genau zu diesem Zeitpunkt in Lismore gewesen sind, versetzt mich ihr Duft automatisch nach Irland, als hätte ich es nie verlassen und als gäbe es keinen anderen Monat als den Mai.

Geht man an der Abzweigung vorbei, die zu unserem alten »King George« führt, so verlässt man das Pinetum zwischen Teich und Grotte – ein weiteres Beispiel dafür, wie hilfreich fürs Auge doch ein Bauwerk in einem scheinbar wilden Teil des Gartens sein kann. Dieses allerdings wirkt, als sei es immer da gewesen, so, als wäre es ohne menschliches Zutun wie das Nest eines Zaunkönigs mit dem verrückten Musikpavillon darüber einfach dem Felsen entwachsen. Der Eingang ist von Felsen gesäumt, die als Stalaktiten wuchsen und vor langer Zeit von Vandalen (oder vielleicht Goten) umgestoßen wurden.

Viele Namen und Botschaften sind von Besuchern in die Innenwände geritzt, die sich hier an Regentagen die Zeit vertrieben. Es ist gut, dass die Tür zum Anbau des Junggesellen-Herzogs verschlossen bleibt, denn dies ist kein angenehmer Aufenthaltsraum. Muffig und feucht ist es hier, und das vergitterte Fenster hoch oben hat etwas von einem Gefängnis: Kaum bist du drin, sehnst du dich sofort wieder nach draußen. Dr. Johnson traf den Nagel auf den Kopf, als er sagte: »*Nicht allzu häufig ist eine Grotte Wunsch und Freude eines Engländers, kennt er doch dringendere Bedürfnisse als ausgerechnet die Sonne zu verbannen.*«[62] Und dennoch bin ich froh, dass es die Grotte gibt.

Rhododendron-Hybriden, die ursprünglich aus der Ausbeute einer Pflanzenexpedition von Kingdon-Ward um 1930 stammen *(linke Seite)*.

Die Lichtungen entlang der Grünen Umfahrung sind ebenso wichtig wie die Pflanzungen – sie sollen sich ergänzen *(linke Seite)*.

Ein Fächerahorn *(Acer palmatum)*, aus Samen gezogen. Seine Blätter nehmen eine tiefrote Herbstfärbung an *(oben)*.

Lichtnelken, eine der vielen Wildblumensorten, die entlang der Grünen Umfahrung gedeihen *(darunter links)*.

Grünblättriger Schwefelkopf wächst an der Rinde einer umgestürzten Eiche *(rechts)*.

Die schwammige Rinde des *Sequoiadendron giganteum*/ Mammutbaum (*rechts*).

Die Andentanne (*Araucaria araucana*), die solitär in halber Höhe auf den Hundert Stufen wächst *(ganz rechts)*.

Die massigen, runden Felsbrocken, die wie eine gestrandete Walschule neben der Grotte aussehen, waren im weitläufigen Dickicht des Unterholzes verborgen, bis sie in den Achtzigerjahren wieder freigelegt wurden. Einige Rhododendren »Loderi« sind mittlerweile zwischen die Felsen gepflanzt worden. Da keine duftenden, kälteempfindlichen Sorten in unserem Klima überleben und die Loderis einen geradezu süchtig machenden Duft ausströmen, haben sie ihren Platz dort gefunden, wo früher der Pontische Rhododendron wuchs.

Lassen wir den Teich hinter uns, führt die Grüne Umfahrung in nördliche Richtung durch den Wald, parallel zu einem weiteren Weg, der oberhalb in der Nähe der Gartenmauer verläuft. *»Gehen Sie weiter«*, so schrieb der Junggesellen-Herzog *»passieren Sie den unterirdischen Kamin, der den Rauch des Gewächshauses außerhalb der Grenzen des Pleasure Ground befördert: Im Winter kann der Verlauf durch die Abwesenheit einer Schnee- oder Frostdecke verfolgt werden, doch der ewige Frühling, den ich über ihm erhoffte, lässt auf sich warten.«* Der Rauch wird nicht länger zum hohen Kamin im darüberliegenden Wald geleitet, aber der unterirdische Rauchabzug ist noch immer da – ein prächtig gebauter, mit Steinen ausgekleideter Tunnel, der an einigen Stellen eingebrochen ist, sodass man sehen kann, wie er konstruiert war.

Hier stehen Buchen und Eiben, die im Frühling und Herbst gute Nachbarn abgeben, da der Kontrast zwischen der Färbung ihrer Blätter faszinierend ist. Sie säumen Mortons Teich direkt über einem der am wenigsten bekannten Teile des Gartens, wo man selbst bei höchsten Besucherzahlen an einem Feiertag allein am Wasser sitzen kann. Jim Link hat die *Sequoiadendron giganteum* dort als kleiner Junge 1955 aus einem Samen gezogen.

Wieder zurück auf der Grünen Umfahrung, auf diesem Abschnitt als »Arboretum-Pfad« bekannt, steht zur Rechten eine riesige Lärche, jene Lärche, von der der Herzog sagte, dass sie *»vom Vater der alten Haushälterin entdeckt und aus Welbeck als Rarität in einem Topf mitgebracht wurde.«* Bald kommt eine bemerkenswerte Sichtschneise, die in den Achtzigerjahren in das dichte Unterholz gefräst wurde. Man blickt eine endlos wirkende Treppe hinunter über den Irrgarten und Park hinweg bis zum New Piece Wood am Horizont. Die Kirche von Edensor ist wieder da, und der Einschnitt im Tal über dem Dorf verläuft hinauf zum Black Firs Wood in der Ferne. Am Morgen ist dieser Blick am schönsten, wenn die Sonne im Rücken die Landschaft im Westen erglühen lässt und jeden Kamm und jede Furche im Park ausleuchtet. Jim Link hat die Treppe gebaut, 100 Stufen lang, den Hang hinunter und zwischen den hohen Eiben hindurch, die den Großen Gewächshausgarten säumen, um den Irrgarten und eine hohe Buche dahinter zu zeigen, die rein zufällig in der Flucht bei Blanches Vase steht. Der lange verloren geglaubte griechische Altar ist hierher verlegt worden, um den Besucher zum Innehalten und zu einem Blick nach Westen einzuladen.

Die hohe Araucarie ist einfach auf der Mitte der Treppe ohne jeden Zusammenhang belassen

Der Ausblick vom oberen Ende der Hundert Stufen in westliche Richtung durch das Blattwerk einer Rosskastanie über die Andentanne bis hin zum Park und New Piece Wood *(rechte Seite)*.

Einer der Kanäle im East Moor, 330 Meter über dem Meeresspiegel, der das Wasser zum Reservoir befördert, welches die Wasserläufe und Springbrunnen im Garten speist.

Teilansichten des Forellenbachs, wie er zwischen Arboretum und dem Teich mit der Brunneninstallation verläuft *(rechte Seite links und oben)*.

Herkulesstaude und *Iris pseudacorus* (Gelbe Sumpfschwertlilie). Diese wachsen an zahlreichen feuchten und schattigen Standorten abseits der Grünen Umfahrung *(rechte Seite rechts unten)*.

worden, was ein bisschen verrückt aussieht, fast wie ein überdimensionales Ausrufungszeichen. Andrew hat gehört, wie zwei alte Damen sagten, die Stufen seien so steil, sie müssten auf halbem Weg umkehren, sodass wir zwei Sitzgelegenheiten an der Araucarie aufgestellt haben – ein Rastplatz, von dem aus man mitten hinein in den Irrgarten und auf die silbrig schimmernde Trauerbirne blicken kann.

Zu beiden Seiten der Treppe haben wir zwei Reihen *Quercus robur* »Salicifolia Fastigiata« (Weidenblättrige Säuleneiche) gepflanzt, und meine Lieblinge, die Poetennarzissen *(Narcissus poeticus* var. *recurvus)*, die sehr spät austreiben, lange nachdem der Rest ihrer Gattung verblüht ist, und besser duften als alle anderen. Wir stellten ihnen Hunderte von einfachen malvenfarbenen, spätblühenden Tulpen (»Bleu Aimable«) zur Seite. Nur wenige haben den Überfall der Fasanen und anderer Räuber überlebt, für die Tulpenzwiebeln wie Kaviar sind.

Eine 1,5 Meter hohe *Telekia speciosa* (Telekie, gelber Korbblütler) und die blaue *Campanula latifolia* (Wald-Glockenblume) wachsen zu beiden Seiten unseres Weges. Sie haben sich über den ganzen Bereich ausgesamt, seit das Unterholz gerodet worden ist.

Ein Stück weiter auf dem »Arboretum-Weg« befindet sich eine flache Wasserrinne in Kindergröße, »Forellenbach« genannt, der über fast vier Kilometer quer durchs Moor auf der Höhe der Chesterfield Road bis hierher fortgeführt wurde. Der Bach ist kaum mehr als 60 bis 90 Zentimeter breit und fließt über so ebenen Grund, dass man an manchen Stellen schwören könnte, er flösse bergauf. Er windet und schlängelt sich neben der Grünen Umfahrung entlang und fließt dann durch zwei kleine Teiche, ihrer Form wegen »Brillen« genannt, an der Rückseite des Kaskaden-Tempels vorbei, schließlich unter der Umfahrung hindurch zu einem weiteren felsigen Wasserfall beim Gartenhaus und von dort in den Teich, wo Angela Conners Wasserskulptur »Revelation« 1999 aufgestellt wurde. Aus gebürstetem, rostfreien Stahl und Kunstharz gefertigt, besteht sie aus einer

Der hässliche Gartenpavillon, *Kalmia latifolia* (Breitblättriger Berglorbeer) an seiner Seite.

Die lateinische Inschrift von Vergil und eine englische Übersetzung an der Innenwand des Gartenpavillons *(oben)*.

Art Kugel mit äußeren »Blütenblättern«, die sich öffnen und schließen, sich mit Wasser füllen und Wasser speien, während sich die Kugel hebt und senkt.

Wir haben aufgehört, das Gras am Bachrand im Frühsommer zu mähen, um einigen Wildblumen die Möglichkeit zu geben, zu wachsen und sich zu versamen. Auf die Belohnung waren wir gar nicht gefasst: eine große Anzahl heimischer gefleckter Knabenkräuter *(Dactylorhizia maculata* ssp. *fuchsii)*, die sich rasend vermehrt haben, seit wir sie bis Ende September in Ruhe lassen. Ihre Blüte Anfang Juli ist ein bezaubernder Anblick: Es sind so viele, dass es aussieht, als zöge sich ein rosafarbener Schleier über beide Bachufer. Das Problem ist die Zeit nach der Blüte, wenn verwelktes Gras und geschwärzte, tote Blüten den Anschein von Vernachlässigung und Ungepflegtheit erwecken. Da dies ein vielbesuchter Teil des Gartens ist, stellen wir vorübergehend eine Tafel auf, um den Grund für das ungepflegte Aussehen zu erklären.

Hinter dem Kaskaden-Tempel wurde 1996 eine Eibenhecke gepflanzt, um diesen von der Grünen Umfahrung abzugrenzen und ihm gleichzeitig in den kommenden Jahren einen einheitlichen grünen Hintergrund zu geben. Dahinter führt ein Weg, von Buchsbaum gesäumt, zum Wasserreservoir der Kaskade – und der Anstieg dort hinauf lohnt sich schon wegen des Blicks über die Kaskade hinunter und über den Park, wo die frisch geschlagene Sichtschneise durch Paddocks Wood die Leute verblüffen muss, die vermuten, dass sie in der Flucht der Kaskade liege. Das ist nicht der Fall. Sie verläuft in einem leicht versetzten Winkel neben dem Sockel der Westfront des Hauses vorbei.

Zu Zeiten des Junggesellen-Herzogs hatte man von diesem Reservoir einen guten Blick auf die Ruine eines Aquädukts, die er in Stand Wood hatte bauen lassen. Jetzt stehen dort zu viele Bäume, als dass man das Aquädukt sehen könnte. Man muss schon einen Spaziergang an Ort und Stelle unternehmen[63], um diese bemerkenswerte Konstruktion zu bewundern, ist sie doch aus großen Quadern und ohne sichtbare Zementverbindung gebaut, sodass der Eindruck einer riesigen Trockensteinmauer entsteht.

Am Nordende der Grünen Umfahrung steht der Gartenpavillon – ein schrecklicher Bau des Junggesellen-Herzogs, den er so beschreibt: »Hier ist, oder sollte sein, Luttrells[64] Rastplatz, an der Stelle, die er so sehr mochte: Der Stil ist sarazenisch; die Säulen sind aus Aberdeener Granit, und das runde Mittel-Kapitell aus Serpentin kam mit mir aus Palermo und ist der Anlass für diese Art des

Schmucks.« Paddy Leigh Fermor entdeckte die Inschrift aus Vergils *Georgica* (Gedichte vom Landbau) und begann sie zu übersetzen. Er hatte Luttrells englische Version hinter seinem Rücken an der gegenüberliegenden Wand nicht wahrgenommen.

An seiner Seite wächst eine alte *Kalmia latifolia* (Breitblättriger Berglorbeer), einer der attraktivsten Blütensträucher. Ihre Garben aus kleinen weißen und rosafarbenen Blüten sehen aus wie ein viktorianisches Chintzmuster. Ermutigt durch diesen Strauch, sind noch mehr entlang der Grünen Umfahrung gepflanzt worden. Die Sorte, die man meiden sollte, ist *Kalmia angustifolia* (Schaflorbeer), von schmutzigem Rot und nicht zu vergleichen mit *Kalmia latifolia*.

In der Nähe des Gartenhauses befindet sich ein Bereich, der ganz in Gold und Gelbtönen bepflanzt ist. Alle Büsche und kleinen Bäume sind Geschenke von Freunden und Nachbarn für Andrew und mich anlässlich unserer goldenen Hochzeit 1991. Die gefiederten Blätter der goldenen Akazien erheben sich über den Rest, und der gelbe Holzapfel *Malus x zumi* »Golden Hornet« ist bis zu Neujahr über und über mit hellgelben Früchten behangen. *Gleditsia triacanthos* »Sunburst« (Amerikanische Gleditschie), *Acer shirasawanum* »Aureum« (Japanischer Gold-Ahorn), *Rhododendron* »Haida Gold« und »Golden Wedding« sind hier ebenso zu finden wie *Spirea x japonica* »Goldflame« und »Gold Mound« (Japanischer Spierstrauch). Um diesen übervölkerten Platz zu vervollständigen, haben wir es mit *Catalpa bignonoides* »Aurea« (Trompetenbaum) in der Mitte versucht. Dieser Bereich steht im Kontrast zum Rest des Weges, bietet er doch ein helles Goldgelb vor dem Hintergrund der dunkelgrünen Rhododendren, die hier absichtlich belassen wurden, um die Kaskade abzuschotten.

Eine der goldenen Varietäten der Stechpalmen.

Über dem »Goldenen Hain« befinden sich im Winter und frühen Frühling Blütensträucher wie Mahonien, Zaubernüsse, *Viburnum x bodnantense* (Bodnant-Schneeball) und der Zwergrhododendron »Praecox«. Die Blütenfarbe des letzteren ist eine Mischung aus Purpurrot und Malvenfarben, nicht sehr hübsch, aber früh. Wenn er im Februar/März blüht, ist ein Zeichen des Frühlings so willkommen, dass man den Blüten ihr krasses Magentarot nachsieht. Ein harter Frost, und sie erfrieren. Gerade wenn die dunklen Tage im November begonnen haben, und man glaubt, man könne sich genauso gut für drei Monate eingraben, tauchen am Viburnum Knospen auf und mit ihnen Hoffnung. Die Mahonien folgen, ihre hängenden Blütengarben bereit, mit dem Duft nach einer milden Vanilleart aufzugehen.

Auf dem oberen Pfad über dem Gartenpavillon stehen Bienenkörbe. Eine Tafel warnt »Vorsicht Bienen«. Ich wollte vermeiden, dass jemand ohne Vorwarnung gestochen wird, aber der Garten könnte in einem Schilderwald versinken, wollte man versuchen, die Menschen gegen alle Eventualitäten zu wappnen. So wie »Vorsicht Bienen« haben wir noch das Schild »Vorsicht rutschiges Gras«, und ich denke, das ist genug der Vorsichtsmaßnahmen.

Wagen Sie sich an den Bienenkörben vorbei, sehen sie einige Stechpalmen, die unmittelbar nach der Rodung der dort ansässigen Rhododendren gepflanzt wurden. *Ilex aquifolium* »Flavescens« (gelb gefleckt) »Madame Briot« (sehr stachelig mit grünmarmorierten und gelbrandigen Blättern), »Bacciflava« (die zur Abwechslung gelbe Beeren trägt), »Silver van Tol« (deren Blätter silberne Ränder haben sollten, meines Erachtens jedoch golden aussehen), »Ferox Argentea« (treffenderweise die Igel-Stechpalme genannt – die Blätter sind voller silbriger Stacheln) und »Handsworth New Silver«. In der bei uns seltenen, aber stets gesuchten Novembersonne strotzen diese Stechpalmen vor Gesundheit, und ich bin froh, dass es sie gibt. Kann man jedoch eine gute Sorte der Gattung *Ilex aquifolium,* also der ganz gewöhnlichen Stechpalme, bekommen, die mit ihren scharlachroten Beeren ein Vorbote von Weihnachten in Musik und Literatur ist, ist diese wertvoller als all die neuen Varianten zusammen.

Der vierte Herzog bevorzugte »gestreifte« Stechpalmen in zehn Sorten, geliefert von Benjamin Perfect 1760.

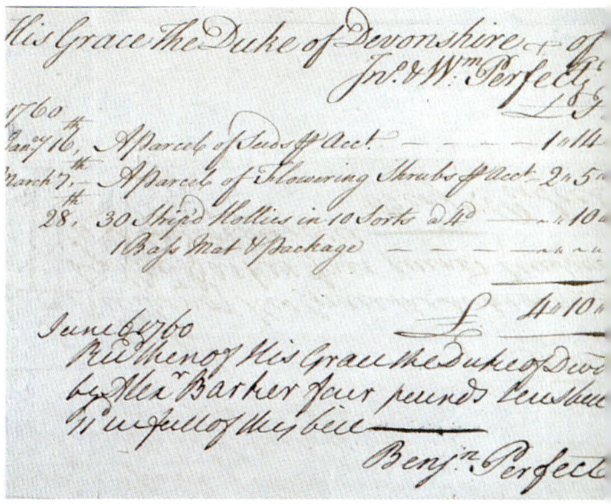
His Grace the Duke of Devonshire
Jn.o & W.m Perfect
1760
Jan.y 16th, A Parcel of Seeds as Acct.
March 7th, A Parcel of Flowering Shrubs as Acct.
28th, 30 Striped Hollies in 10 Sorts
1 Bass Mat & Package
£ 4 .. 10
June 6 1760
Benj.n Perfect

Unsere Stechpalmen sind in Gruppen gepflanzt, die groß genug sind, um Mrs. Earles Vorgaben zu entsprechen. Sie unterstrich stets die Notwendigkeit, Pflanzen in dichten Gruppen zusammenzufassen, also *»nicht wahllos damit zu kleckern, sondern gezielt zu klotzen«*. Obwohl sich ihr Rat in diesem Fall auf Kräuterrabatten bezog, ist dieses Buch einer vernünftigen Frau mit dem Titel *Pot Pourri from a Surrey Garden* aus dem Jahr 1997 voller sinnvoller Ratschläge, nicht nur was den Garten, sondern auch was Ernährung und Kindererziehung betrifft. Und in einem Garten unserer Größenordnung ist es sogar noch wichtiger, nicht mit Pflanzen zu kleckern.

Zwischen den Stechpalmen stehen etliche junge Andentannen. Vor ein paar Jahren hat John

Webber aus der alteingesessenen Friseurfamilie in Chesterfield mir die Samen einer Araucarie gebracht, die offenbar den absoluten Mittelpunkt des Gartens eines Freundes darstellte. Ihr Besitzer erklärte, sie habe noch nie zuvor Samen entwickelt, doch im Herbst 1986 seien sie nur so herabgeregnet, und der Boden unter seinem Baum sei mit dicken, braunen Samen in der Form von kleinen Bumerangs übersät gewesen. Solche Samen hatte ich nie zuvor gesehen. Ich nahm einige zu einer Dinnerparty mit und ließ die Gäste, hauptsächlich Gartenbesitzer, raten, was es damit auf sich habe. Niemand wusste die richtige Antwort. Ian Webster steckte sie einfach in die Erde, und eine stattliche Anzahl der Saat ging tatsächlich auf ..., was dabei herauskam, war eine langwierige Angelegenheit. Von den Sämlingen pflanzten wir siebzehn zwischen die Stechpalmen, und einige gedeihen prächtig. Ich weiß auch nicht, weshalb es so befriedigend ist, Bäume aus Samen zu ziehen, aber es liegt eine tiefe und unerklärliche Genugtuung darin, und ich mache jedes Mal den kleinen Umweg, um den Fortschritt der Araucarien aus Chesterfield zu beobachten, wenn ich in diesen Teil des Gartens komme.

Der Küchengarten

Es gab drei Gründe, weshalb ich ungedingt Gemüse anbauen wollte. Gefräßigkeit ist einer. Ein anderer ist die den Gemüsepflanzen eigene Schönheit, und der dritte ist der Ansporn, praktisch aus dem Nichts etwas Sinnvolles zu zaubern.

Auf etwas über einem Hektar, der mittlerweile die Fläche des Küchengartens bildet, befanden sich früher die so genannten »Koppeln«. Der Grund für diese Bezeichnung liegt auf der Hand –

Der Eingang zum Küchengarten. Die Statuen aus dem 17. Jahrhundert weisen den Weg. Die goldgelben Robinien bekamen wir von den »Derbyshire Girl Guides« als Geschenk zur Goldenen Hochzeit 1991 *(oben)*.

Die Rabatte, ursprünglich mit Gemüsepflanzen geplant, am Weg in den Küchengarten. Hier gedeihen unter anderem Madonnenlilien, die Moschusrose »Felicia«, blauer Rittersporn und Ochsenzunge (*Anchusa spec.*) mit Nelken und Stiefmütterchen, die den Pfad säumen. Fenchel, roter Kopfsalat und roter Mangold stehen für die »genießbareren« Farben und sind vor Kardonenartischocken gepflanzt *(linke Seite)*.

Lilium »Casa Blanca« (weiße, orientalische Hybridlilie) in einem Kübel und viele Dachflächen beim Blick in Richtung Westen *(links)*.

Gemüse und drei der vier Gewächshäuser, die durch Versehen vor dem Abriss bewahrt wurden *(rechte Seite)*.

denn dort waren die eingezäunten Koppeln vor den Stallungen, auf denen die Kutschpferde ihren Auslauf hatten. Namen und Bezeichnungen haben in dieser Gegend ein zähes Leben, und für viele ältere Menschen sind es noch immer die »Koppeln«, auch wenn seit vielen Jahren keine Pferde mehr in den Ställen stehen.

Eine über 2,5 Meter hohe Steinmauer fasst den Küchengarten von Osten nach Norden ein. Die Begrenzung nach Westen entlang des Weges über den Stallungen ist niedriger, da sich hier auch die so genannte »Hintertür« zum Garten befindet, die auf den Gärtner-Parkplatz führt. Der Einlass für Spaziergänger und Besucher zum eigentlichen Garten befindet sich am Südende der Grünen Umfahrung. Zwei verwitterte Frauenstatuen aus Stein markieren den Eingang zum Küchengarten. Und die beiden sind wie ältere Frauen aus dem wirklichen Leben: Ihre einstige Schönheit ist abgeblättert und in die Jahre gekommen. Jedenfalls weisen sie dem Besucher den Weg.

Bis in die frühen Neunzigerjahre waren die »Koppeln« nichts als ein langweiliger, konturloser Hang. Bei nassem Wetter rann das Wasser ungebremst über brachliegendes Erdreich bergab. Einige wenige Gemüsebeete existierten bereits, waren jedoch planlos, ohne Konzept und mit wenig Begeisterung angelegt. Die vier Gewächshäuser aus viktorianischer Zeit rundeten das trostlose Bild nur noch ab, waren sie doch kaum genutzt und dem Verfall anheim gegeben. Bei diesen Glashäusern handelte es sich um die in meiner Kindheit weit verbreitete Sorte: ohne jeden ästhetischen Anspruch, funktionell und recht nett anzusehen, standen sie auf einem hohen, von einem Eisenzaun umgebenen großen Steinpodest und somit außer Reichweite der grasenden Pferde. Wie andere wichtigere Gebäude im Garten hatten sie einen Ortswechsel bereits hinter sich. Auf der Übersichtskarte aus dem Jahr 1897 verliefen sie von Ost nach West. Auf der Übersichtskarte von 1920 waren sie abgerissen und beim Wiederaufbau von Nord nach Süd ausgerichtet worden. Sie stammen aus der Zeit Königin Victorias und haben ihre gegenwärtige Position vor gut 90 Jahren eingenommen.

Als das Schau-Gewächshaus und ein paar neue Glashäuser in der Zeit von 1969–70 gebaut wurden, meinte Andrew, der neu geschaffene Raum würde für unsere Bedürfnisse ausreichen. Daher seien diese weit abseits gelegenen Gewächshäuser den Aufwand nicht wert, den ihr Unterhalt koste. Er und Bert Link hatten ein Gespräch. Die Folge war, dass Andrew bat, die Glashäuser abzureißen. Zum Glück vergaß Link, das zu tun, und Andrew vergaß, sich weiter darum zu kümmern. 20 Jahre später wurden sie wieder instand gesetzt. Und als ein neuer Küchengarten entworfen werden sollte, waren sie ein guter Einstieg für unsere Planung.

Während der Winter 1991/92 und 1992/93 hat der Hang allmählich das Gesicht bekommen, das er uns heute zeigt. Drainagerohre wurden verlegt, und eine Menge alter Ziegelsteine – einst Teil eines Gebäudes, das durch Geländeeinbrüche eingestürzt war, die die alte Bergewerkstätigkeit verursacht hatte – wurde von der Huggeston Farm in Mastin Moor aus der Nähe von Chesterfield hergebracht. Mit diesen Ziegelsteinen legten wir vier Hochbeete unterhalb der Gewächshäuser an. Das obere Beetpaar misst 11 Meter mal 12 Meter und das Paar unterhalb jeweils 10 Meter mal 25 Meter. Sie sind sämtlich 60

Zentimeter hoch und haben eine Gesamtfläche von etwa 800 Quadratmetern. Riesige Ladungen Mutterboden wurden angefahren, um sie aufzufüllen.

Auf jedem dieser Beete sind Gemüsereihen angelegt, die von einem Apfelbaum im Mittelpunkt strahlenförmig ihren Ausgang nehmen, unter dem wiederum ein Rund aus Artischocken gepflanzt ist. Die Hochbeete sind mit der Alpenerdbeere »Alexandra« umsäumt, die zu pflücken und zu essen man im Vorübergehen zwar nicht widerstehen kann, die jedoch mühsam zu ernten ist, will man einen Korb voll für eine größere Anzahl von Gästen zusammen bekommen. Da uns die Mode, was Blumen betrifft, zwingt, von der Größe um ihrer selbst willen Abschied zu nehmen, greift diese Strömung vielleicht auch auf Früchte über, und dann werden die Alpenerdbeeren wieder zu ihrem Recht kommen. Pflücken allerdings muss man sie auch dann noch.

Wir wollten immer eine Rabatte am Eingang des Küchengartens haben, aber unser Plan war, dafür Gemüse und Kräuter zu verwenden, einschließlich Schnittlauch und rotem Mangold, die beide sowohl hübsch anzusehen als auch essbar sind. Die langweiligeren Gemüsesorten, so dachten wir, könne man in Mustern pflanzen, um sie interessanter zu machen. Aber dann ist doch eine ganz konventionelle Blumenrabatte daraus geworden, mit ein paar eingestreuten Gemüsepflanzen. Den Hintergrund bilden hohe Kardonen-Artischocken *(Cynara cardunculus)* und einige kugelrunde französische Artischocken der Sorte »Gros Vert de Lâon«, die mir Alvilde Lees-Milne geschenkt hat. Alvilde hatte ein seltenes Talent für alles, was mit Küche, Kleidung und Garten zusammenhing, und man konnte sicher sein, dass jede Pflanze, die sie verschenkte, etwas ganz Besonders war. Das traf auch auf diese Artischocke zu – die beste ihrer Art.

Die Hecke aus Portugiesischer Lorbeerkirsche *(Prunus lusitanica)* entlang der Westgrenze verdeckt ein Gebäude, welches von einer solchen Hässlichkeit ist, dass es schon wieder erhalten bleiben sollte, wenn auch nur als heilsame Abschreckung vor den Geschmacksverirrungen der Sechzigerjahre unseres Jahrhunderts. Es wurde 1969 gebaut, um die Heizkessel aufzunehmen, die das Schau-Gewächshaus und die anderen Glashäuser beim Geräteschuppen bis 1992 beheizten (mittlerweile befinden sich die Heizungsanlagen in den Häusern selbst) und ist aus jenem Ziegelimitat erbaut, das im »National Trust« jemand einmal so treffend als »altbackenen Keks« bezeichnet hat. Verkleidet ist es mit Wellblech – auch hier nicht mit der richtigen Sorte, die man im ganzen Land an Anbauten und Dächern von Schrebergarten-Schuppen vor sich hin rosten sieht, sondern natürlich mit einer »besseren« Variante, die schlicht daneben ist. Eigentlich ist diese Scheußlichkeit schon wieder sehenswert ..., aber um Himmelswillen nicht im Rahmen eines Gartenbesuchs!

Das berühmt-berüchtigte »hässliche« Gebäude aus den Sechzigerjahren und krachmachende Traktoren, denen man überall im Garten begegnet.

Tote oder sterbende Bäume haben keinen Platz in einem Garten, und Stürme treffen eine erbarmungslose Auslese. Die Nachpflanzung von Waldbäumen ist eine alljährliche Aufgabe. Das beste Holz der umgestürzten Bäume wird von den Schreinern verwendet *(oben).*

Ganz in der Nähe befindet sich die Bauhütte, die die Jahre 1957 und 1958 vor dem westlichen Haupteingang verbrachte, während sie als Aufenthaltsraum und Werkstatt für die Bauarbeiter diente, die es uns ermöglichten, 1959 das Haus zu beziehen. Jetzt ist diese Baracke Schuppen für Maschinen aller Arten und Größen.

Die Mechanisierung hat es der erheblich reduzierten Anzahl von Angestellten möglich gemacht, ein Gelände von der Größe Chatsworths zu bewältigen, was allerdings auf Kosten einer ganz anderen Sache ging. Der Garten ist längst kein Ort stiller Einkehr und Besinnung mehr. Die Erfindung und der nachfolgende Siegeszug der Maschinen, die alle möglichen Arbeiten übernehmen, die einst Menschen erledigt haben, haben die Ruhe für immer aus unseren Gärten verbannt. Als das einzige Geräusch noch der Rasenmäher war, dieses erste Anzeichen des Frühlings und frischen Wachstums nach den langen öden Wintermonaten, war es stets willkommen. Jetzt sind Sichel- und Spindelmäher, Freischneider, Heckenscheren, Luftkissenmäher, Rasentrimmer und das Heulen des Laubsaugers genug, um Tote aufzuwecken. Nimmt man die erbarmungslose Geräuschskala über die gesamte Bandbreite der Tonleiter von Kettensägen hinzu, die selbst an die taubsten Ohren vor-

Der Küchengarten zur besten Erntezeit. Die Hochbeete werden von Alpenerdbeeren gesäumt. Reihen von Petersilie, Erbsen, Bohnen, Salaten und Kohl gehen strahlenförmig von einem mittigen Apfelbaum aus *(oben)*.

Der Küchengarten im März. Zu diesem Zeitpunkt, also vor dem Wachstum der Pflanzen, ist die Anlage der Hochbeete deutlich zu erkennen. Die Strohabdeckungen schützen die Artischocken, die die Apfelbäume umgeben.

»Doyenné du Comice«-Birnen, die über einen Rankbogen wachsen.

zudringen vermag, kann man die Vorstellung von einem ruhigen Nachmittag mit einem Buch, beim Briefe schreiben oder Löcher in die Luft starren schlicht vergessen. Traktoren und Anhänger haben Schubkarren ersetzt; ein Schredder, der alles zerkleinert, damit es auf dem Komposthaufen verrotten kann, hat den schrecklichen Namen »Multi-Häcksler« und sollte, wenn in Aktion, weiträumig gemieden werden.

Wir haben's weit gebracht, seit Buddings Rasenmäher 1830 patentiert wurde. Manchmal wünschte ich, man könnte die Zeit zurückdrehen.

Im Küchengarten geht es ruhiger zu. Der von Nord nach Süd verlaufende Hauptweg führt uns an den Hochbeeten zur einen und an zwei Ziegelmauern auf der anderen Seite vorbei, die ein Beet einfassen, wobei sich die zweite hinter der ersten wie eine große Stufe auf der gesamten Länge erhebt. Diese erste Mauer ist hüfthoch, was das Pflücken der Kräuter erleichtert, die über die ganze Strecke in einzelnen Quartieren gedeihen. Steintröge haben hier ebenfalls eine praktische Verwendung gefunden – der eine ist mit einem Wasserhahn versehen, und der Rest dient dazu, Minzen der unterschiedlichsten Sorten zu ziehen. Ohne die Tröge, die diesen Wucherern Einhalt gebieten, würden sich ihre Wurzeln bald über die gesamte Fläche ausgebreitet haben. Niedrigstämmige Spalieräpfel – »Cox's Orange Pippin«, »Spartan«, »Laxton's Superb« und »Lord Lambourne« – werden entlang der Drähte am Weg über den Kräutern gezogen und Viktorianische Pflaumen sorgen für etwas Höhe. Die Eisenbögen über dem Weg stützen Birnen der Sorten »Doyenné du Comice« und »Conference«.

Die Blechwannen, Hexenkesseln gleich, die noch vor Jahren als Futtertröge, gefüllt mit Bohnen für das Wild im Park, gedient haben, sind am Nordende des Weges aufgestellt worden. Sie müssen stets mit Erde gefüllt und bepflanzt sein, wenn sie nicht von den Besuchern mit überdimensionalen Abfalleimern verwechselt werden sollen. In dem einen wachsen Aurikel und in den anderen alles, was uns so unterkommt.

Birnen und Pflaumen werden an der Steinmauer gen Süden gezogen. In dieser Mauer lebten so viele Mäuse, dass jedes neue Blatt, kaum dass es hervorspitzte, aufgefressen wurde und wir die Steine neu mit Zement verputzen mussten. Zwischen den Obstbäumen wachsen Lorbeerbäume. Keiner von uns hatte geglaubt, dass sie draußen überwintern könnten – die Lorbeerbäume in den Kübeln an der Südfassade werden vor dem ersten Frost hereingenommen und kommen erst Ende Mai wieder ins Freie –, aber jetzt wachsen sie bereits über den ihnen zugedachten Raum hinaus. Zugegeben, bis jetzt mussten sie noch keinen harten Winter durchstehen ..., also warten wir's ab.

Für das Beerenobst haben wir einen Käfig gebaut. Er ist nicht schön, aber notwendig, um Fasanen, kleine Vögel, Kaninchen und die teuflischen Eichhörnchen fernzuhalten. Dank dieses Drahtkäfigs können wir Himbeeren, Erdbeeren, Stachelbeeren, Schwarze, Weiße und Rote Johannisbeeren ziehen ..., alle zusammen ein Grund, im Sommer zu Hause zu bleiben.

Die Geschwindigkeit, mit der sich diese Anpflanzungen mit ihren neuen Standorten abgefunden haben, hat mich überrascht – fast wie in einer dieser Fernsehsendungen, die zeigen, wie ein Team eintrifft, das einen Garten praktisch über Nacht umkrempelt. Jedenfalls konnten wir uns bald kaum noch vorstellen, wie es hier ausgesehen hatte, als die »Koppeln« noch ein kahler Hang waren. Mehrere Treppen und ein großer Ziegelunterstand für den Komposthaufen vollendeten dieses Projekt, und 1993 waren alle Bauarbeiter verschwunden.

Darüber hinaus gibt es auch noch ganz herkömmliche Felder für Kohl und Kartoffeln, die von Eisenbahnschwellen eingefasst sind. Diese Schwellen ergeben eine solide, gute Randbefestigung. Wir hätten in Unmengen dieser Schwellen schon vor Jahren investieren sollen, als man damit beschäftigt war, das Eisenbahnnetz zu zerstören, das mit soviel Sorgfalt (und Paxtons Hilfe) aufgebaut worden war. Eisenbahnschwellen müssen im Wert mehr als die meisten Handelswaren gestiegen sein, wenn man ihren gegenwärtigen Preis bedenkt. Das einzig Enttäuschende an ihnen ist, dass sie bei warmer Witterung noch immer Öl und Teerkreosot ausschwitzen und man sich die Kleidung ruiniert, versucht man, sich in einer unbedachten Minute darauf zu setzen. Am Nordende steht der zum Küchengarten gehörende Geräteschuppen, wo ein alter Hund in einem Sessel desselben reifen Jahrgangs döst, während sein Herr arbeitet. Dieser Schuppen hat ein anständiges Wellblechdach und einen kleinen Kamin samt dem obligaten Rauchwölkchen an windstillen Wintertagen. In seiner Nähe befinden sich nicht weniger als 82 Frühbeetkästen sämtlicher Größen, die allesamt 1993 erneuert wurden.

Wir haben ein Klima, in dem eine breite Auswahl der besten Gemüsesorten der Welt gedeiht, und es ist niederschmetternd, sieht man diese in den Geschäften alt und lasch vor sich hinwelken. Rosenkohl, so groß wie junge Kohlköpfe, Erbsen, so hart wie Golfbälle, riesige Rüben, die man vielleicht an die Schafe verfüttern könnte – all das tut sich und dem Gemüsehändler keinen Gefallen. Hätte man dieses Gemüse nur ein paar Wochen oder in einigen Fällen ein paar Tage früher geerntet, wäre ein Mahl für die Götter daraus geworden.

In diesem Sinne und in der Hoffnung, die Menschen zu ermutigen, in dem Augenblick zu ernten, wenn das Gemüse am besten ist, habe ich bei unserer örtlichen Gartenschau einen Preis für »eine Auswahl der schmackhaftesten Gemüsesorten« ausgesetzt. Der Preisrichter wählte unvermeidlich die größten Exemplare, sodass die Absicht, die dahinter stand, damit bereits zunichte gemacht war. Inzwischen ist diese Sparte längst aus dem Wettbewerb genommen worden.

Erbsen und dicke Bohnen sind die beiden besten Gründe, einen eigenen Küchengarten zu unterhalten, denn es ist praktisch unmöglich, sie frisch und zum richtigen Zeitpunkt geerntet im Handel zu bekommen. Es gibt einen Tag im Leben dieser beiden Sorten, da sie die absolute Perfektion erreicht haben – zu klein noch am Vortag und bereits zu groß am nächsten Tag. Es gibt nichts Trostloseres als dicke Bohnen, zweieinhalb Zentimeter lang, in dicker angegrauter Hülse und nur noch für den Kompost geeignet. Bedenkt man, was sie noch wenige Tage zuvor hätten sein können, wird einem mit Bedauern klar, dass hier das Ziel deutlich verfehlt wurde. Es gibt kaum ein Gemüse mit einem derart delikaten Aroma und einem so starken Duft nach Hochsommer wie die ersten dicken Bohnen, wenn man sie zu einem Zeitpunkt erntet, da sie sogar roh schmackhaft sind, sich leicht aus ihrer wolligen Hülse brechen lassen und wunderbar zart sind. Wir essen sie als eigenes Gericht – ohne Fleisch –, und sie überraschen stets und munden köstlich. Lässt man sie nur zwei oder drei Tage länger an der Pflanze, werden die grauen Häufchen achtlos an den Tellerrand geschoben, eine Vergeudung an Zeit, Erntearbeit und Küchenzutaten. Wir ziehen die Sorten »The Sutton«, »Hylon«, »Witkim Manita« und »Masterpiece Green Longpod«.

Dasselbe gilt für Erbsen. Sie müssen nicht nur am selben Tag geerntet und verzehrt werden, sondern dies sollte am Tag der perfekten Erntereife geschehen. Die geradezu poetischen Beschreibungen der Eigenschaften der endlos aufgeführten Sorten in den Samenkatalogen erwecken nur den Wunsch, sie alle haben zu wollen. Lassen Sie sich nicht verführen! Wie fast bei allen Gemüsesorten gibt es nur ein oder zwei, die sich anzubauen lohnen, und ich sehne mich nach dem Tag, da ein Saatgutverkäufer dies zugibt und neben eine der fantasievollen Handelsbezeichnungen schreibt »nicht der Mühe wert, zu zäh und unmöglich zu kochen, faserig, geschmacklos, nur zum Unterpflügen geeignet...« Zahllose Händler haben sich die Unehrlichkeit von Politikern zu eigen gemacht und tun so, als sei im Garten alles in Butter, solange man nur ihre Waren kaufe.

Die Liste der Erbsensorten ist so lang und verwirrend, dass man nicht weiß, wozu man sich entschließen soll, und verzweifelt ihre Namen wie »Onward«, »Lord Chancellor«, »Daybreak«, »Feltham First« sowie die drei Kelvedon-Erbsen – »Monarch«, »Triumph« und »Wonder« – wiederholt. Sie können sie allesamt vergessen – das heißt bis auf die unvergleichliche »Hurst Green Shaft«, die einzige Erbse, die man anbauen sollte. Erst dann wissen Sie, wie grüne Erbsen schmecken sollen.

Stangenbohnen sind schon wieder eine andere Sache und sollten lieber zum Anschauen als zum Essen gezogen werden. Erneut finden sich seitenweise Sorten in den Katalogen, wobei einige Namen – »Enorma«, »Goliath«, »Prizetaker« – schon verräterisch auf die dicken, zähen, ungenießbaren, langen Dinger hinweisen, in die sie sich auswachsen. Ziehen Sie sie, wenn es denn unbedingt sein muss, als Kletterer, um die Haustür oder mit Spalieräpfeln eingemischt am Bogen über Ihrem Gartenweg, wo sich ihre orangeroten Blüten sehr hübsch ausmachen.

Falls Sie Platz haben, ist ein ungewöhnliches Gemüse, das sich anzubauen lohnt, der Kürbis. Allerdings taugt dieser kaum für einen kleinen Garten, denn die Kürbisse explodieren förmlich in ihrem Wachstum und beanspruchen eine große Fläche. Wie Erbsen und Bohnen muss der Kürbis zum richtigen Augenblick gegessen werden und sollte nicht größer sein als ein kleinerer Ball. »Little Gem«, nicht zu verwechseln mit dem Salat desselben Namens, ist die Sorte, die wir anbauen. Die andere Sorte, deren Fruchtfleisch wie Spaghetti aussieht, wenn es gekocht ist, und die gegenüber fragend dreinschauenden Gästen erst einmal erklärungsbedürftig ist, heißt auch »Spaghetti«. Ich finde sie gut.

Blühende Zucchinis. Wie das meiste Gemüse schmecken sie am besten, solange sie klein und zart sind – kurz nachdem die Blüten verwelkt sind.

Lauch und Sellerie für die Winterernte *(rechte Seite)*.

Roter Eissalat und Endivien *(oben links)*.

Schneeerbsen *(oben rechts)*.

Roter Mangold *(unten links)*.

Rosenkohl der Sorten »Masterline« und »Red Sprout Rubine« im Frühsommer *(unten rechts)*.

Tim Walton bei der Ernte von »Lollo Rosso«-Salat, hübsch anzusehen, aber geschmacklos. Der Buchs säumt Majoran, der in einem Steintrog gedeiht; im Hintergrund Artischocken.

Sellerie ist schon komplizierter. Der schmackhafteste Teil ist die Knolle, also ist es wichtig, zu verhindern, dass diese abgeschnitten und weggeworfen wird. Man muss sehr schnell reagieren, denn sonst ist sie weg. Da es beinahe unmöglich ist, den Sellerie mit Knolle im Handel zu erwerben, besteht die einzige Hoffnung darin, ihn selbst anzubauen. (In England wird fast ausschließlich Stangensellerie gegessen; Anm.d.Übers.) Die Schädlinge und Krankheiten, die Sellerie befallen, sind Legion. Die möglichen (nein, wahrscheinlichen) Katastrophen in der Welt des Selleries sind Minierfliege, Eulenraupe, Bormangel bzw. Herzfäule, der Gurken-Mosaik-Virus, Sclerotinia-Stammfäule. Entweder ist er herzfaul oder überhaupt hohl, Schnecken fallen über ihn her, oder der Boden ist ihm mal zu feucht, mal zu trocken. Er ist ein schwieriger Hypochonder. Wenn Sie all diese Desaster in den Griff bekommen und Sie eine gute Knolle ernten, die sie mit Lord Chewton-Cheddar verzehren, ist Ihre Mahlzeit vollkommen.

Meerkohl, Spargel und Topinambur sind Luxusgüter, die mit dem Küchengarten zu uns kamen. Der essbare Meerkohl, *Crambe maritima,* ist ein Verwandter des in Mode gekommenen *Crambe cordifolia,* den man jetzt so häufig in Rabatten sieht. Der Meerkohl ist vom Geschmack her mit nichts anderem zu vergleichen, und ich werde oft gefragt, was es denn sei, das man esse. Im November wird Erde über die Pflanzen gegeben und große Holzkisten mit dicken Henkeln an den Deckeln über die Hügel gestülpt. Die weißen Blätter und Strünke wachsen im Dunkeln und kommen Anfang Frühjahr, wenn frisches Gemüse rar ist. Hat man genug davon gegessen und die Saison ist zu Ende, werden die Kisten entfernt, er kann wachsen, wie er lustig ist und Kraft für den nächsten Winter über seine hübschen blaugrünen Blätter schöpfen.

Erdartischocken oder Topinambur ergeben die zweitbeste Suppe der Welt. Mein erster Preis geht an Sauerampfersuppe, aber die Erdartischocken-Version reicht nahe an diese heran – sie ist der Inbegriff des Herbstes. Die Pflanzen werden sehr hoch und enden wie junge Bäume.

Nach dem Meerkohl ist ein weiteres erstes Frühjahrsgemüse der rotsprießende Broccoli, der in einem milden Februar dick und schnell wächst. Wenn ihn die Fasanen in Ruhe lassen und Sie die Ernte hinauszögern, bis der Spargel anfängt, haben Sie den besten Broccoli der Welt.

Spargel muss einfach das höchste an Luxus im Königreich des Gemüses sein, teilweise weil er einfach köstlich schmeckt und seine kurze Erntezeit in einem stets die Sehnsucht nach mehr erweckt, teils, weil er in den besten Wochen des Jahres gedeiht. (Der Himmel bewahre mich vor importiertem Spargel, der das ganze Jahr verfügbar ist. Er ist nur ein schlimmer Abklatsch der echten Ware.) Bis der neue Küchengarten entstanden war, hatten wir nie genug davon, und er war streng rationiert.

Wie mich das an meine Schwester Pam erinnert, eine großartige Gemüsegärtnerin und Gemüseköchin mit all den Reichtümern ihres Gartens in den Cotswolds: »Wie geht's dir?« fragte ich sie eines schönen Maitages am Telefon. »Oh, ich lebe wie die Made im Speck – gerade genug Spargel für eine Person.« Hier bei uns mochte er gerade für zwei ausreichen, aber mehr war nicht drin. Jetzt beginnen sich die Dinge endlich zu bessern.

Lauch – haben Sie je Lauch in einer landwirtschaftlichen Produktschau im Norden gesehen? Oder sogar im milden Südengland bei der Obst- und Gemüse-Schau der Royal Horticultural Society im Oktober in London? Da sind sie eine Offenbarung, die dicken, langen, fetten und sauberen Stangen, die kaum noch als Lauch erkennbar, sondern seltsam faszinierende und herrlich grüne und weiße Säulen mit einer mehrere Zentimeter langen Wurzelmähne sind. Wie sie schmecken, weiß ich nicht. Unsere Lauchstangen sind da schon normaler und schmecken als wesentlicher Bestandteil von Wintergerichten genau wie sie schmecken sollen. Etwas anderes ist es, wenn sie schmal und dünn, im Ganzen gedünstet auf dem Teller landen und mit einer Gabel bewältigt werden müssen. Es ist dieselbe alte Geschichte: Braucht man ein Messer, um eine solche Stange zu zerteilen, ist sie zu alt.

Auf Garten-Schauen findet man Zwiebeln, so groß wie der eigene glänzende kahle Schädel mit ordentlich zusammengebundenem und geflochtenem Blattwerk. Das Gemüse-Handbuch führt namentlich 144 Sorten, und der Himmel weiß, wie man sich für eine entscheiden soll, um sie anzubauen. Ich glaube, es ist besser, sie von einem Kerl mit einer Baskenmütze zu kaufen, der sie über die Lenkstange seines Fahrrads hängt. Und für alles Weitere gilt das schon bei Erbsen und Bohnen Gesagte.

Was Salate betrifft, so sollte man sich an Römersalat halten. Aber welche Mühe er macht! Er muss mit Bast hoch gebunden werden, kein Blatt darf in Unordnung geraten, und das nicht nur einmal, sondern während der ganzen Wachstumsphase. Also wenn Sie dafür keine Zeit haben, dann rate ich, die Finger von dieser knackigen, dunkelgrünen und weißen Delikatesse zu lassen und sich an den »Little Gem«, einen Halb-Römersalat, zu halten, der verlässlichste seiner Art. Viel besser als der weichblättrige, dunkelrote »Lollo Rosso«, der ganz gut aussieht, aber längst nicht so gut schmeckt. »Little Gem« hat ein herrlich knackiges Herz. Sollten Sie also das Glück haben, dass dieses von der Salatschüssel auf ihren Teller wandert, dann haben Sie die sprichwörtliche Rosine im Kuchen gefunden. Zum Missfallen Ihres Nachbarn allerdings verbreiten sie Geräusche wie eine Ziege, die einen Krautstrunk verzehrt – sobald Sie zu kauen anfangen. »Tom Thumb« ist die nächstbeste Sorte.

Ein linguistisches Rätsel in der Welt des Gemüses sind Chicorée und Endivien. Im Französischen und Englischen sind sie das genaue Gegenteil, und ich vergesse stets, welcher was ist, sodass ich statt des herrlich feisten, weißen, torpedoförmigen Wintergemüses, welches ebenso gut roh als Salat wie auch gedünstet als Fleischbeilage schmeckt, ein stark gefranstes grünes Blatt vorfinde, das recht hübsch aussieht, jedoch nicht schmeckt. Der Küchenteil des Küchengartens ist voller Fallstricke.

Melonen in den viktorianischen Gewächshäusern. Die auf dem Steinrand liegenden von der Sorte »Sweetheart«; die noch hängenden »Emerald Gem«. Jede hat ihr besonderes Aroma und Fruchtfleisch. An mich sind sie verschwendet, da ich sie nicht mag. Das Federvieh allerdings liebt die Kerne.

Wir ziehen drei Sorten Chicorée – »Brussels Witloof«, »Rossa di Verona« (Radicchio) und »Sugar Loaf«. Die ersten beiden werden im Mai im Freien ausgesät. »Brussels Witloof« braucht eine gewisse Pflege – er muss im Oktober aus der Erde herausgenommen und in feuchten Sand gesteckt und ins Gewächshaus umgesiedelt werden, wo er zwei bis drei Wochen im Dunkeln in Kisten gehalten und gewässert wird, bis er weiß und knackig und zum Verzehr bereit ist. »Sugar Loaf« wird im Juni ausgesät, kommt im Oktober aus der Erde und wird mit den Wurzeln in feuchte Komposterde in Schachteln gesteckt. Die äußeren Blätter verrotten und sehen schrecklich aus, aber das Innere ergibt den besten Salat.

Sauerampfer ist das pikanteste, frischeste und seltenste Blattgemüse. Unseren Sauerampfer haben wir durch meine Schwester Pam, der Königin der Gemüseküche (ich fand, auf ihrem Grabstein hätte stehen müssen: »Und möge Spinat ihr ewigen Glanz verleihen«, aber ich wurde überstimmt). Pam wiederum hatte ihn von Robin Adair, einem ausgezeichneten Koch, der ein großer Freund von X. Marcel Boulestin war, dem Patron des besten Restaurants im London der Dreißigerjahre. Somit hat uns der Sauerampfer durch die Berühmten dieser Welt erreicht, und sein eigener Anspruch auf Ruhm ist seine Eigenschaft, nicht vorzeitig Samen auszubilden wie andere Sorten, sondern seine Energie darauf zu verwenden, sich auszubreiten. Die Blätter aus einer Wurzel verwandeln eine Frühlingssuppe in Nektar, und er wächst und gedeiht ohne jede Mühe.

Mittlerweile ist den Menschen plötzlich aufgegangen, dass es noch andere Kartoffelsorten gibt als die gewöhnlichen, die so reichlich und überall zu haben sind, und dass es sich kaum lohnt, diese selbst anzubauen. »Pink Fir Apple« ist sogar in Supermärkten erhältlich, aber wir pflanzen sie trotzdem an. »La Ratte« ebenfalls, und »Wilja«, »Foremost« und »Noisette« sowie die gute alte »Duke of York«. Mir tun Leute leid, die eine Diät ohne Kartoffeln machen. Sie sind eine der großen Freuden des Lebens.

Einjährige wie *Cosmos bipinnatus* »Picote« (Kosmeen), *C. b.* »Purity« und *Convolvulus tricolor* (Dreifarbige Winde) in dichtem Durcheinander in einer Rabatte im August.

Anderes Wurzelgemüse, das die Küche bereichert, sind die im Herbst gesäten Steckrüben, deren Blätter im März und April mehrfach geerntet und wie Spinat zubereitet werden können. Wir säen »Purple Top Milan« und »Tokyo Cross« im Frühjahr, um sie im Spätsommer zu ernten, und erneut im Herbst für die Überwinterung.

Die Produkte des Küchengartens sind eine Freude, die nur durch die Namen einiger Gemüsesorten übertroffen wird, die die Fantasie anregen. Die romantisch klingende »Tender and True« ist, ob Sie's glauben oder nicht, eine Pastinake. Dann gibt es eine Erbse mit Namen »Bikini«, und der bekannteste Rettich heißt »French Breakfast«. Ich habe zwar nie einen Franzosen getroffen, der Rettich zum Frühstück verlangt hat, aber irgendwo muss es ihn wohl geben. Wie konnte nur aus »Pink Fir Apple« eine Kartoffel werden oder aus »Whinham's Industry« eine Stachelbeere? Was sind »Butcher's Disease Resisting«, »Balder«, »North Holland Blood Red«, »Mammoth Sandwich Island« und »Early White Stone«? Examensfragen für den Gemüsegärtner.

Die Gewächshäuser, die eigentlich abgerissen werden sollten, dienen jetzt dazu, Melonen, Tomaten, Gurken, die »Vera Dillon«-Pelargonien für die Fensterkästen, Topfpflanzen zum Verkauf, und Kräuter im Winter zu ziehen, und zum Vortreiben von Kartoffeln, Chicorée (oder sind es Endivien?) und Rhabarber. Die Neujahrswoche bringt den blassrosa Rhabarber zum Vorschein, der nach dem reichhaltigen Weihnachtsessen eine frische und willkommene Abwechslung ist.

Der Anbau, in dem Orchideen gezogen werden, ist ein geheimnisvoller Ort, da ich nie den richtigen Schlüssel für das unmögliche Vorhängeschloss zur Hand habe. Man sagt mir, meine geliebte kalkweiße Coelogyne (trop. epiphytische Orchidee) wachse dort, sowie 20 andere Arten. Bestätigen kann ich dies nicht. Ich komme ja nie hinein.

Jim zieht im Küchengarten Schnittblumen. Rittersporn sämtlicher Blautöne, Dahlien von umwerfenden Ausmaßen, einfache und gefüllte Astern, Wicken, das hochwüchsige Löwenmaul *(Antirrhinum)* »Madame Butterfly«, bunte *Helichrysum* (Strohblumen) – dankbare Dauerblüher in allen Farbschattierungen von Gelb bis Bronze, die natürlichen Trockenblumen und bei unseren Besuchern sehr beliebt, *Cleoma* (Spinnenpflanze) und der schreckliche *Stachys* (Ziest). Bei den Herbst-

Wicken klettern in wildem Durcheinander über ein Gerüst über alle nur erdenklichen Einjährigen. Die Wirkung ist überraschend *(linke Seite)*.

chrysanthemen *(Dendranthema grandiflorum)* hoffe ich immer auf die Farben gelb, rosa und weiß, doch es setzen sich mit schöner Regelmäßigkeit stets die Bronzefarbenen durch. Die Lupinen für den Großen Gewächshausgarten werden hier ebenfalls angezogen.

Über der Rabatte wachsen in einem Quartier ausschließlich Tulpen, die als Schnittblumen verwendet werden. Alle aus der Viridiflora-Gruppe, einige großartige Pagageientulpen und die »Königin der Nacht«, fast so schwarz, wie es eine Blume nur sein kann, sind die Stars. Das Problem ist, dass ich es kaum ertrage, sie abzuschneiden, da sie alle zusammen ein so wunderbares Bild abgeben.

Dann sind da noch die Einjährigen in allen Regenbogenfarben. Wir machen gar nicht erst den Versuch, eine Auswahl zu treffen. Die Samen werden eingebracht und sich selbst überlassen, um ein Kaleidoskop an Farben und Formen zu ergeben, welches im Juli und August einen Blickfang darstellt. Hier waltet nie der vorsichtige gute Geschmack. Die Orangetöne, Malven-, Blau-, Rosa- Rot und Gelbschattierungen packen die Gelegenheit beim Schopf und leben sich in buntem Durcheinander aus, so dass die Durchsetzungsfähigen die Schwachen unter sich begraben. Es sieht wirklich so aus wie auf den Fotos in den Saatgutkatalogen, die einem die Abende im Januar vertreiben, wenn man am Kamin sitzt und sich vorzustellen versucht, was in sechs Monaten alles sein kann. Das Ergebnis ist dann das exakte Gegenteil zum Weißen Garten in Sissinghurst. Wir hatten nie einen Weißen Garten, was auf einem ererbten Vorurteil beruhen mag. Meine Mutter mochte keine weißen Blumen – sie behauptete stets, diese kämen ihr vor wie Papierfetzen, die der Wind verblase.

1998 wurde ein Bach an die Oberfläche verlegt, der bislang in Rohren gefasst unter der Erde verlief. Die Idee dabei war, einen Teich zu schaffen, in dem wir Brunnenkresse ziehen könnten. Tony Bird hat den Plan an einem Abend gezeichnet, und dieses unvergleichliche Maurerpaar David Spencer und Ian Fletcher hat ihn ausgeführt. In wenigen Monaten war der Teich mit Steinen umkleidet, das Wasser wurde von den Rohren befreit und bot das Bild und die Geräusche, exakt wie wir es uns vorgestellt hatten. Ein Teil des Baches fließt über rillige Sandsteinplatten aus dem nahen Freebirch-Steinbruch, die aufrecht und eng aneinander gesetzt sind, ein blasser Abklatsch dessen, was ich im Garten des neuen Getty Museums in Los Angeles gesehen hatte. David Spencer schuf einen Wasserfall, der über die Steinplattform unterhalb der Gewächshäuser plätschert und zwischen zwei Lavendelbeeten landet, die von goldfarbenem Buchs eingefasst werden.

Brunnenkresse wurde gepflanzt. Ein Teil kam aus dem kristallklaren Bach, der durch die Sandsteinschlucht des Flusses Wye unmittelbar unterhalb der A6 am Monsal Dale fließt. Zur Ergänzung kaufte Jim einige Pflanzen von einer ganz abwegigen Quelle, nämlich aus unserem Hofladen, und Ian pflanzte sie ein. Wir dachten alle, das reine sprudelnde Quellwasser aus den Hügeln wäre genau das, was Brunnenkresse brauche, um auf dem dafür vorbereiteten Kiesbett zu gedeihen. Aber wir hatten die Rechnung ohne die Stockenten gemacht. *Sie* fraßen bald alles, was *wir* hofften auf unseren Tellern wiederzufinden.

Der Küchengarten ist, wie alle Gärten, Quelle endloser Freude und einiger Enttäuschungen, aber die Freude überwiegt den Frust um das Tausendfache.

Unterhalb der Buchenhecke am Ende des Küchengartens gibt es einen kleinen Apfelgarten. Hier findet sich auch die obligate Wildblumenwiese auf einem imaginären Kornfeld. Die alten Feinde des Ackerbauern – Kornblumen, Kornrade, Gelbe Wucherblume, Mohn und die faszinierenden vielfarbigen wilden Stiefmütterchen – sind jetzt sehr in Mode. Man sollte die Leute warnen! Wildblumen brauchen ebensoviel Pflege wie eine Rabatte aus Edwardischer Zeit. Es ist kein Wunder, dass

Der Bach durch den Küchengarten. 1998 angelegt, fließt er über flachen, geriffelten Stein (und bildet einen Teich für die Anzucht von Brunnenkresse), bevor er einen Wasserfall hinunterplätschert. Schlüsselblumen wachsen am Anfang an seinen Rändern, weiter unten Gemüse und Kräuter. Das Wasser wird dann in Rohre gefasst und unterirdisch weitergeleitet, bis es an der Oberkante des Steinsockels der Gewächshäuser wieder an die Oberfläche tritt, um hier einen zweiten Wasserfall zu bilden *(links, von oben nach unten)*.

Die gelbe Saatwucherblume und Kornblumen gedeihen in der Wildblumenwiese im Apfelgarten, unterhalb des Küchengartens *(rechte Seite)*.

viele enttäuscht sind, weil nichts geschieht, nachdem sie eine Samentüte über dem Boden ausgeschüttet haben und nun erwarten, dass es bei ihnen bald wie in Highgrove aussieht.

Trotz des Pflügens und Eggens von einst (hier arbeiten wir mit dem Rechen, denn für eine Egge ist kein Platz) und der Behandlung, die man im allgemeinen Kornfeldern zukommen lässt, ohne das Spritzen versteht sich, wird diese Wiese selten so, wie sie sein sollte. Einmal gehen die Hafer-, Gersten- und Weizenkörner, die letztendlich Sinn und Zweck eines Kornfeldes sind, selten auf, da sie von den Vögeln ausgescharrt und aufgepickt werden, sobald sie ausgesät sind. Und das ein oder andere der geliebten Unkräuter gedeiht besser als der Rest, so dass nie die richtige Mischung aus Blau, Gelb und Rot zustande kommt. Nichtsdestotrotz müssen wir uns mit unserer Kornfeld-Wildblumenwiese weiter herumschlagen. Links vom Weg liegt die sogenannte Heuwiese. Die Butterblumen sind drauf und dran, sie zu vereinnahmen. Sie sind sehr hübsch, würden jedoch für eine Kuh ungenießbares Heu abgeben. Weiße und rosafarbene Lichtnelken, weißes Leinkraut, Schafgarben, Glockenblumen, Margeriten, mehrere Distelarten und, wie ich zugeben muss, einige anständige Nelken sehen wirklich hübsch aus.

Papageientulpen und Vergissmeinnicht im Vordergarten des Cottage-Gartens *(oben).*

Die Buchsbaumeinfassungen des Vordergartens *(linke Seite oben).*

Der Gemüsegarten hinter dem Cottage-Garten *(linke Seite unten).*

Der Cottage-Garten im September. Die »Möbel« sind völlig überwachsen, und Dahlien der Sorte »Coltness Gem« füllen die Buchsbaumeinfassungen der Beete. Das Tischtuch besteht aus Begonien *(folgende Doppelseite).*

Allium giganteum »Globemaster« (Himalaya-Riesenlauch) im Gemüsebeet.

Der Cottage-Garten

Bei der Chelsea Flower Show von 1988 gab es eine einzigartige Ausstellung unter dem Motto »Der Bauerngarten der Landfrau«, der von der Frauenvereinigung Cheshires mit Hilfe der Bridgemere-Baumschulen organisiert worden war. Wir dachten, ein Garten dieser Form würde auch hier bei uns eine hübsche Abwechslung sein.

Ungefähr zur selben Zeit habe ich etwas gesehen, das mir sehr gut gefallen hat, und zwar in dem herrlichen Garten in Dorset, den meine Schwägerin und ihr Mann, Anne und Michael Tree, angelegt hatten. Anne ist ein Original, mit unfehlbarem Geschmack und sehr kreativ, also keine Nachmacherin. Sie hatte einen Schmied beauftragt, einen Eisenrahmen, Rückwand und vier Pfosten eines Himmelbetts anzufertigen, dazu einen Nachttisch und einen geräumigen Sessel. Buchsbaum wurde gepflanzt und so geschnitten, dass er der Form des eisernen Bettes folgte, und an den Bettpfosten ließ man Wein hochranken, sodass die Trauben von seinem Baldachin herunterhingen. Den Nachttisch ließ man von unterschiedlichen Efeusorten überwachsen, und eine Kletterrose überwucherte den Sessel, sodass dieser in der Blütezeit wie von einem Chintz mit klassischem floralem Muster überzogen wirkte, vermutlich jedoch an Gemütlichkeit beim Sitzen zu wünschen übrig ließ.

Während der Garten der Frauenvereinigung den Anstoß für unseren eigenen Cottage-Garten gegeben hat, brachte uns Annes Kreation auf die Idee, das »Cottage« selbst ebenfalls darzustellen. Das Ergebnis ist vor Ort zu betrachten.

Das »Cottage« geht über zwei Ebenen oder Stockwerke. Wir bauten eine solide Wand an der Rückseite des Erdgeschosses und pflanzten ein Treppenhaus aus Eiben, das in das Schlafzimmer darüber führt. Im Erdgeschoss gibt es zwei aufrechte Stühle und einen Esstisch aus Liguster, wobei letzterer mit einem Tischtuch aus roten und weißen Begonien bedeckt ist, und ein Sofa, Kamin und Kaminsims aus goldenem Liguster. Das Feuer ist aus Artemisia (graue Asche) und roten Pelargonien (Flamme). Im ersten Stock gibt es ein Himmelbett aus dem großblättrigen Efeu *Hedera canariensis* »Ravensholt«. Die Bettdecke, gepflanzt, damit sie wie Chintz aussieht, wird jedes Jahr gewechselt, und die Kissen sind im Viereck gesetzte Begonien. Am Fuß des Bettes steht eine Forsythien-Chaiselongue, und die Lampen auf den Nachttischen haben Tiffany-Schirme aus Efeu, das über Kinderschirmen gezogen ist. Der Toilettentisch ist aus Liguster mit einem Spiegel aus Efeu, und der Teppich ist aus Thymian.

Der Vordergarten hat von Buchsbaum gesäumte Beete, die im Frühjahr mit Papageientulpen und Vergissmeinnicht ausgefüllt sind. Im Herbst folgen die Dahlien »Coltness Gem« zur Freude der Schmetterlinge und Bienen.

Die Menschen kommen in den Cottage-Garten, verharren dort eine Weile und wundern sich angesichts dessen, was sie da sehen. Dann beginnen sie zu lachen und zücken Kameras. Ist ihnen die Angelegenheit zu eigenartig und keinen Kommentar wert, gehen sie wortlos weiter in den großen Küchengarten.

Unterhalb des Cottage-Gartens befindet sich der Geräteschuppen, Ausgangspunkt allen gärtnerischen Könnens. Der Geruch in seinem Inneren ist einer der wenigen, die sich seit meiner Kindheit

Geerntete Zwiebeln, zum Trocknen aufgehängt an der Wand des Gärtnerschuppens im Küchengarten.

nicht verändert haben. Gleich beim ersten Atemzug fühle ich mich 70 Jahre zurückversetzt in das Pendant von Swinbrook. Manchmal riecht es hier nach feuchter Erde und geteerter Schnur, gelegentlich nach Äpfeln, dann wieder nach duftenden Blumen, die gepflückt und in einen Eimer gestellt wurden, oder manchmal – ein herrlicher Augenblick – nach den ersten vorgetriebenen Hyazinthen zur Weihnachtszeit.

Als wir in den frühen Jahren unserer Ehe in Edensor lebten, war ein wichtiger Schmuck des Gartenschuppens Mr. Chesters Strohhut. Er verbrachte den Winter am Haken über einem Strang Bast. Wenn er beschloss, dass im April die Sonne stark genug war, was sich in einem kalten Frühling bis in den Mai hinauszögern konnte, nahm er ihn vom Haken, befreite ihn kurz vom Staub und trug ihn von da an bis September. Ungeachtet des Kalenders – der Tag, an dem er seinen Strohhut aufsetzte, war der echte erste Frühlingstag.

In Chatsworth haben wir im Gartenschuppen noch einen Innenraum, in dem das Gartenbüro untergebracht ist. Hier sortiert Barbara Burchby die Aufträge, prüft Rechnungen, erledigt die Buchhaltung, kümmert sich um die Löhne, die Auslieferungen und Einnahmen von den Sommerverkäufen von Blumen und Gemüse. Sie nimmt Aufträge für Brautsträuße, Adventskränze und Kränze für Beerdigungen an. Sie listet die Immergrüns auf, die die Cavendish Hall in Edensor für Feierlichkeiten, die Kirche und die Tische im Carriage House-Restaurant schmücken. Sie schickt alle 14 Tage Blumen in das Ashgate-Hospiz. In Absprache mit Jim erstellt Barbara jeden Dezember das Budget für das folgende Jahr. In diesen Budgets ist ein großer Posten an Mitteln gegen Gartenschädlinge enthalten. Außerdem ersticken die Zahlen des Budgets alle möglichen Pläne im Keim, die, würden sie meiner weiblichen Intuition überlassen, gegen jede Vernunft zur Ausführung kämen.

Haben Sie den Gartenschuppen besucht und gesehen, was dort alles los ist, finden Sie die Namen unserer verstorbenen Hunde in einen Torpfosten aus Stein eingemeißelt. Ein großer Garten braucht meines Erachtens etwas Lebendiges und Bewegliches, weshalb hier seit langem »Buff Cochins« zu Hause sind. Ihre gefiederten Beine halten sie davon ab, zuviel herumzuscharren, sie haben eine äußerst majestätische Haltung und bewegen sich nie weit von ihrem Stall und ihrem Gebüsch weg, wohin sie sich vor Kleinkindern und Besucherhunden in Sicherheit bringen. Sie dürften das meist fotografierte Federvieh im Land sein, und Jim ist vermutlich der einzige Obergärtner, der mit freilaufenden Hühnern zurechtkommen muss.

In der Nähe des Gartenschuppens stehen zwei Glashäuser. Eines ist das so genannte »New Commercial House« (viel Kommerzielles findet hier nicht statt, aber das muss Sie nicht kümmern), das andere ist das Gewächshaus für die Weinreben. Die gelbe »Muscat of Alexandria«-Traube wurde 1921 als Nachfolgerin der Orchideen gepflanzt. Diese Weinreben werden auf die seltsamste Art gezogen, die ich je gesehen habe. Es gibt ein begrenztes Mittelbeet, das in der Mitte des Glashauses verläuft. Die faserigen Weinstämme erreichen das über fünf Meter hohe Dach des Glashauses, und die Früchte tragenden Ranken werden an horizontal gespannte Drähte gebunden, sodass sie einen Baldachin ergeben, sobald sie Blätter ausgebildet haben, von dem später die Trauben herunterhängen. Im August, bevor der Wein geerntet ist, gibt es keinen hübscheren und verlockenderen Anblick als die zahllosen Trauben, die sich über die gesamte Länge des Glashauses spannen.

Die Muskattraube hat eine lange Saison. Sie kann von Mitte August bis Neujahr geerntet werden. Gegen Weihnachten allerdings haben die Trauben schon zu schrumpeln begonnen und sind auf dem besten Weg, Rosinen zu werden. Bei der Rebenpflege wird nichts dem Zufall überlassen. Ihr Jahr beginnt passenderweise im Januar, wenn sie beschnitten werden. Gut fünf Zentimeter neue Lehmerde ersetzt den alten Boden. Diese Erde ist das Ergebnis frisch gestochenen Komposts, der zwölf Monate lang auf- und umgeschichtet wurde. Dieser Erdstapel sieht aus wie ein Lebkuchen-

Folgende Doppelseite:
Muskatellertraube »Muscat of Alexandria«, eine Spezialität von Chatsworth (großes Foto).
Muskatellertrauben im zeitigen Frühjahr. Zu diesem Zeitpunkt werden die Weinstöcke abgekratzt, um Rote Spinnen und Schildläuse zu entfernen *(rechts oben)*.
Blaue Traubensorte »Madresfield Court« *(rechts unten)*.

haus aus dem Märchen. Er wird im August abgetragen und in den Gartenschuppen verfrachtet, gehäckselt und im Gewächshaus ausgebracht.

Im Februar kratzt man die Weinstöcke ab, um lose Rindenfasern und ungeliebte Insekten zu entfernen, damit die »Augen« im Frühjahr besser austreiben. Gedüngt wird mit getrocknetem Tierblut und Knochenmehl. Im März schließen wir die Belüftung und lassen eine Woche lang langsam Wärme ins Glashaus. In dieser Zeit besprüht man die Weinstöcke mit lauwarmem Wasser, um das Wachstum der Knospen anzuregen. Die Triebe werden auf fünf Zentimeter Länge »gekappt«, und die Seitentriebe an die Drähte und Eisenstreben gebunden. Während der Blüte im Mai erfolgt die zweite Düngung. Haben die einzelnen Trauben die Größe von Erbsen erreicht, werden sie mit der Schere ausgeschnitten, das heißt, ein Drittel bis die Hälfte der Fruchtansätze werden entfernt, um dem Rest ein ungestörtes Wachstum zu ermöglichen. Dieses Ausdünnen wird während des Sommers fortgeführt. Weitere Düngungen erfolgen alle sechs Wochen, bis die Trauben reif sind.

Bei der Betrachtung des Resultats dieser anspruchsvollen und mühevollen Arbeit sagte meine Tochter Sophy, damals sieben Jahre alt: »Weißt du, Mami, das Tolle an diesen Trauben ist, dass sie nichts kosten.«

Pfirsiche und Nektarinen gedeihen am Nordende des Wein-Gewächshauses und in der Gewächshaus-Mauer. Die Pfirsiche »Peregrine«, »Rochester«, »Hale's Early« und »Dymond« übertreffen sich gegenseitig in dieser herrlichen Reifefolge. Die Nektarinen »Early Rivers«, »Lord Napier« und »Pineapple« reifen gleich nach den Pfirsichen. Eine Nektarine, verwirrenderweise mit Namen »Pineapple«, erinnert mich an einen Frühling in Lismore, als jemand Cyril Connolly als Übernachtungsgast mitbrachte. Er glaubte, einiges von Pflanzen zu verstehen, und als er die Blüten einer rosafarbenen und weißen Japanischen Scheinquitte *(Chaenomeles japonica;* damals allgemein als »Japonica« bekannt) sah, sagte er zu meiner Tochter Emma, die sich mit Pflanzen auskennt: »Welche Japonica ist das?« Darauf erwiderte Emma korrekterweise: »Apple Blossom.« »Oh nein, ist es nicht«, entgegnete Cyril. »Es ist eine Japonica.« Emma zog eine mitleidige Grimasse und verfolgte die Angelegenheit nicht weiter.

Buff Cochin-Hahn und -Hennen in der weiteren Umgebung des Gärtnerschuppens *(oben).*

Der beste Pfirsich im Land, Sorte »Royal George«, wurde vom sechsten Herzog in Chatsworth eingeführt. Illustration aus *Pomona Londinensis* von William Hooker, 1818 *unten).*

Epilog

Andrew und ich sind uns stets bewusst, wie glücklich wir sein können, an einem so traumhaften Ort zu leben und mit Menschen zu arbeiten, denen Chatsworth am Herzen liegt. Ohne die Gärtner gäbe es keinen Garten. In unserer Zeit haben abwechselnd Bert Link, Dennis Hopkins und Jim Link ein Team von Männern und Frauen geführt, die aus Chatsworth das gemacht haben, was es heute ist, haben die Tradition wunderbar weitergeführt, indem sie diese Weiten von teils natürlicher, teils von Menschenhand geschaffener Schönheit gepflegt und dafür gesorgt haben, dass sich unsere Besucher wohlfühlen.

Der Gärtnerberuf scheint einem gewissen gesetzten Lebensstil Vorschub zu leisten, der dazu verleitet, lange an einer Arbeitsstelle auszuharren. Im schönen Levens Hill in Cumbria gab es seit 1710 lediglich zehn Obergärtner, was bedeutet, dass jeder im Durchschnitt fast 30 Jahre dort gearbeitet haben muss – sicher ein Rekord, der nie eingestellt werden wird. In Chatsworth haben 17 Gärtner ein besonderes Geschenk dafür erhalten, dass sie 40 Dienstjahre vollendet haben. Bei acht weiteren waren es 25 Jahre und mehr.

Die letzten drei Obergärtner sind mit ihrem Beispiel vorangegangen, wobei jeder von ihnen 50 Jahre in Chatsworth vollendet hat. Bert Link kam 1924 aus Kent und war von 1940 bis zu seiner Pensionierung 1974 Obergärtner. Als Andrew noch ein kleiner Junge war, war es Bert, der ihn aus den Pfirsichhäusern gescheucht hatte. Sie blieben lebenslang Freunde. Auf Bert folgte Dennis Hopkins, und beide Männer hatten ihre Laufbahn mit dem Auswaschen von Blumentöpfen begonnen. Dennis kam 1939 und hatte 39 Jahre lang die Gewächshäuser unter sich, bis er Berts Aufgaben übernahm. Es gibt wenig, das Dennis nicht über die Treibhaus-Kulturen weiß. Jim Link, Berts Sohn, folgte wiederum Dennis als Obergärtner im Jahr 1989. Er hatte seit 1950 in der Forstverwaltung gearbeitet, und Bäumen gilt noch immer seine große Liebe. Ich weiß nicht, ob diese langjährige Diensttreue

Die Garten-Mannschaft von 1999, hintere Reihe (von links nach rechts): Tony Bird, Heather Baker, Chris Hubbuck, Ian Fisher, Jim Link, Stefan Homerski, Tim Walton, Ian Webster, Glenn Facer, Peter Nowell, Richard Corcoran, Glenn Ashton, Rob Dowding, Jeff Madin. Vordere Reihe: Barrie Bateman, Barbara Burchby, Michael Shewen, Catriona Spillane, Ian Webster junior, Andrew Law, Colin Bright. (Matthew Bullen und Peter Blackwell waren in Urlaub, als das Foto gemacht wurde.)

einzig ist, aber ich weiß, dass Chatsworth Bert, Dennis und Jim sehr viel verdankt. Ihre jeweils ein halbes Jahrhundert währende Tätigkeit jedoch wird kaum Nachahmung finden, da das Schulabgangsalter auf 16 Jahre heraufgesetzt wurde. Jetzt freuen wir uns auf Ian Websters Regime über den Garten, den er so gut kennt.

Auch Andrew hat fast 50 Jahre Verantwortung für Chatsworth hinter sich, und so sind wir lange genug dabei, um die Früchte einiger unserer Projekte zu ernten. Allerdings könnte Miss Jekyll die Situation in Chatsworth gemeint haben, als sie in der zweiten Hälfte des 20. Jahrhunderts schrieb: »... am Anfang gab es keinen genauen Plan. Verschiedene Dinge wurden zu unterschiedlichen Zeiten angepackt und das Ganze später miteinander in Einklang gebracht, so, wie es am besten passte.« Vom Dach aus ist zu erkennen, wie die grob zusammengewürfelten Einzelteile zu einer tröstlich englischen Mischung in Einklang gebracht wurden: der Elisabethanische Jagdturm auf dem Hügel, das Gewächshaus des ersten Herzogs, Kaskade und Kanal von 1690 und fortlaufend, Paines wunderbare Stallungen von 1760 und die Salisbury-Rasenstücke aus derselben Zeit, Paxtons Gewächshaus-Wand von 1848, der Rosengarten meiner Schwiegermutter von 1939, die ineinander verschlungenen Linden, unsere Schlangenhecke und das Grundrissmuster von Chiswick House im Westgarten aus den Fünfzigerjahren, das Schau-Gewächshaus und meine Hornhaut-Irritation aus den Siebzigern, schließlich das »War Horse« von 1991 – 400 Jahre auf einen Blick.

Zukünftige Generationen werden zweifellos viel davon ändern, aber das wäre nicht ungewöhnlich. Stets von einer Familie bewohnt, die dafür gesorgt hatte, dass nichts erstarrte – das ist die Ursache, dass Haus und Garten sich im Laufe der Jahrhunderte stets lebendig erhalten haben.

Die Menschen scheinen gern zu einem bewohnten, lebendigen Ort zu kommen. Sie befragen Gärtner und Wärter und die Damen im Hofladen über die Besitzer, und viele scheinen nicht glauben zu wollen, dass jemand verrückt genug sein kann, in einem solch riesigen Haus zu leben. Vergangenen Sommer kehrte ein neugieriger Frager zu dem Mädchen in der Information zurück, um ihr zu sagen: »Ich habe die Herzogin im Garten gesehen.« Und er fügte irgendwie überrascht hinzu: »Sah ganz normal aus ..., wirklich.«

Eine der Annehmlichkeiten, hier zu leben ist, dass sich die Leute im Lauf der Zeit Haus und Garten ebenso verbunden fühlen wie wir, einschließlich derer, die gern im Park und in den Wäldern spazieren gehen. Manche kommen jede Woche einmal in den Garten, um den Wechsel der Jahreszeiten zu genießen. Abgesehen von der landschaftlichen Schönheit, so sagen uns die Leute, sei es der Frieden, der sie locke. Alle sind willkommen, mit ihren Kindern und Hunden in Park und Garten zu kommen, um sich, wo immer sie möchten, zu einem Picknick niederzulassen, Spiele zu spielen, über die Wiesen zu spazieren oder zu toben, Lärm zu machen und in der Kaskade zu planschen, wenn ihnen danach ist. Denn daraus folgt eine Art Loyalität gegenüber diesem Ort, die unsere Stammbesucher veranlasst, ihn wie ihr Eigentum zu behandeln. Oft fragen die Verwandten eines Verstorbenen Andrew, ob er einen Baum zu dessen Andenken im Park pflanzen oder eine Bank an einem geliebten Platz aufstellen könne. Auf diese Weise festigen sich die Bande zu unseren Nachbarn. Wenn wir gefragt werden, ob uns die Besuchermassen im Sommer nicht lästig sind, ist die Antwort ein entschiedenes Nein. Haus und Garten sind dazu da, angesehen und genossen zu werden. Ohne Menschen wäre dieser Ort melancholisch, all dessen beraubt, wofür er gedacht ist.

Der Junggesellen-Herzog soll das letzte Wort haben. Sein gastfreundlicher Geist ist allgegenwärtig, drinnen wie draußen. Vielleicht begegne ich ihm eines Tages auf meinen endlosen Spaziergängen entlang der Grünen Umfahrung, die er um den Garten anlegte.

»Ich werde es nicht auf mich nehmen, Sie durch den Küchengarten zu führen: die botanischen Schätze dort erfordern eine fachmännischere Beschreibung als ich sie geben könnte, und die Obstbäume und die Salate und das Gemüse, die diesen an Vollkommenheit in nichts nachstehen, würden die Aufgabe nur noch erschweren; doch wenn Sie einmal dort gewesen sind, wenn Sie den Musikpavillon und das neue Brunnen-Reservoir gesehen haben, wenn sie den 4 Meilen langen Rundgang gemacht und die Dörfer Calton Lees und Edensor besucht und den Bauernhof mit Aufmerksamkeit betrachtet haben, haben Sie sich aufs Engste mit Chatsworth und seiner Umgebung vertraut gemacht; und Sie werden mir das Maß an Stolz, Eitelkeit, Eigenliebe – nennen Sie es, wie Sie möchten – nachsehen, das mich veranlasst hat, mich in Erwiderung auf Ihre Bitte in diesen kleinsten Kleinigkeiten zu ergehen. Diese Quellen des Glücks zu genießen, die Freude zu sehen, die sie anderen spenden, machten es sowohl unmöglich, ihnen mit Gleichgültigkeit zu begegnen, wie es unmöglich ist, ihren Besitz zu verdienen.«

Andrew und ich vor dem Steinsitz an der westlichen Umfahrung im März 1999.

Anmerkung der Autorin

1980 haben die Treuhänder des »Chatsworth Settlement« auf Antrag von Andrew und unserem Sohn Peregrine (Stoker) Hartington der gemeinnützigen Stiftung »Chatsworth House Trust« gegen 1 Pfund per annum Chatsworth House, seinen wesentlichen Inhalt, Garten, Park und einige Waldungen, insgesamt 635 Hektar, auf 99 Jahre verpachtet, mit dem Ziel, den »langfristigen Erhalt von Chatsworth zum Wohle der Allgemeinheit« zu gewährleisten.

Der Erlös aus dem Verkauf von Kunstwerken aus dem Privatbesitz im Haus und anderen Quellen der Familie floss in einen Stiftungsfond. Das Einkommen aus diesem Stiftungsfond kommt dem Erhalt des Hauses mit Garten und Park zugute, der nun in der Verantwortung des »Council of Management of Chatsworth House Trust« liegt. 1994 wurden der Pacht noch weitere 102 Hektar zugeschlagen.

Die Familie ist im »Council« vertreten, doch die Mehrheit liegt in der Hand unabhängiger Mitglieder. Andrew und seine Treuhänder haben nie einen Zuschuss zur Renovierung der dem »House Trust« verpachteten Gebäude beantragt, da diese ausschließlich aus dem Fond des »House Trust« und dem Eintrittsgeld der Besucher unterhalten werden.

Anmerkungen

Wenn nachfolgend nicht anders aufgeführt, stammen alle Zitate im Text aus privatem Archivmaterial, das in der Bibliothek von Chatsworth ruht, einschließlich der Rechnungsbücher von Chatsworth, Korrespondenzen und Tagebüchern mehrerer Herzöge von Devonshire, des Briefwechsels von Paxton, dem *Handbook of Chatsworth and Hardwick* vom sechsten Herzog (1844 privat verlegt) und dem Notizbuch des sechsten Herzogs über den königlichen Besuch.

1 John Walker, August 1677, Chronist (private Sammlung, unveröffentlicht).

2 Charles Cotton, *Wonders of the Peak*, 3. Ausgabe 1715. (Erstveröffentlichung 1681, vermutlich jedoch früher verfasst).

3 White Kennet, Predigt beim Begräbnis des 1. Herzogs, 1708.

4 Stephen Switzer, *The Nobleman, Gentleman and Gardener's Recreation*, 1715. Switzer war ein englischer Gartengestalter und Schriftsteller.

5 W. Carew Hazlitt, *Gleanings in Old Garden Literature*, 1887.

6 Der Garten von Melbourne Hall wurde von London und Wise. für Thomas Coke ungefähr um dieselbe Zeit geplant, doch die Entwürfe wurden erst Jahre später ausgeführt.

7 *The Illustrated Journeys of Celia Fiennes*, ca. 1682–1712, herausgegeben von Christopher Morris, 1982.

8 Londesborough, in der Grafschaft East Riding in Yorkshire, war ein Anwesen des 3. Earl of Burlington und wurde von ihm ca. 1730 renoviert. Es kam als Erbe an den 6. Herzog von Devonshire, der schließlich 1819 das Haus abreißen ließ und den Besitz an George Hudson, den »Eisenbahn-König«, um 1840 verkaufte.

9 Sir Godfrey Copley, in den Devonshire Manuscripts, Series 70.19.

10 Daniel Defoe, *A Tour through England & Wales – divided into Circuits or Journies*, Band 2, 1927.

11 Joseph Taylor, *A Journey to Edenborough in Scotland*, Ausgabe von 1903.

12 Defoe, aus vorstehend zitiertem Werk.

13 Francis Bickley, *The Cavendish Familiy*, 1911, Zitat aus »Memoirs of James, Earl Waldegrave«.

14 Horace Walpole, *The History of the Modern Taste in Gardening*, 1771–80.

15 Alexander Pope, *An Epistle to the Rt.Hon. Richard, Earl of Burlington, by Mr. Pope*, 1731.

16 Der 4. Herzog war Parlamentsabgeordneter von 1741–51, wurde als Baron Cavendish 1751 ins Oberhaus berufen, übernahm das Erbe als Herzog 1755 und war 1756–57 Premierminister.

17 Peter Cunningham, *Letters of Horace Walpole*, Band III, 1891.

18 Francis Thompson, »A History of Chatsworth«, in *Country Life*, 1949, Zitat aus »Walpole's Journal 1768« (Walpole Society XVI, Seite 65). Francis Thompson, 1886–1964, war viele Jahre Bibliothekar in Chatsworth.

19 Defoe, aus vorstehend zitiertem Werk.

20 Thompson, aus vorstehend zitiertem Werk.

21 Dr. O.L. Gilbert, »The ancient lawns at Chatsworth«, *Journal of the Royal Horticultural Society*, Dezember 1983.

22 Thompson, aus vorstehend zitiertem Werk.

23 Lady Elizabeth Foster, 1759–1824, Tochter des 4. Earl of Bristol, heiratete 1776 John Foster und war die Busenfreundin von Georgina, Herzogin von Devonshire, und die Geliebte von Georgianas Ehemann, dem 5. Herzog, mit dem sie zwei Kinder hatte. Dieses Dreiecksverhältnis überraschte selbst ihre Zeitgenossen. Nach Georginas Tod heiratete Lady Elizabeth den Herzog.

24 Devonshire Manuscripts, 1. Series 675.330A.

25 Für unseren Sohn und Bruder Jean-Pierre. In großer Liebe. 10. August 1956–13. Oktober 1996.

26 Lady Blanche Howard, 1812–40, Tochter des 6. Earl of Carlisle, Enkelin Georgianas und Nichte des Junggesellen-Herzogs. 1829 heiratete sie den 2. Earl of Burlington, 1808–91, der 1858 der 2. Herzog von Devonshire wurde.

27 Prinzessin Victorias Tagebuch, 20. Oktober 1832, aus den Königlichen Archiven.

28 Prinzessin Victorias Tagebuch, 24. Oktober, 1832, aus den Königlichen Archiven.

29 Basil & Jessie Harley, *A Gardener at Chatsworth. Three Years in the Life of Robert Aughtie, 1848–1850*, 1992.

30 Die technischen Details werden im *Magazine of Botany*, Band 2 von 1835 und in den »Transactions of the Society of Arts«, 57, 1850–51 beschrieben.

31 Miss Emily Eden war Verfasserin von *Up in the Country* und *Princes and People of India*, etc.

33 Violet Markham, *Paxton and The Bachelor Duke*, 1935.

34 W. Adam, *The Gem of the Peak*, 1851.

35 W. Adam, ebenda.

36 Frederick Burkhardt and Sydney Smith, *The Correspondence of Charles Darwin*, Band 3, 1844–1846 (Datum unbekannt), Zitat aus Manuscripts 405A; Bibliothek des Smithonian Instituts, Washington DC, 20560-0630.

37 Königin Victorias Tagebuch, 1. Dezember 1843, aus den Königlichen Archiven.

38 George Anson, Privatsekretär von Prinz Albert, Notizen vom 4. Dezember 1843, aus den Königlichen Archiven.

39 Königin Victorias Brief an den König von Belgien vom 4. Dezember 1843, aus den Königlichen Archiven. Zitat aus *The Letters of Queen Victoria. A selection from Her Majesty's correspondence between the years 1837 and 1861*, Band 1, 1837–1843, herausgegeben von Arthur Christopher Benson und Viscount Esher, 1907.

40 Dantan jeune (1800–69) war ein französischer Bildhauer, der zwischen 1833 und 1841 London besuchte und eine Anzahl von Engländern karikierte.

41 Basil & Jessie Harley, aus vorstehend zitiertem Werk.

42 *Magazine of Botany,* Band V.

43 *Magazine of Botany,* Band XI.

44 *The Gardener's Magazine, 1831.*

45 *Derbyshire Courier, Chesterfield Gazette* und *General County Advertiser* vom 30. Juni 1849.

46 Basil & Jessie Harley, aus vorstehend zitiertem Werk.

47 *Gardener's Chronicle,* 5. September 1874.

48 Lady Frederick Cavendish, 1841–1925, Tochter des 4. Baron Lyttleton, heiratete 1864 Lord Frederick Cavendish. Er wurde im Phoenix Park, Dublin, 1882 ermordet. Ihre Tagebucheintragung vom 17. Dezember 1842.

49 Patrick Jackson, *The Last of the Whigs: A Political Biography of Lord Hartington, later 8th Duke of Devonshire,* (1833–1908), 1994.

50 Lady Maud Baillie, 1896–1975, Tochter des 9. Herzogs von Devonshire, Autorin von *Early Memories,* privat herausgegeben 1989.

51 Lady Maud Baillie, ebenda.

52 Kenneth Lemmon, *The Covered Garden,* 1962.

53 P.F.S. Poulson, »Spring in Spain, Summer in England«, 1950. Ein Bericht seiner Reise wurde privat nach Chatsworth übersandt.

54 Francis Kingdon-Ward, 1885–1958, Pflanzensammler, Botaniker, Forscher, Autor.

55 *The Handbook of British Flora,* von George Bentham, überarbeitet von Sir J. Hooker, Illustrationen der britischen Flora von W. H. Fitch, 1930.

56 Clarence Elliott, 1881–1969, Pflanzensammler und Schriftsteller.

57 Robert John Thornton, *The Temple of Flora or Garden of Nature,* 1799–1807.

58 Arthur Ronald Lambert Field Tree, 1897–1976, Master of Pytchley Hounds 1927–33, Mitglied des Unterhauses für Harborough, Leicestershire 1933–45, heiratete Nancy Field (geb. Perkins, später Lancaster), Vater von Michael Tree, der Lady Anne Cavendish heiratete.

59 Algernon Bertram Freeman-Mitford, 1. Baron Redesdale, 1837–1916, Diplomat, Schriftsteller und Gärtner.

60 Alan Mitchell, 1922–95, Dendrologe, Verfasser von *A Field Guide to the Trees of Britain and Northern Europe,* 1974.

61 Vicki Hallett, später Schilling, Dendrologin, arbeitete mit Alan Mitchell und war die treibende Kraft bei der Gründung von TROBI.

62 Dr. Johnson, »Life of Pope«, aus *Lives of the most eminent English Poets,* Band IV, neue Ausgabe, 1783 überarbeitet.

63 Bitte beachten Sie, dass es keinen Zugang zu Stand Wood vom Garten aus gibt. Der Eingang befindet sich an der Straße zum Wirtschaftshof.

64 Henry Luttrell, 1765?–1851, Satiriker und Poet, Freund von Georgiana, Herzogin von Devonshire.

Register

Fachausdrücke

Aha: in Gräben versenkte und für den Fernblick unsichtbare Zäune oder Kanäle, die die Grenzen zwischen Garten und freier Landschaft unauffälliger machen.

Bowling Green: tiefer gelegte Rasenfläche. Die Rasenstücke können auch in Mustern ausgelegt sein.

Parterre: eigentlich »flaches Beet«. Begriff übertragen auf den mit flachen Beeten angelegten Bereich eines Gartens unmittelbar vor der Gartenfront.

Pleasure Ground: Rasenstück, das Schloss oder Landsitz umgibt.

Danksagung

Ich möchte Ihrer Majestät der Königin herzlich für Ihre großzügige Erlaubnis danken, aus den Tagebüchern von Königin Victoria zu zitieren, und Sheila de Belaigue für ihre Liebenswürdigkeit, die relevanten Passagen in den Königlichen Archiven für mich herauszusuchen.
Außerdem gilt mein Dank all jenen, die mir so freundlich erlaubt haben, aus den Quellen zu zitieren, die ich in den Anmerkungen erwähnt habe.
Ich danke auch Frances Lincoln, die dieses Buch anregte, und Tristram Holland, meiner Cheflektorin, für ihre nimmermüden guten Ratschläge (und für die vielen Stunden, die sie im Zug von und nach Chesterfield verbracht hat). Sie hat Ordnung in das Chaos gebracht, und das auf die liebenswürdigste Art und Weise.
Prue Buchnall, Caroline Hillier und Tristram lösten das Puzzle von Text und Bildmaterial. Ich danke Gary Rogers für seine unvergleichlichen Aufnahmen. Er hat einen viel fotografierten Ort aus ganz neuen Perspektiven betrachtet, und dafür sind wir dankbar.
Jim Link ist in die Fußstapfen seines Vaters getreten, geliebt und respektiert von allen. Er geht stets auch auf die unmöglichsten Bitten ein. Ian Webster weiß alles über die Pflanzen seines Gewächshauses und hat viele Fragen beantwortet. Barbara Burchby hatte immer schnelle Antworten auf viele Fragen von ihrem Gartenschuppen aus parat.
Peter Day, Charles Nobel und Tom Askey gruben alle möglichen wichtigen Unterlagen aus den Tiefen der Urkundensammlung im Archiv von Chatsworth und anderswo im Haus aus.
Ian Else und James Trevethick versorgten mich mit genauen Zahlen und Aufmaßen von Grenzen, Wegen, Hecken, Seen, Teichen und Rasenstücken.
Diane Naylor fand und prüfte die Wetterbücher. Sue Band hat schwere Bände durch Korridore getragen, von deren Existenz wir bis dahin nichts ahnten.
Anita Page und Trudy Roe klärten mich über die Geheimnisse der Pflanzen-Nomenklatura auf. Anne Coates entdeckte wichtige Einträge in den Tagebüchern des sechsten und siebten Herzogs von Devonshire. Louise Ingham schlug sich mit der Handschrift des sechsten Herzogs herum, um Bezüge zu Pflanzen und den Garten zu finden.
Ian Fraser-Martin machte Fotos, um sie unserem reichen Fundus von Chatsworth House, Garten und Sammlung hinzuzufügen.
Simon Seligman ist eine sehr präsente Hilfe in schwierigen Zeiten.
Alan Bell von der »London Library« hat umgehend ein dringend benötigtes Buch gefunden, so verblichen, dass es praktisch kaum noch existiert.
Laurence Knighton, Bürgermeister von Bakewell, weiß alles über Eisenbahnen und ihre Geschichte und erzählte mir, was ich wissen wollte.
Ralph Kerr erklärte mir, was London und Wise für den Garten von Melbourne Hall bedeutet haben.
David Cook, verantwortlich für das Palmenhaus von Kew zeigte mir die *Amherstia nobilis*.
Colin Morgan, Kurator des Bedgebury National Pinetum, verbrachte zwei kalte Dezembertage damit, die Bäume im Pinetum zu identifizieren.
Nicholas Smith von der Kanzlei Currey & Co. klagte nie, wenn wieder einmal Päckchen mit Kiefernnadeln und Zapfen zur weiteren Identifizierung in seinem Büro eintrafen.
Pamela Stevenson, Sekretärin von TROBI (Baumregister der Britischen Inseln) bat David Alderman, Treuhänder von TROBI, um Unterstützung bei diesem verflixten Thema, die bereitwillig gewährt wurde.
Michael und Anne Tree erinnerten mich an das Eiserne Himmelbett, von Weinranken überwachsen, und den Kletterrosen-Stuhl, beide ihre ureigenen Kreationen, die mich veranlassten, den Cottage-Garten zu bereichern.
Hal Bagot von der wunderschönen Levens Hall gestattete mir, die langen Dienstjahre der Obergärtner dort aus den Büchern zu zitieren.
Meine Tochter Emma malte die unten abgebildete Kamelie.
Und nicht zuletzt wäre da noch Helen Marchant. Ohne sie gäbe es kein Buch. Ihre Geduld, anhaltend gute Laune und die Schnelligkeit und Genauigkeit, mit der sie arbeitet, haben mich immer wieder ermutigt, weiter zu machen. Ihr gilt meine grenzenlose Dankbarkeit.

Deborah Devonshire

Anmerkungen des Verlages

Alle Fotos stammen von Gary Rogers. Mit Ausnahme der Aufnahmen auf folgenden Seiten: Bill Burlington S. 78 (unten), Country Life Picture Library S. 66, Ian Fraser-Martin S. 94 (oben und unten), Jerry Harpur S. 159 (oben), Christopher Simon Sykes S. 39 (rechts). Sämtliches historisches Material stellten freundlicherweise die Treuhänder des Chatsworth Settlement zur Verfügung.
Den Lageplan auf den Innenseiten des Einbandes zeichnete Joanna Logan.
Die Verleger danken der Derbyshire Countryside für den Familien-Stammbaum, Tony Lord für seine Hilfe bei Pflanzennamen und Stephen Hayward für das Register.

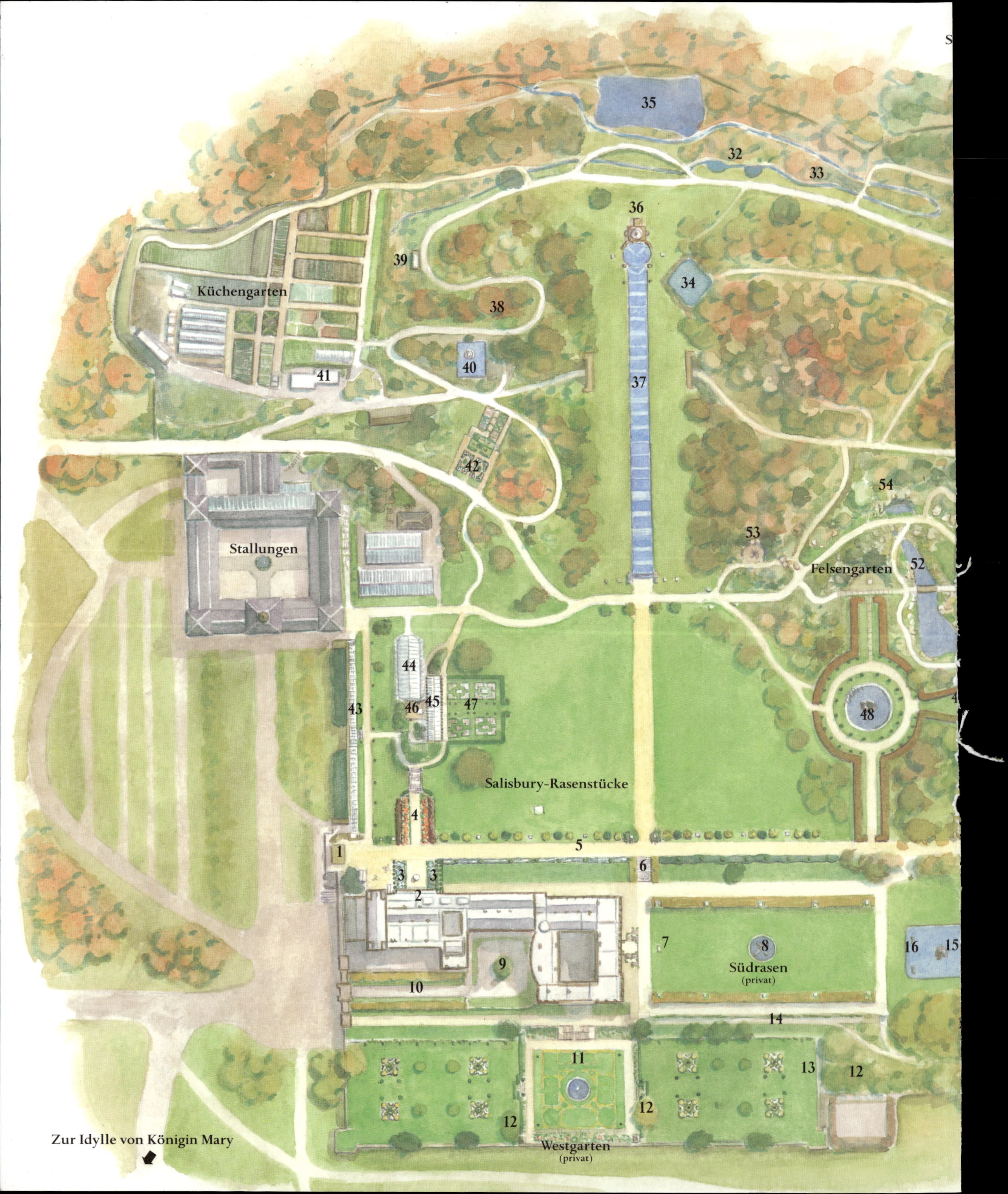

Küchengarten
Stallungen
Salisbury-Rasenstücke
Felsengarten
Südrasen
(privat)
Westgarten
(privat)
Zur Idylle von Königin Mary
1
2
3
3
4
5
6
7
8
9
10
11
12
12
12
12
13
14
15
16
32
33
34
35
36
37
38
39
40
41
42
43
44
45
46
47
48
52
53
54